国家自然科学基金项目（71602097）
教育部规划基金项目（17YJC630188）
山东省社科规划项目（18CGLJ10）
青岛市社科规划项目（QDSKL1701149）

U0823098

传统与现代的碰撞：
知识员工的工作疏离感

When Tradition Meets Mordenity:
The Knowledge Workers' Work Alienation

孙秀明◎著

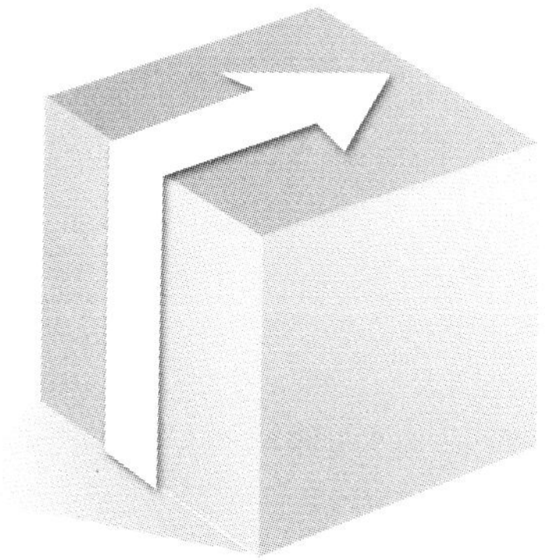

经济管理出版社
ECONOMY & MANAGEMENT PUBLISHING HOUSE

图书在版编目（CIP）数据

传统与现代的碰撞：知识员工的工作疏离感/孙秀明著．—北京：经济管理出版社，2019.7

ISBN 978－7－5096－6827－6

Ⅰ.①传…　Ⅱ.①孙…　Ⅲ.①企业管理—人事管理—研究　Ⅳ.①F272.92

中国版本图书馆CIP数据核字(2019)第165931号

组稿编辑：胡　茜
责任编辑：任爱清
责任印制：黄章平
责任校对：赵天宇

出版发行：经济管理出版社
（北京市海淀区北蜂窝8号中雅大厦A座11层　100038）
网　　址：www. E－mp. com. cn
电　　话：(010) 51915602
印　　刷：三河市延风印装有限公司
经　　销：新华书店
开　　本：720mm×1000mm/16
印　　张：15.75
字　　数：274千字
版　　次：2020年3月第1版　　2020年3月第1次印刷
书　　号：ISBN 978－7－5096－6827－6
定　　价：69.00元

前　言

知识经济时代，知识员工是企业生存与发展的核心动力，其在工作场所的心理与行为直接关系到企业的绩效与稳定。但随着经济增长方式的变化，市场竞争在加剧，组织内部结构在不断发生变革，这给知识员工带来了巨大的压力与心理困扰。在我国经济社会双转型时期，越来越多的知识员工体验着工作疏离感，并因工作疏离感而降低工作投入，甚至产生损害组织利益的反生产行为。这种负向情感对员工、组织都具有一定的消极影响。西方学者对该现象的研究历史由来已久，但我国学者和管理者还未对该领域给予足够重视。基于此，本书以相关研究和理论为基础，立足于中国情境，以知识员工为研究对象，采用质性研究与实证研究相结合的方法，探寻知识员工工作疏离感的结构测量与前因后效。本书主要聚焦于三个研究问题：一是中国知识员工的工作疏离感内涵是什么？具体包含哪些维度？如何测量知识员工的工作疏离感程度？二是影响中国知识员工产生工作疏离感的因素有哪些？工作疏离感对知识员工在组织中的行为产生什么后果？三是在中国情境下，哪些因素会对知识员工工作疏离感的产生起到调节作用？哪些因素会对工作疏离感与行为效果间的关系起到调节作用？为了解答以上研究问题，本书进行了三个逐步深入、递进的子研究，将研究过程与结果归纳如下：

研究内容一：知识员工工作疏离感的内涵结构与测量。采用半结构化访谈与互联网搜索相结合的方式，收集知识员工对工作疏离感的体验及认知资料，并利用归纳法对资料进行分析与归类，研究结果发现：知识员工的工作疏离感是员工与工作情境各个因素间心理分离、行为疏远的消极状态，包含任务疏离、关系疏离、组织疏离、自我疏离和职业疏离五个维度。将质性资料中所获得的反映中国知识员工工作疏离感条目，与西方已有量表中的常用测量题项相结合，形成知识员工工作疏离感测量题项题库，遵循初始量表—修订量表—正式量表的逻辑主线，分别采用问卷调查、专家评审、项目分析、探索性因素分析、验证性因素分析等方法，对知识员工工作疏离感测量量表进行开发与验证，最终获得包含五个维度 20 条题项、信度与效度均表现良好的量表。在量表的开发与验证过程中，也进一步验证了知识员工工作疏离感的五维度结构。

研究内容二：知识员工工作疏离感影响因素与行为效果的探索性分析。运用扎根理论的质性研究方法，对知识员工工作疏离感形成的影响因素及其行为效果进行识别与归纳。通过对 20 位知识员工的深度访谈获取扎根资料，在 ATLAS. ti 7. 0 软件的辅助下对访谈资料进行开放式译码、主轴译码、选择性译码。分析结果包含以下三点：

（1）在开放式译码中，经过现象标签化、概念化、范畴化共得到 147 个概念和 37 个范畴。

（2）在主轴译码过程中，应用扎根理论中的典范模型对各范畴进行聚类，共形成了角色压力、领导风格、组织不公正、职业高原、工作家庭冲突、中国人传统性、组织公民行为、反生产行为、组织支持 9 个主范畴。

（3）在选择性译码中，围绕工作疏离感核心范畴，结合以上 9 个主范畴勾勒出质性资料中所涉及现象的故事线，并发展出“工作疏离感的起因及效应”的扎根理论模型，即角色压力、领导风格、组织不公正、职业高原、工作家庭冲突是影响知识员工工作疏离感的五大因素，工作疏离感对知识员工的组织公民行为、反生产行为具有影响作用，而中国人传统性是工作疏离感产生的情境因素，组织支持是工作疏离感作用于组织公民行为、反生产行为的情境因素。

研究内容三：知识员工工作疏离感影响因素与行为效果的实证分析。通过文献研究，对知识员工工作疏离感影响因素与行为效果的扎根理论模型进行修正，提出实证研究的理论假设，并建立实证研究模型。又通过问卷调查、数据统计分析等方法来探明主体困境（职业高原、角色压力）和客体特征（领导风格、组织不公正）对工作疏离感的影响作用，工作疏离感对组织公民行为和反生产行为的影响后果，以及中国人传统性、组织支持在以上关系中的调节作用。研究结果发现：

（1）38. 25% 的知识员工体验着较高的工作疏离感。我国知识员工对组织疏离的感知程度最高，对关系疏离的感知程度最低。虽然不同年龄、性别、婚姻状态、学历、工龄的知识员工在工作疏离感的体验程度上不存在显著差异，但不同类型单位的、不同职业性质的知识员工在工作疏离感的体验程度上存在显著差异。

（2）职业高原、角色压力、破坏性领导、组织不公正均显著正向影响工作疏离感，但家长式领导显著负向影响工作疏离感。

（3）工作疏离感显著负向影响组织公民行为，显著正向影响反生产行为。

（4）工作疏离感对职业高原、角色压力、家长式领导、破坏性领导、组织不公正与组织公民行为、反生产行为间均起着显著的中介作用。

（5）中国人传统性显著调节家长式领导、破坏性领导、组织不公正与工作疏离感之间的关系。即对于高传统性员工而言，破坏性领导、组织不公正对工作疏离感的负向影响作用弱于低传统性员工，而家长式领导对工作疏离感的抑制作用要高于低传统性员工。但在面对职业高原、角色压力时，高传统性知识员工和低传统性知识员工的工作疏离感程度并无显著差异。

（6）尽管组织支持对工作疏离感与反生产行为间的关系起调节作用，但对工作疏离感与组织公民行为间的关系无调节作用。具有高组织支持感的知识员工，虽然因工作疏离感而抑制组织公民行为的可能性与低组织支持感的知识员工无显著差异，但因工作疏离感而采取反生产行为的行为却显著少于低组织支持感的知识员工。

最后，本书对以上研究内容进行系统性归纳，以此为基础论述该研究的理论进展与管理实践启示，并陈述上述研究过程中存在的局限与不足之处，指出未来研究的内容与方向。

目　录

第一章　绪论

第一节　选题背景

一、现实背景

知识经济时代，企业之间的竞争已经由传统的单纯靠资本、自然资源竞争，演化为对知识的创造、利用与增值，资源的合理配置能力等方面的竞争，而知识员工是这些竞争的主要承载者。位于支配、管理、运用企业资源主导地位的知识员工，已经成了创造企业价值的不竭动力。正如著名的管理大师彼得·德鲁克（1999）在其著作《二十一世纪的管理挑战》中所说，21 世纪是知识员工的时代，而管理的重点与挑战便是如何激励知识员工，从而提高知识工作的生产力[1]。

知识员工对提升企业竞争力、推动经济发展起着至关重要的作用，然而在全球竞争加剧的时代，市场环境的动态多变及组织内部的变革给知识员工带来巨大的压力。这一现象在我国体现得尤为明显。十几年前，“白领”是小资的代名词，这一群体拥有良好的工作条件、丰厚的工资待遇、优雅的生活方式；而当下，提到“白领”，人们更多想到的是“工作压力大”“加班为家常便饭”“月光族”“过劳死”……白领作为主要从事脑力劳动、依靠自己所掌握的知识、技能谋生的知识员工，在短短的十几年里，其角色特性发生了颠覆性的变化。除了知识员工的负面新闻时常见诸报端以外，职场论坛里也充斥着白领们的“吐槽”：有些员工在日复一日的工作中，开始质疑工作的真正意义；有些员工表示无法忍受淡漠的同事关系；还有些员工对工作萌生抵触情绪，不愿接听工作电话、查收邮件，刻意将自己与工作隔离……由此可见，处于经济转型与社会转型期间的知识员工，正面临着形式多样且复杂的心理与情感困境。

知识员工受教育程度较高，自我意识较强，对薪酬、职位晋升、发展空间、人际关系等存在较高的期望[1]，而当发现现实与其期望存在差距时，会产生与工作分隔、疏远的心理状态，如感觉工作单调枯燥、没有意义，认为自己无力控制工作，对工作没有投入感和参与感等，这些都是工作疏离感的表现。这种消极的心理状态会引致一系列的消极态度和行为，例如，工作不满意、工作投入水平低、工作倦怠、离职、反生产行为等，甚至自杀。由工作疏离感引致的消极情感及行为，将极大地影响组织的工作效率，影响组织绩效，更不利于和谐劳动关系的构建。

目前，我国处于经济社会双转型时期，高速的科技发展使生产条件、工作方式、经济组织结构发生了巨大变化；社会发展也引致人们社会网络结构和价值观的变化。这些变化对个体的心理有显著的影响，并成为滋生疏离感的肥沃土壤。因此，在目前双转型的关键时期，对我国知识员工工作疏离感的研究具有重要的现实意义。探究我国知识员工工作疏离感产生的原因及行为效果，寻求降低工作疏离感的管理策略，从而促进个人和组织的健康发展，是人力资源管理研究和实践亟待解决的问题。

二、理论背景

1. 西方学者对工作疏离感的研究由来已久

自20世纪五六十年代开始，一批学者就已经在关注由工业革命、机器化大生产等所带来的工人疏离感的研究[2-3]。七八十年代对疏离感的研究达到鼎盛时代，这些研究包括疏离感内涵、疏离感的测量方式、疏离感的影响因素及后果变量等[4-9]。进入21世纪后，虽然疏离感的研究领域被扩展到组织行为学，但和其他研究主题相比较，工作疏离感并未获得足够的重视。工作疏离感研究的匮乏不利于对员工在组织中行为的探索与揭示[10]。事实上，随着经济全球化、竞争的加剧，工作疏离感已成为一种普遍的现象。工作疏离感不仅存在于普通职员之中，管理人员和专业人士也会体验到工作疏离感[11]。Drucker（1969）是最早提出知识员工这一概念的管理大师，但同时他也指出，掌握知识、受过高等教育、高收入的群体在工作、社会的现实和其对自身的认识中存在隐藏的冲突与矛盾，这容易导致异化（Alienation）的产生[12]。虽然大批学者进行了大量的关于知识工作和知识密集型企业的研究，而对知识员工的研究则侧重于知识员工的特点和对其管理方面[13]，但知识员工的工作疏离现象并未引起学者的重视。西方研究者最早对工作疏离感的研究主要集中于蓝领工人和工厂操作工人[14-15]，少有的文献关注专业人士、管理者[16-19]，对21世纪新经济形势下、信息经济下的知识员工的工作疏离感研究则更少。弹性化组织的兴起、日新月异的互联网发展、知识员工价值观的变化等，这些因素都使当下的知识员工工作疏离感具有不同于以往、不同于非知识员工的表现形式及作用机制。因此，探讨新经济、新组织形式下的知识员工的工作疏离感尤为必要。

2. 知识员工的工作疏离感所引致的负面行为不容忽视

已有的大量文献是基于西方文化背景进行的研究，而这些理论框架、解释模型、测量量表并不一定适用于东方社会[20]。文化及历史因素会影响或决定个体的心理与行为，中国社会不同于西方社会，中国人不同于西方人，因而适用于西方人的理论与方法未必适用于中国人，这是因为中国传统文化使中国人拥有不同于西方个体的心理、行为特点[21]。因此，对我国知识员工工作疏离感作用机制的研究，必须立足于我国的社会、文化情境，构建本土理论模型。

三、研究问题

基于以上的现实背景与理论背景，本书将选取知识员工为研究对象，针对其工作疏离感现象进行以下问题的探索：

（1）中国知识员工工作疏离感的内涵是什么？它包含哪些维度？如何测量知识员工的工作疏离感？

（2）知识员工产生工作疏离感的影响因素有哪些？工作疏离感对知识员工在工作场所中的行为有什么影响？

（3）中国情境下，哪些因素会对知识员工工作疏离感的产生及行为表现起到调节作用？

第二节　研究意义

一、理论意义

（1）本书探讨知识员工工作疏离感的结构维度，并编制一套符合心理测量学标准的调查问卷，为知识员工工作疏离感的测量和工作疏离感的理论研究提供一个非常有用的工具。

（2）原有的研究大多是基于西方文化背景下的，而中国文化与西方文化存在差异，所以本书对于中国情境下工作疏离感的探索，为工作疏离感的跨文化研究提供了东方文化背景的研究资料。

（3）本书将知识员工作为研究对象，探讨知识员工工作疏离感的影响因素及行为效果，不但拓展了工作疏离感的研究领域，也丰富了知识员工的理论研究。

二、实际应用价值

知识员工是企业核心竞争优势的来源，是企业成长与发展的基石，其在工作场所中的心理与行为表现关系到组织绩效。本书建构的工作疏离感的量表可适用于企业对知识员工工作疏离感水平的诊断与测量；对知识员工工作疏离感的影响因素及行为效果的发现，有利于企业管理者深入地了解员工产生工作疏离感的真实原因，以便通过管理策略进行预防与应对；对知识员工工作疏离感情境因素的揭示，可以帮助企业从传统文化特性、组织支持两个角度寻求杜绝或缓解工作疏离感的策略与方法。

第三节　研究设计

一、研究对象

本书的研究对象为知识员工。现代管理学大师彼得·德鲁克是最早提出知识员工这一概念的学者，他将知识员工定义为“掌握和运用符号和概念、利用知识和信息工作的人”[1]。随着研究的发展，知识员工的概念内涵得到扩展，凡是所从事工作内容主要为脑力劳动的员工都被认为是知识员工。本书通过学历与职业性质两个指标来进行知识员工与非知识员工的判定。个体必须同时满足学历和职业性质两个标准方可划定为知识员工。具体操作标准为：学历为专科或专科以上，从事职业性质为技术或管理类，即企事业管理人员、专业技术人员、业务人员、科研人员等。

二、研究内容

本书主要包含三个子研究，具体内容阐述如下：

1. 知识员工工作疏离感的内涵结构及测量

鉴于已有研究对工作疏离感的维度结构及测量尚未达成一致的结论，且针对知识员工的工作疏离感研究更为稀缺，因此，本书的子研究一旨在明确知识员工工作疏离感的内涵结构，并开发适用于知识员工的工作疏离感测量量表。具体研究内容包括：

（1）通过半结构化访谈与互联网搜索相结合的方式获取资料，对收集到的资料进行提炼，获取关于工作疏离感内涵的初始条目。将条目进行合并、精简、归类，最终获得知识员工工作疏离感的结构维度。

（2）在知识员工工作疏离感内涵结构的质性研究基础上，结合文献研究，编制知识员工工作疏离感的初始量表，并利用项目分析法对初始量表进行修订。

（3）将修订量表编制成调查问卷，通过问卷发放与收集获取样本数据，对知识员工工作疏离感量表进行探索性因素分析，获取其主成分因子；通过因子负荷量的判别来删除不符合条件题项，进而形成正式量表。

（4）将正式量表进行大范围采样，并对量表进行验证性因素分析，确定量表的信度与效度。

2. 基于扎根理论的知识员工工作疏离感影响因素、行为效果的探索性分析

该子研究旨在探索中国情境下，影响知识员工产生工作疏离感的因素有哪些，以及工作疏离感对知识员工在工作场所的行为有什么影响？并找出影响工作疏离感作用机制的情境，即调节变量。具体研究内容包括：

（1）通过深度访谈，获取扎根资料。

（2）对扎根资料进行分析，通过开放性译码、主轴译码、选择性译码三个步骤获取概念、范畴及主范畴，并挖掘每个主范畴的证据链。

（3）概括并描述核心范畴“工作疏离感的起因及效应”的故事线。

（4）通过访谈再次搜集资料，对扎根理论进行饱和性检验。

3. 知识员工工作疏离感影响因素、行为效果的实证分析

该子研究旨在修正基于扎根理论所得到的知识员工工作疏离感影响因素、行为效果的探索性模型，并通过实证研究进行验证。研究内容包括：

（1）在文献研究基础上，提出研究假设，对子研究三中的知识员工工作疏离感影响因素、行为效果扎根模型进行修正，从而构建中国情境下的知识员工工作疏离感影响因素、行为效果的实证模型。

（2）根据实证模型中的变量设计问卷，并通过内部一致性系数、验证性因素分析对问卷的信度与效度进行检验。

（3）利用 SPSS 20.0 软件对样本数据进行描述性统计分析及多元方差分析，获得知识员工工作疏离感总体概况；利用相关分析、层级回归分析对模型的直接效应、中介效应、调节效应进行检验，并对各变量间的作用关系进行分析讨论。

三、研究方法

在全书的整体研究过程中，采用深度访谈、问卷调查、扎根理论、统计分析等质性研究与定量研究相结合的实证研究方法，深入研究中国企业知识员工工作疏离感的内涵结构，进行量表的开发与验证；并对中国情境下知识员工工作疏离感的影响因素、行为效果及情境因素进行探索性分析与实证分析。具体研究方法阐述如下：

1. 文献查阅

本书通过广泛查阅国内外有关知识员工、工作疏离感、组织行为等研究的文献，对其理论进行梳理，系统全面地了解其研究历史、现状及最新发展趋势。在此基础上，提出本书的思路，构建整体框架，为后续实证研究奠定理论基础。

2. 质性研究

本书在知识员工工作疏离感的维度构建、量表开发、影响因素与行为效果模型探索中均采用了质性研究的方法。首先，在知识员工工作疏离感的维度构建与量表开发中，通过深度访谈、网络资料搜索等方式获取资料，并利用分析、归纳、推演等方式确定工作疏离感的测量初始条目；其次，在量表开发中，利用专家评审、问卷调查等确定量表题项；最后，采用扎根理论方法，通过半结构化访谈获取样本资料，利用 ATLAS. ti 7.0 软件进行访谈资料的整理与分析工作，并经过开放式译码、主轴式译码、选择性译码等步骤，对中国情境下知识员工工作疏离感的影响因素、行为效果、情境因素进行探索，构建理论模型。

3. 实证研究法

本书主要采用问卷调查法与统计分析法，对知识员工工作疏离感量表、影响因素及行为效果模型进行修正与检验。在量表的开发与验证中，利用 SPSS 20.0 和 AMOS 20.0 软件对数据进行描述性统计分析、探索性因素分析及验证性因素分析，检验量表的信度与效度等指标，同时也通过多个竞争模型比较，确立最佳的知识员工工作疏离感结构模型。在工作疏离感影响因素与行为效果的实证分析中，利用 SPSS 20.0 和 AMOS 20.0 软件检验量表的信度、效度，以确定实证理论模型的有效性和数据的可靠性，并利用 SPSS 20.0 软件中的描述性统计分析、相关分析、回归分析、层级回归分析等方法，检验变量间的直接作用、中介作用、调节作用。

第四节　研究的技术路线图及结构安排

一、技术路线图

本书遵循发现问题、分析问题、解决问题的研究逻辑思维，依次展开三个子研究。具体的技术路线如图 1－1 所示。

二、结构安排

本书整体包含六章，每章的内容具体安排如下：

第一章是本书的绪论内容。在绪论中，本书从现实背景与理论背景展开，提出研究问题。在知识经济时代，知识员工对组织的重要性不言而喻。然而在我国经济社会双转型时期，知识员工面临着严重的心理困扰问题——工作疏离感，但目前国内外研究还没有针对知识员工的工作疏离感展开系统性的探讨，因此，本书将对中国情境下的知识员工工作疏离感结构与测量、影响因素及行为效果进行深入探讨。在此基础上，提出本书的理论意义和实践意义；此外，本章还就研究的内容、方法、技术路线、内容安排进行详细阐述；最后，阐明可能存在的创新点。

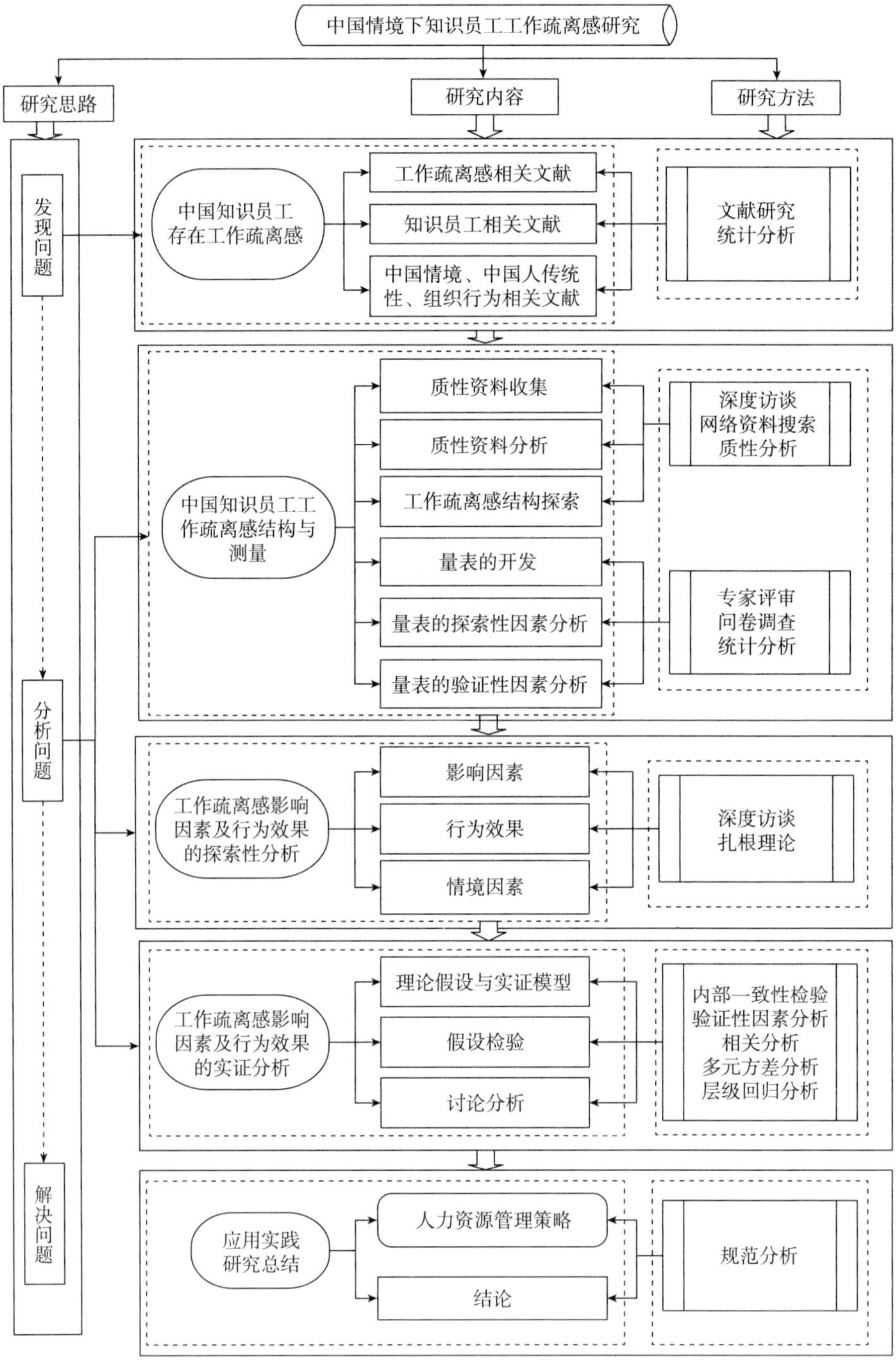
中国情境下知识员工工作疏离感研究
研究思路
研究内容
研究方法
发现问题
分析问题
解决问题
中国知识员工存在工作疏离感
工作疏离感相关文献
知识员工相关文献
中国情境、中国人传统性、组织行为相关文献
文献研究
统计分析
中国知识员工工作疏离感结构与测量
质性资料收集
质性资料分析
工作疏离感结构探索
量表的开发
量表的探索性因素分析
量表的验证性因素分析
深度访谈
网络资料搜索
质性分析
专家评审
问卷调查
统计分析
工作疏离感影响因素及行为效果的探索性分析
影响因素
行为效果
情境因素
深度访谈
扎根理论
工作疏离感影响因素及行为效果的实证分析
理论假设与实证模型
假设检验
讨论分析
内部一致性检验
验证性因素分析
相关分析
多元方差分析
层级回归分析
应用实践
研究总结
人力资源管理策略
结论
规范分析

图 1－1　本书的技术路线

第二章为文献综述。本章内容总结与述评国内外工作疏离感的研究现状。首先，对国外已有关于工作疏离感的研究文献的发表情况进行总体概括；其次，对工作疏离感的源起——异化理论进行总结回顾，并归纳出异化理论的发展历程。然后，本章就工作疏离感的概念、维度与测量、前因变量、结果变量进行总结与分析；此外，对国内已有研究进行总结。在此基础上，对已有研究进行述评，引出拟解决的问题。

第三章是工作疏离感内涵结构的确定与量表的开发验证。本章内容将实现明确中国知识员工工作疏离感的内涵结构、开发与验证知识员工工作疏离感测量工具的目标。首先，通过访谈、网络收集等手段获取质性资料，对质性资料进行分析、提炼，以获得能够描述知识员工工作疏离感真实体验的条目。其次，在已有文献研究基础上，收集被广泛使用和量表题项，与之前通过质性研究所获得条目一起，形成工作疏离感量表的题库；根据专家评审法对题项题库进行删减，拟定初始量表；初始量表经过项目分析后精简为修订量表。最重要的是，本章将修订量表编制成问卷，通过问卷调查获取样本数据，从而进行探索性因素分析。通过探索性因素分析，获得中国知识员工工作疏离感构念的内涵结构，并对每个维度进行阐释与分析，并通过与已有研究比较，总结本书所发现的知识员工工作疏离感内涵结构的特点。最后，对正式量表进行大范围投放，对所收集到的问卷进行验证性因素分析，以验证所开发的知识员工工作疏离感测量量表的结构效度。

第四章是基于扎根理论的知识员工工作疏离感影响因素及行为效果的探索性分析。首先，本章内容阐明研究目的，即探索中国情境下影响知识员工工作疏离感的影响因素及行为效果。其次，对研究方法进行介绍，包括扎根理论的本质、扎根理论的特点、扎根理论方法的步骤。再次，对扎根研究对象、访谈设计等数据获取过程进行阐述。最重要的是，详细阐明数据资料的分析过程，包括开放性译码、主轴译码、选择性译码三个步骤，对每个编码的内容分析过程、形成性结果都进行详细阐述，并描述每个主范畴的典范模型和典范模型的证据链，以便于形成关于工作疏离感起因及效应的故事线。最后，对以上研究过程及研究结果进行总结，并点明本章研究为下一章研究提供理论模型的作用。

第五章是知识员工工作疏离感影响因素及行为效果的实证分析。首先，在第四章研究的基础上，进行有针对性的文献研究与总结，提出理论假设，对扎根理论模型进行修正，最终形成中国情境下的知识员工工作疏离感影响因素及行为效果的实证模型。其次，明确实证模型中每个变量的测量工具，并编制调查问卷。

将收集来的有效问卷进行信度、效度检验，以证明问卷的有效性、数据的可靠性。再次，对样本数据进行描述性统计分析，揭示目前中国知识员工工作疏离感概况，以及是否存在人口统计学特征的显著差异。最重要的是，对实证模型中变量间的直接作用、中介作用、调节作用进行检验，陈述假设检验的数据结果。在此基础上，对检验结果进行讨论分析，解释直接作用、中介作用、调节作用的发生机理，并与已有文献研究进行结果比对。最后，本章内容总结以上研究过程与研究结果，形成假设检验结果的汇总表格。

第六章是本书的结论。首先，本章内容对整个研究所得到的研究结论进行总结；其次，根据研究结论的成果指出本书的理论贡献；最重要的是，在整个研究的基础上，针对知识员工工作疏离感的问题，提出管理实践的解决方案与策略；最后，对本书存在的不足与今后的研究展望进行阐述。

第五节　本书可能的创新点

本书立足于中国情境，以知识员工为研究对象，紧紧围绕知识员工工作疏离感问题进行探索。在质性研究和实证研究的基础上，采用深度访谈、半结构化访谈、问卷调查、实地调研等多种手段，了解知识员工工作疏离感的实际情况，并获取样本数据。通过理论分析和逻辑推导，形成观点，并利用探索性因子分析、验证性因素分析、多元方差分析、信度分析、层级回归分析等统计方法，分析和验证理论观点的正确性。已有研究大多是在西方文化情境下进行的，并不一定适用于中国文化情境。而少有的国内研究只是对工作疏离感的某个前因变量或结果变量进行探讨，并且关注广泛意义上的员工，未有针对知识员工工作疏离感的系统性研究。本书从知识员工工作疏离感内涵结构的明确，到量表的开发及验证，再到影响因素及行为效果的扎根理论模型，最后对知识员工工作疏离感的影响因素及行为效果的实证分析，整体研究贯穿了工作疏离感的结构、测量、作用机理问题，拓展了知识员工研究和工作疏离感研究的理论视角。通过对知识员工工作疏离感的深入探讨，本书可能的创新之处有以下几点：

（1）明确了知识员工工作疏离感的维度结构，开发了适用于中国情境的知识员工工作疏离感测量量表。已有的西方研究在工业化背景下，多以一线操作工、蓝领工人为研究对象，因此，所得出的工作疏离感内涵及结构并不一定适用于中国情境下知识员工的工作疏离感情况。本书正是基于中国情境，以质性研究方法，探寻出知识员工的工作疏离感的结构：任务疏离、关系疏离、组织疏离、自我疏离、职业疏离。该维度结构从知识员工疏离感知的客体对象视角出发，凸显知识员工所特有的工作疏离感体验。通过科学、规范的程序所开发的测量量表具有良好的信度与效度，是对知识员工工作疏离感测量的探索性尝试。

（2）基于扎根理论的知识员工工作疏离感影响因素及行为效果的模型构建。以往研究中的理论模型与假设的提出多基于文献研究，缺乏更为广泛的质性资料支撑。本书在探索知识员工工作疏离感影响因素与行为效果过程中，采用扎根理论的质性研究方法，以本土知识员工为研究对象，所构建的理论模型更具有情境针对性，体现了我国知识员工工作疏离感的产生原因及行为效果，且扎根于现实的质性资料为实证分析模型的构建带来更丰富的理论支撑。

（3）挖掘了影响知识员工工作疏离感的情境因素——中国人传统性，为本土化研究提供了实证支持。在扎根理论的模型构建中，本书通过深度访谈深入地了解知识员工对工作疏离感的体验，在对资料的分析基础上，发现中国知识员工所具有的传统性作为情境因素，调节着影响因素对工作疏离感的直接作用。中国人传统性作为情境因素的调节作用，在实证研究中也得到了证实，为后续相关研究提供了实证支持。

第六节 本章小结

首先，本章从现实背景、理论背景对此次研究的背景进行概况，并在此基础上提出拟研究的问题及研究目的；其次，针对研究问题，提出本书的理论意义与实践意义，并对研究设计进行详细阐述，包括研究对象、研究内容和研究方法；再次，将研究问题、研究内容与研究方法进行汇总，形成技术路线图，并对研究的章节内容进行细致的安排；最后，汇报本书可能存在的创新点。

第二章　文献综述

为了解工作疏离感的研究起源及现状，本章将对相关文献进行回顾，针对其概念、维度、测量、前因、后果的研究进行梳理。为了能够对工作疏离感的研究进行全面、系统的综述，本章对相关研究进行了科学细致的搜索。利用计算机互联网检索方式，基于“EBSCO”“Elsevier”“Web of Science”“Wiley InterScience”四大数据库，对“Work Alienation”“Alienation”进行主题检索及关键词检索，共检索到163篇英文文献①。

从文献发表的年代来看（见图2-1），学者对工作疏离感的研究起源于20世纪50~60年代，并在70~80年代对其关注持续上升，在90年代相关研究虽然有所减少，但进入21世纪后，工作疏离感得到组织行为学、管理心理学领域学者的重视。

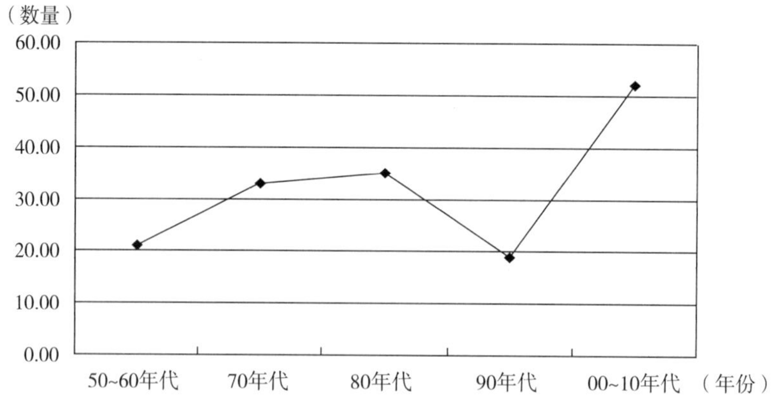

图2-1　工作疏离感文献年代趋势

① Alienation的研究历史长、范围广，涉及哲学、神学、政治学、法学、社会学、经济学、心理学、管理学等多个领域。对Work Alienation的研究最先源于社会学的关注，后延伸至心理学、管理学。因此本书在进行相关文献的搜索时，既考虑Work Aienation的起源历史——Alienation，又兼顾学科特点，以社会学、心理学、管理学为搜索范围。

从发表的期刊类型来看（见表 2 - 1）①，社会学领域文献共有 29 篇，且集中在 20 世纪 60 ~ 70 年代；管理学领域文献共有 26 篇，以 80 年代居多；心理学领域共有 6 篇，分布时间较为分散；组织行为学领域的文献共有 10 篇，主要集中在 21 世纪。由此可见，随着经济的发展、社会背景的变化，国外学者对工作疏离感的研究关注点也在发生变化。

表 2 - 1 国外工作疏离感文献的期刊分布情况

学科类别	期刊名称	数量	发表时间
社会学（29 篇）	American Sociological Review	15	20 世纪 50 年代（3 篇）
			20 世纪 60 年代（9 篇）
			20 世纪 70 年代（1 篇）
			20 世纪 80 年代（1 篇）
			20 世纪 90 年代（1 篇）
	Human Relations	7	20 世纪 70 年代（3 篇）
			20 世纪 80 年代（1 篇）
			20 世纪 90 年代（2 篇）
			21 世纪 00 年代（1 篇）
	Social Forces	7	20 世纪 60 年代（1 篇）
			20 世纪 70 年代（5 篇）
			20 世纪 80 年代（1 篇）
管理学（20 篇）	Academy of Management	1	20 世纪 70 年代（1 篇）
	Journal of Management	1	20 世纪 70 年代（1 篇）
	Academy of Management Journal	7	20 世纪 70 年代（3 篇）
			20 世纪 80 年代（4 篇）
	Work and Occupations	9	20 世纪 80 年代（7 篇）
			20 世纪 90 年代（2 篇）
	Journal of International Management	1	21 世纪 00 年代（1 篇）
	Jounal of Management Issues	1	21 世纪 10 年代（1 篇）

① 本书在对发表期刊类型进行总结时，主要选取管理学、心理学、社会学、组织行为领域中的国际顶级期刊，影响因子均排在同类期刊前列。

续表

学科类别	期刊名称	数量	发表时间
心理学（6篇）	Journal of Applied Psychology	1	20世纪60年代（1篇）
	Journal of Humanistic Psychology	1	20世纪70年代（1篇）
	Journal of Occupational Psychology	1	20世纪70年代（1篇）
	Journal of Applied Social Psychology	3	21世纪00年代（2篇）
			21世纪10年代（1篇）
组织行为学（10篇）	Journal of Vocational Behavior	2	20世纪70年代（1篇）
			20世纪80年代（1篇）
	Journal of Occupational Behavior	2	20世纪80年代（2篇）
	Organization Studies	1	21世纪00年代（1篇）
	Journal of Organizational Behavior	2	21世纪00年代（2篇）
	International Journal of Organizational Analysis	2	21世纪00年代（1篇）
			21世纪10年代（1篇）
	Journal of Leadership & Organizational Studies	1	21世纪10年代（1篇）

资料来源：笔者整理。

从研究内容来看，国外学者对工作疏离感的研究集中在三个方面，概念界定及内涵剖析、测量量表的开发及验证、影响因素及后果变量的探索。

国内关于工作疏离感的研究集中在心理学与管理学领域，以探讨工作疏离感的影响因素为主，对其影响后果的研究鲜少。在工作疏离感结构方面，目前国内关于工作疏离感因素结构的研究大多与西方研究一致，未体现出中国情境的工作疏离感的结构特点[22]。因此，本书主要针对工作疏离感的国外研究进行回顾与综述。

第一节　工作疏离感的源起
——异化理论

一、异化的含义

英文“Alienation”来源于拉丁语中的名词“Alienatio”及动词“Alienare”，

名词 Alienatio 具有疏远、分离、转让的意思，动词 Alienare 具有剥夺、取走、使疏远的意思[23]。德国著名宗教改革家马丁·路德在翻译《新约全书》时，将拉丁语“Alienatio”与“Alienare”引入德国，译为“Entfremdung”，同样具有“分离”“疏远”的意思[24]。结合拉丁语与德语的含义，产生了英语体系中的“Alienation”一词。随着“Alienation”在多学科的发展，它具备了多重意思，是一个多义词。

根据《韦氏辞典》[25]的解释，“Alienation”具有以下四种意思：

（1）与他人疏离的感觉或状态；

（2）因敌意等消极情感而产生的疏远或离间行为；

（3）个人财产所有权的转让（法律术语）；

（4）精神错乱（医学术语）。

由以上释义可知，Alienation 可表示主观的疏离的心理情感，也可表示客观的与他人隔离、孤立的状态，以及疏远、离间的行为。由于它的多义，在不同的学科领域中，该词被译为中文时有所不同。例如，在哲学、政治学、宗教、经济学等学科中，常被译为“异化”；而在社会学中，强调主体与社会、他人的关系状态，则被译为“疏离”；在心理学中，强调主体的情感体验，则被译为“疏离感”。

二、异化的发展

异化的发展经历了一个漫长的历史过程，且在不同的时期被赋予了不同的含义。

关于异化出现的时间学者之间存在争议。一种观点认为，异化是后工业时代才出现的现象；而另一种观点认为，异化早在人类产生之初就已存在，异化现象存在的历史远早于异化理论的出现[26]。但不可否认的是，异化存在于过去、现在及未来，并且异化的类型和程度也在随着历史、社会条件的变化而改变[27]。

1. 14 世纪之前是异化理论的萌芽阶段

最早出现关于异化的讨论是在《旧约全书》中，指人的精神脱离肉体，而与上帝合一；或指圣灵在肉体化时，由于顾全人性而使神性丧失以及罪人与上帝疏远[28]。普罗提诺（Plotinus，205～270），作为新柏拉图主义奠基人，提出“太一”这一概念。他认为，“太一”为万物之源，它通过三阶段的源溢过程创造万物，由纯粹的精神到灵魂，再由灵魂到物质世界。灵魂理应保持纯洁，因此，当其堕落至物质世界，受物质所束缚，即产生了异化[29]。这些异化理论的萌芽，具有唯心主义特点，且含有浓厚的宗教神秘主义色彩。

2. 14～17 世纪文艺复兴时期是异化理论的起步阶段

“社会契约派”为异化理论的发展做出了巨大贡献。格劳秀斯（Hugo Grotius，1583～1645）摒弃了新柏拉图主义的唯心假设，他认为每个人都拥有自然权利，人们为了抵御外敌或动物的侵扰，将自然权利以契约的形式让渡给某个个人或少数人，使其管理社会的事务，从而获得自身的安全保障，这也就产生了国家[30]，权利的让渡即是异化。霍布斯（Thomas Hobbes，1588～1679）在格劳秀斯的基础上发展了社会契约论。尽管他也认为异化是权利的让渡，但异化的原因却不同于格劳秀斯的学说。他认为，由于人们生而平等、生而自由，但绝对的自由会导致战争、混乱状态，因此，人们通过自然法订立契约，将自己的全部权利转让给一个人或一个集体，并应绝对服从政府[30-31]。格劳秀斯与霍布斯的观点均认为，异化是权利转让，自然人为主体，国家为客体，主体将权利让渡给客体，客体为主体服务，代表主体的利益。此时，异化是一个中性词，不具有贬义，不包含主客体对立的含义。卢梭（Jean－Jacques Rousseau，1712～1778）在其著作《论人类不平等的起源与基础》中，通过分析人在由自然状态过渡到社会状态的过程中产生不平等的原因，将异化的概念进行深化。他反对霍布斯的个体必须服从国家的观点，认为虽然人类通过相互订立契约来获得安全保障，但这并不意味着自由的丧失，不应放弃主权，否则会出现国家利用人民给予的权力而压迫人民，这也就是权利的异化现象，属于社会异化[30-32]。卢梭第一次赋予了“异化”以“对立”的含义，即客体成为主体的对立面，作为异己力量制约、反抗主体。卢梭认为，这种状态是违背人类生来自由的自然状态，是不合理的，因此，此时的异化开始具有了批判意义。他的贡献推动了异化思想向德国古典哲学异化理论发展。

3. 18～19 世纪是异化理论的形成阶段

近代西方哲学是该理论形成与发展的土壤。在哲学范畴，哲学家通过对主体与客体相互关系的探讨，来阐述异化的本质。费希特（Johann Gottlieb Fichte，1762～1814）将“自我”视为主体，“非我”视为客体，“自我”即“本原行动”，是唯一的不依赖于任何物质的精神实体，“自我”具有能动性和创设力，可以外化产生“非我”，而“非我”反过来作用于“自我”[30]。“自我”产生“非我”的过程及两者间的关系即为异化。黑格尔以人的绝对精神作为主体，自然界及人类社会为客体，主体通过自身的逻辑过程分裂发展出与之对立的客体，异化则是由主体发展到客体的外化过程[30,33]。当消除主体与客体的对立性，即消除了异化，主体与客体则实现统一。费尔巴哈不同于费希特及黑格尔，他将抽象的主体具体化，将实实在在的人作为主体，将“神”作为客体，提出“神是人的自我异化”这一著名命题，即人依照自己的想象创造出了神，结果人却对“神”顶礼膜拜，“神”作为异己力量反过来统治人[30,33]。马克思摒弃了黑格尔的唯心主义及费尔巴哈的人本主义，在辩证唯物主义与历史唯物主义基础上，用异化分析资本主义的经济现实，从而形成劳动异化理论[33-34]。在《1844 年经济学哲学手稿》中，马克思提出私有制是异化的主要根源。随着生产机械化和劳工分工具体化，作为主体的劳动者却丧失了能动性，遭到异己的物质力量或精神力量的奴役，从而使人的个性不能全面发展[35]。马克思认为，工作异化的本质是工作角色与人类本质特性的冲突，强调工人对劳动过程、劳动产品本该拥有的控制权，并认为劳动异化包含四种表现形式[36]：

（1）劳动者与其劳动产品间的异化。劳动者生产出的产品本该属于自己的劳动成果，但由于私有制的存在，劳动者所生产出的产品并不属于劳动者，反而作为异己力量同劳动者相对立。即“工人所生产的产品越多，他能够占有的产品就越少，而且越受自己所生产产品的统治”。

（2）劳动者与其劳动活动间的异化。劳动本是劳动者的自由，是人的内在本性，但由于资本主义的私有制制度，劳动者不能自由支配自己的劳动，他的劳动不是自愿的劳动，而是被迫的强制劳动。因此，劳动者在劳动中不是肯定自己，而是否定自己，不是感到幸福，而是感到不幸，不是自由发挥自己的体力和智力，而是使自己的肉体受折磨、精神遭受摧残。

（3）劳动者与人的类本质间的异化。人作为具有主观意识的生命，通过自主活动、自由活动来改造世界、创造世界。但是异化的劳动使劳动变成维持他的个人生存的手段，类似动物求生的本能，从而使劳动者与人的本质相异化。

（4）人与人关系的异化。工人同自己的劳动产品、自己的生命活动、自己的人类本质相异化的直接结果就是人同人关系的异化。当人同自身相对立时，他也同他人相对立。

由以上分析可知，哲学家对异化分析的理论基础，由主观唯心主义到客观唯心主义，再到人本主义，最后发展到马克思的辩证唯物主义与历史唯物主义。由于哲学家对主体及客体界定的不同，使异化经历了由精神异化到人性异化再到劳动异化的发展历程。因此，异化的内涵取决于两大核心要素：①主体与客体的界定；②主体与客体的关系。正是由于学者对主客体界定的不同，才使异化在不同的领域具有不同的意义。虽然以上学者对异化的主体及客体的界定不同，但他们所提出的异化的内涵本质具有相同之处，即为主体设定了一个原初状态，这个原初状态是本真的、应然的，当客体偏离这种状态，即产生了异化。而要回归到原初状态，则必须消除异化。至此，异化理论已初步形成，并且由萌芽阶段的“权利转让”的法律意义，发展至“主客体相对立”的哲学意义。

4. 20 世纪是异化理论蓬勃发展时期

自马克思提出异化劳动理论后，西方学者将异化问题从经济、政治领域扩展到心理、病理科学、技术、文艺、管理等多个领域，产生了多种学说。其中，弗洛姆（Fromm）为该理论向社会学、心理学发展做出了巨大贡献。弗洛姆认为，异化是一个历史悠久的现象，人类历史就是一部异化史。他认同马克思所提出的劳动异化理论，继承了马克思的哲学观点，但也扩展了马克思异化理论的经济领域，认为在资本主义社会，异化不仅存在于经济领域，还渗透至政治、社会等领域，主要体现在生产异化、消费异化、政治异化和社会关系异化四个方面[37]。弗洛姆对这四种异化形式的分析均着重于主体的心理体验。他认为在这种体验中，个人感到自己是陌生人（Alien），个体与自然、与社会、与其他人之间的关系日益疏远，从而感到孤独，感到不受自己所控制[37]。这种分析方式吸取了弗洛伊德的精神分析法，使异化这一概念开始具有主观心理色彩。马克思的异化理论是着重于客观事实的表现，而弗洛姆的异化理论则着重于主观心理的体验。弗洛姆将影响异化产生的因素扩展到个体性格结构与社会结构，这就改变了马克思所认为的只有资本主义社会存在异化现象的理论基础，从而证明社会主义社会也存在异化现象。弗洛姆的异化理论推动了社会学、心理学领域对异化的研究，且研究重点转向为异化的心理情感特点。因此，在译为中文时，社会学、心理学领域的异化体验被译为“疏离”或“疏离感”。

5. 异化理论发展至此（20 世纪 50 年代）

其所包含的主客体相对立的辩证哲学意义已淡化，而转向描述主体与其他情境因素间的疏远、隔离状态，及主体消极的心理体验，并由社会学家用来描述和解释多样的社会行为。

Seeman（1959）从社会心理学角度，对已有学者所提出的众多社会疏离现象进行总结，得出社会疏离感的五种表现形式：无力感（Powerlessness）、无意义感（Meaninglessness）、无规范感（Normlessness）、社会孤立感（Social Isolation）、自我疏离感（Self－estrangement）[9]。

（1）无力感：个体感知到自己无法决定、控制行为的结果。

（2）无意义感：个体不明白自己所做之事的意义，当自己的处事标准与社会现实不符时，对自己该信仰什么感觉到疑惑。

（3）无规范感：个体感到社会失范，认为人们会利用违反社会规则的行为来达到自我目标。

（4）社会孤立感：因个体不认同当前社会的价值观，而感到自己格格不入、与社会脱离。

（5）自我疏离感：个体的行为取决于对回报的预期，而丧失了关于行为内在本质的满意体验。例如，工人仅为获得工资而工作。

Seeman 指出，这五种表现形式并不一定会同时存在，研究者可根据研究的具体情境进行组合，并将疏离感的产生归因于个体自我形象的期望与现实的差距，这为疏离感的实证研究提供了理论基础。但 Seeman 对社会疏离感的分析着眼于社会心理角度，着重描述个体的主观心理体验，相对而言忽略了疏离的客观状态。

Overend（1975）从语言学角度，分别以认识论、存在论为基础，对“Alienation”概念的内涵和外延进行分析，指出疏离感描述的是主体与周边情境因素等客体的关系程度，是可以进行度量的关系概念[38]。

Dean（1961）认为，疏离感不是个体的性格特征，而是与周围环境相关的变量。一个对政治有高度疏离感的个体，不一定会对宗教、工作等具有疏离感[2]。

Wegner（1975）也认同疏离感是一个关乎社会情境的概念，这些情境因素包括政治、社会、宗教、工作等。正因为疏离感的宽泛性，对其研究才应该在具体的社会情境下进行，例如，学生疏离感、工人疏离感等[39]。

在不同的情境因素下，疏离感具有不同的内涵及表现形式。而随着工业化生产的发展，在以美国为代表的资本主义国家，工人工作方式、组织形式、管理范式等都发生了变化，因此，工作情境中的异化现象——工作疏离感受到学者的广泛关注。

异化发展史如图 2－2 所示。

时间	领域	含义
14~17世纪 萌芽阶段	神学	人的精神脱离肉体，而与上帝合一； 圣灵在肉体化时，由于顾全人性而使神性丧失 罪人与上帝的疏远
	社会契约派	权利的转让或让渡； 国家对民众所让渡的权利的滥用
18~19世纪 形成阶段	哲学	主体在其发展的过程中由于自己的活动分离出客体，这个客体逐渐跟主体疏远，作为异己力量反对主体
	政治经济学	工人与其所生产产品的所有权分离，工人丧失了能动性，反而遭到异己的物质力量或精神力量的控制
20世纪 发展阶段	社会学	个体孤立于社会之外，与他人关系淡漠
	心理学	个体心理上的无力、疏远、冷漠的情感状态和体验
	管理学	员工的一种与工作分隔、疏远的隔离状态

图 2－2　异化发展史

资料来源：笔者整理。

第二节　工作情境下的异化
——工作疏离感的含义

不同的学者给出了工作疏离感不同的定义，但总结已有研究，发现学者对其概念的界定大体有两大类。

一、侧重于心理情感的描述

Seeman（1959）虽未给出工作疏离感的明确定义，但通过它的具体表现形式以阐述其内涵，即无力感、无意义感、无规范感、社会孤立感及自我疏离感[9]。受Seeman的影响，一批学者采用心理表现形式的方式以界定工作疏离感。

Blauner（1964）将Marx劳动异化的客观条件与Seeman所提出的主观心理体验结合，认为当工人不能自主决定、控制劳动时，不能理解自己所从事工作的意义时，不能实现自我表达（Self - expression）时，会体验到无力感、无意义感、自我疏离感[14]。

Shepard（1972）认为，工作疏离感是个体与工作的心理隔离状态，体现为无力感、无意义感与无规范感[40]。

以上学者以总结工作疏离感的心理表现形式来对其进行定义。尽管学者对工作疏离感有几种表现形式、具体形式是什么存在争议，但大都沿袭了Seeman（1959）所提出的五种形式，只是侧重点不同。虽然这种定义方式描述了工作疏离感的情感状态及构成要素，展现了主体的心理体验，但未涉及工作疏离感的本质。比如工作疏离感产生的原因是什么？在什么情境下会产生此种心理体验？因此，一些学者开始以工作疏离感产生的行为效果表现对其进行定义：

Wilensky（1964）认为，工作疏离感是由于个体自我形象的期望与工作所能满足其期望程度间的差距而产生的不满意的负向情感[41]。

Aiken和Hage（1966）则认为，工作疏离感反映的是个体因无法实现职业或专业发展目标而产生的失望、沮丧的感觉[3]。

Wegner（1975）认为，具体的社会条件会影响个体特质，当个体的社会角色与社会情境及其个体性格不匹配时（例如，自我形象、价值观、目标或需求）会引致疏离感的产生[39]。

Mottaz（1981）认为，客观的工作条件会影响个体的主观感受，当工人感知到工作环境与自身期望或需求存在差距时，会在工作中产生无力感、无意义感与自我疏离感[42]。

Kanungo（1983）认为，工作疏离感是员工因知觉到工作不能满足自我期望与需要，而产生的一种孤立和受制于工作的心理状态[43]。他提出，在不同的文化背景下，人们的内在需求存在不同。受新教伦理的影响，西方社会的个体视控制力、自治为主要的内在需要，因此，当员工无法实现对生产的控制与自治时，会产生工作疏离感[43]。

Banaia（2004）也指出，工作疏离感是工作情境与员工期望不符所导致的员工与工作分隔、隔离（Separation）的心理状态[44]。

以上定义虽在描述心理疏离感的情感状态方面存在些许不同，但都认同"Discrepancy"是导致工作疏离感产生的本质原因，即主体的需要（控制、自治、自我表达等）与客体现实（工作环境、工作条件）等之间存在的差距。由于员工内在需要得不到满足会引致多种负向情感，例如，工作不满意、工作不安全感等，因此，该原因是否为导致工作疏离感产生的本质原因值得商榷。

二、侧重于行为表现的描述

还有一批学者注重对 Work Alienation 的行为表现的描述。

Kobasa（1982）认为，员工对工作漠不关心、低投入的一种状态为工作疏离感[45]。

Regoli（1990）[46]及 Crank（1995）[47]认为，工作疏离是因个体目标的未实现或对生产控制的缺乏，而最小化工作投入的行为。

Hirschfeld（2000）认为，工作疏离反映的是员工脱离（Disengage）工作、减少对工作角色的投入与努力的状态，体现了员工对于工作的情感承诺倾向[48]。

以上定义方式更多地反映了体验着工作疏离感的员工可能采取的工作态度和行为特征，是工作疏离感的影响后果，忽略了工作疏离感的心理情感特征。此外，此种定义方式未涉及工作疏离行为产生的原因，缺乏对概念本质的揭示。

归纳学者对工作疏离感的定义（见表 2－2），可以发现，随着时代的演变，学者的视角也在发生改变。20 世纪 50～70 年代对工作疏离感的定义侧重于无力感的描述，其本质还是遵循主体对客体的控制，其理论基础为 Mess Social Theory；但 80 年代的定义已将重点转向了工人需要与工作现实间的差距，其理论基础为需要期望理论。尽管目前关于工作疏离感的定义存在争议，但总结这些观点发现它们具有以下共同之处[23]：

（1）工作疏离感是一个关系变量，反映的是主体（员工）与客体（工作情境要素）之间的关系——员工对工作及工作场所的心理分离和行为疏远的状态。

（2）主客体间的疏离关系源自主体期望与客体事实情况间的差距，即工作情境要素未满足员工的内在需求或期望。

（3）工作疏离感是员工所体验到的消极情感，会对主体的工作态度、行为产生负向影响。

表 2-2 工作疏离感定义的汇总

定义角度	作者	定义	定义的方式	评价
心理角度	Seeman (1959)	工作疏离感包括五个维度：无力感、无意义感、无规范感、社会疏离感、自我疏离感	通过工作疏离感的表现形式要素来对其定义	对心理情感有直观、具体的描述，但在表现形式上无统一定论
	Blauner (1964)	当工人不能自主决定、控制劳动时，不能理解自己所从事工作的意义时，不能实现自我表达（Self-expression）时，会体验到无力感、无意义感、自我疏离感		
	Sheperd (1972)	个体与工作的心理隔离状态，体现为无力感、无意义感与无规范感		
	Wilensky (1964)	由于个体自我形象的期望与工作所能满足其期望程度间的差距而产生的不满意的负向情感	通过工作疏离感产生的原因对其进行定义	揭示了工作疏离感产生的原因，但忽略了对情感体验的描述，且该原因是否为工作疏离感产生的本质原因值得商榷
	Aiken&Hage (1966)	工作疏离感反映的是个体因无法实现职业或专业发展目标而产生的失望、沮丧的感觉		
	Wegner (1975)	由个人追求与角色绩效间的差距导致产生的不满意的、愤世嫉俗的负向情感		
	Mottaz (1981)	当工人感知到工作环境与自身期望或需求存在差距时，会在工作中产生无力感、无意义感与自我疏离感		
	Kanungo (1983)	员工因知觉到工作不能满足自我期望与需要，而产生的一种孤立和受制于工作的心理状态		
	Banaia (2004)	工作疏离感是工作情境与员工期望不符导致的员工与工作分隔、隔离（Separation）的心理状态		

续表

定义角度	作者	定义	定义的方式	评价
行为角度	Kobasa（1982）	员工对工作漠不关心、低投入的一种状态	通过工作疏离感产生的行为效果对其进行定义	以后果变量来定义概念，不利于工作疏离感本质的揭示
	Regoli（1990）	因个体目标的未实现或对生产控制的缺乏，而最小化自己对工作的投入的行为		
	Hirschfeld（2000）	员工脱离（Disengage）工作、减少对工作角色的投入与努力的状态，体现了员工对工作的情感承诺倾向		

资料来源：笔者整理。

三、工作疏离感与相近概念的辨析

起源于哲学、发展于社会学与心理学的研究历史，决定了工作疏离感这一术语的独特性。一些学者为了解决该术语的复杂性与抽象化问题，常常使用一些易于理解、易于操作的概念来替代工作疏离感，将工作疏离感等同于工作不满意或组织低承诺，从而产生概念混淆的问题。例如，Wilensky（1964）[41]及Wegner（1975）[39]将工作疏离感视为员工对工作的不满意心理，Kobasa（1982）[45]及Kanungo（1983）[43]则将工作疏离感视为工作投入的反义词，因此，本书将对相关文献进行回顾与总结，明晰工作疏离感与相关术语的相似与不同，以期能够使该概念进一步明确。

1. 工作疏离感与组织承诺

美国社会学家Becker（1960）首次提出组织承诺概念，他把承诺看成是随员工投入而增加的愿意留在组织的心理倾向，关注的核心是员工与组织之间的经济交换关系，研究的着眼点在于解释员工为什么留在组织中[49]。关于组织承诺的定义，本书总结如表2－3所示。

分析以上关于组织承诺的定义可知，组织承诺与卷入、认同有相似之处。“工作卷入”一词最早由Lodahl和Kejner（1965）提出，作为组织承诺的一个维度，指个体对其工作心理的认同程度，或工作在其整个自我形象中的重要性[50]。

而对组织的认同是指员工与组织的统一性或员工对组织的归属感[51]。但也有学者批评组织认同与组织承诺在概念与测量方面都存在重叠，因此，一些学者试图明确这两个构念之间的差别。Van 和 Sleebos（2006）指出，认同是对自我与组织关系的一种认知，而承诺则是情感反应的一种结果[52]；Edwards 和 Peccei（2007）将主体的认同状态和态度结果一起作为影响组织承诺的因素[53]。从表 2－3 中定义可以看出，情感承诺被定义为组织认同。因此，组织认同作为组织承诺定义的一个维度，被认为与组织承诺过程是完整一体的[54]。

表 2－3　组织承诺的概念

作者	定义
Kanter（1968）	员工在权衡留在组织的利益与离开组织的成本后继续选择留在组织的意向
Hrebiniak 和 Alutt（1972）	个体与组织经济交换时进行成本权衡后的一种结构现象
Buchannan（1974）	组织承诺超越了工具性导向，个体就像信徒一样，从自身情感上忠诚于组织的价值观和目标，忠诚于自己与组织的关系的情感体验
Mowday 和 Porter（1979）	组织承诺为个体对组织的认同与卷入的相对强度，组织承诺由对组织目标价值观的高度接受、渴望为组织贡献、强烈的维持组织身份的念头三部分构成，主要体现为个体对组织的情感依赖
Wiener（1982）	组织承诺为由于内化的规范性压力而使员工持有的一种符合组织目标、满足组织利益的行为方式，认为组织承诺更多地受到员工的教育背景、社会道德规范、组织文化等的影响
Meyer 和 Allen（1991）	组织承诺具有情感承诺、持续承诺和规范承诺三个维度。情感承诺是员工对组织的情感依赖、认同及卷入程度；持续承诺是员工继续留在组织的意愿；规范承诺是员工对继续留在组织中义务的感知，是对组织的忠诚感与义务感

既然认同是指员工与组织的统一性，而统一性又被认为是分离（Separateness）或隔离（Disconnectedness）的反义词，且工作疏离包含对工作自身的分离或隔离，因此，有些学者将对组织认同的缺失等同于员工对工作的疏离[48]。但工作疏离感不仅包含对工作的分离体验，还包括对人际关系、自我的分离，因此，低组织承诺和低工作卷入不足以明确地证明分离的所有内涵[55]。

综上所述，低组织承诺与工作疏离感有重叠之处但并不等同。低组织承诺可能会也可能不会导致消极情感的产生，可能会也可能不会导致员工认为工作无用，可能会也可能不会使员工有痛苦的感觉，而工作疏离感必然会导致这些后果。员工的情感体验是一个连续统一体，其中组织承诺是正向情感，而疏离与低承诺是负向情感，两者的关系表示如图2-3[55]所示。

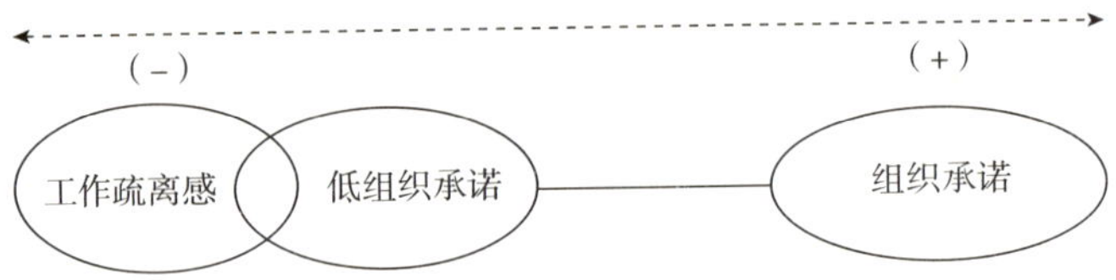

图2-3 工作疏离感与组织承诺的关系

2. 工作疏离感与工作投入

Kahn（1990）首次提出工作投入，描述的是组织成员控制自我以使自我与工作角色相结合的状态[56]。Kahn认为，个体对工作投入的程度反映了其角色行为的选择。高工作投入的员工在角色行为中投放了大量精力，积极展现自我；而低投入度的员工会减少精力的付出，降低工作努力程度，抽离于工作角色之外，甚至有可能产生离职意愿[56]。Kahn对工作投入的定义侧重于角色绩效，而一些学者则将工作投入作为心理状态变量，认为工作投入与工作倦怠是这一心理状态的两极，即工作投入是工作倦怠的反义词[57]。其中工作投入包含精力、卷入和效能感三个维度，工作倦怠包含枯竭、讥诮和专业效能感低落三个维度，彼此的三个维度相对应为反义词。工作投入度高的员工具有精力充沛、高度卷入工作、自我效能感高的特点；相反，工作倦怠高的员工则感到精力耗竭，且自我效能感低，与工作任务、同事等处于一种疏离的状态。由此可见，工作不投入与工作疏离有相似之处，都存在对工作产生分离、隔离的状态，因此，有些学者将工作疏离等同于工作投入的反义词。例如，Hirschfeld和Field（2000）提出，工作疏离等同于工作投入的反义词，即工作不投入[48]。在进一步的研究中，有些研究者试图明晰工作投入与组织承诺的差别，及卷入与工作满意之间的差别。Macey和Schneider（2008）发现拥有更广泛意义的工作投入，包含状态、特质及行为三方面的投入[58]。他们认为，工作投入同时具有认知、情感及行为三个成分的含义。Newman和Harrison（2008）通过质性研究发现，工作投入更倾向于是一个描述员工行为的构念[59]。Sake（2006）则提出，工作投入与个体对其所扮演角色绩效的专注程度相关，除了具有情感、认知因素之外，还具有行为因素[60]。

由此可见，工作投入更多地与行为状态相关，而工作疏离感所强调的是员工的认知状态、情感体验；此外，由于疏离感产生与员工的期望相关，员工会有一种期望不能实现的痛苦情感体验，而这是工作不投入所不包含的。因此，工作疏离感不等同于工作投入的反义词，但两者又存在一些情感成分的重叠之处。两者关系表示如图 2－4 所示[55]：

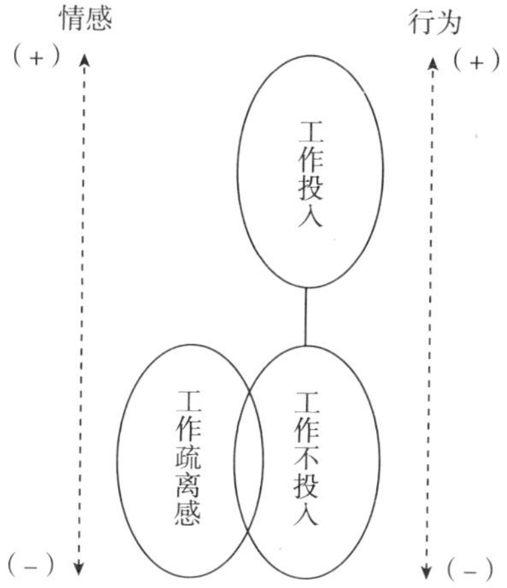

图 2－4　工作疏离感与工作投入的关系

3. 工作疏离感与工作满意感

工作满意感是组织成员所拥有的对其工作的一种特殊类别的态度，即他们对工作的一种情感反应。Locke（1976）将工作的满意感定义为，“来源于组织成员对其工作或工作经历的评估的一种积极的情绪状态”[61]。工作满意感不仅是指对工作的满意，还包含工作中所存在的更广泛情境的满意[62]。从这个意义上来看，工作满意感是一个多维度概念，包括对工作特征、组织特征及员工特征等方面。

在一些研究中，有些学者将工作疏离感等同于工作不满意感，并将缺勤率作为考察工作不满意的指标[63]。但也有学者提出不同观点。Watson（2008）则指出，有工作疏离感的员工并不一定表现出工作不满意[64]。Bussing（1999）研究表明，即使员工对工作不满意，若仍对工作怀有强烈的抱负，并且试图从工作中寻求更伟大的意义，却没有改变工作情境的能力或可能性，则员工苦恼的感觉不仅是不满意所能表述的了，工作疏离感是更加自然的结果[62]。

综上所述，即使有些学者将工作疏离感视为工作不满意感的反义词，但工作不满意感不能完全表述工作疏离的情感体验。两者关系如图 2－5 所示[55]：

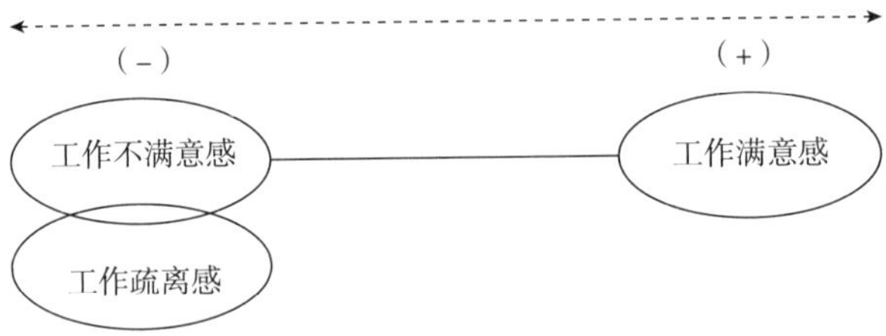

图 2－5　工作疏离感与工作满意感的关系

4. 工作疏离感与工作倦怠

Freudenberger（1974）首先提出了倦怠一词的概念。他认为，倦怠是由于工作本身对个体能力、精力以及资源的过度要求，而使个体感到情绪枯竭、精疲力竭的现象[65]。目前关于工作倦怠的结构还存在争议。以 Pines（1993）[66] 及 Shirom（1989）[67] 为代表的学者认为，工作倦怠是一维结构，表现为身体上的疲惫、情绪上的衰竭与认知上的厌倦相结合的一种状态；而 Densten（2001）认为，工作倦怠是多维的，它包括心理紧张与躯体紧张、自我评价的无效能感与他人评价的无效能感以及犬儒主义[68]。由此可见，工作倦怠和工作疏离感两者所包含的语义范围存在不同。前者具有物理与心理两个方面的特征，工作倦怠的员工除了有心理上的负向体验，还遭受着身体的不适；后者具有心理与行为两个方面的特征，但更侧重于心理感知。Powell（1994）的研究证明，工作疏离感与职业倦怠之间存在高度相关关系，且自我疏离感和无意义感可能会导致职业倦怠的产生和工作投入的降低[69]；Abraham（2000）在研究组织犬儒主义的后果变量时，发现工作疏离感在组织犬儒主义与工作倦怠的关系中充当中介变量，也就是说工作疏离感对工作倦怠具有一定的预测作用[70]；而 Maslach 等（2001）通过实证研究发现工作倦怠是工作投入的反义词[57]，因此，三者之间的关系如图 2－6 所示[55]：

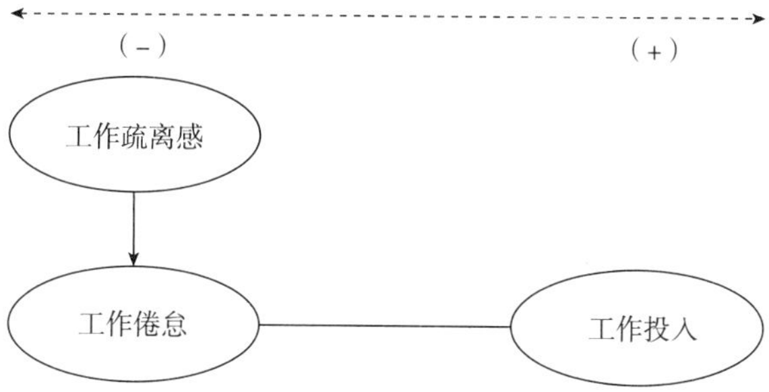

图 2-6 工作疏离感与工作倦怠的关系

通过对比工作疏离感与组织承诺、工作投入、工作满意、工作倦怠等流行的组织行为学领域术语，发现工作疏离感是一个独特的、不可替代的术语，描述的是员工与工作及工作情境之间的一种隔离、疏远的状态。工作疏离感与低组织承诺区别在于其是否会必然导致员工产生消极情感；虽然工作不投入与工作疏离感都存在对工作产生分离、隔离的状态，但前者更倾向于强调员工的行为，后者强调的是员工的认知状态与情感体验；工作疏离感与工作不满意感同是描述员工对工作情境的情感体验，但工作疏离感所包含的语义更为丰富；工作倦怠及反生产行为则是由工作疏离感所引致的不利于组织发展的行为，是工作疏离感的后效变量。本书仅对工作疏离感与这些组织术语之间的相似之处与差别进行了分析，但事实上这些变量之间又可能存在因果关系。例如，工作疏离感可能是低组织承诺及工作不投入的前因变量；工作疏离感可能是工作不满意感的前因变量，也可能是其后效变量。这些变量之间的作用关系还需在今后的研究中进一步探讨。

第三节 工作疏离感的测量

疏离感是一个描述主体与客体关系的术语，因此，它具有程度（Degrees）的特征，即其是可测量的[38]。

Seeman（1959）提出了疏离感的五种表现形式：无力感、无意义感、无规范感、社会孤立感和自我疏离感，这为人们测量疏离感提供了理论基础[9]。之后，一些学者基于 Seeman（1959）的五维度理论，编制了不同领域疏离感的测量量表，例如，消费疏离感、政治疏离感、社会疏离感、家庭疏离感、工作疏离感等，因此，工作疏离感测量的研究是基于疏离感测量的基础之上进行的。本书将涉及工作疏离感测量的文献进行归纳总结，分别从核心思想、测量维度及测量量表三个方面对其综述。

一、工作疏离感测量的核心思想

总结涉及工作疏离感测量的文献，发现在测量的核心思想方面大体分为两类。

1. 强调个体对工作的控制权（Control）

马克思（1844）认为，工人创造出来的产品越多，他的劳动异化程度就越高，因为他所丧失的对于劳动产品的控制权越来越多。一批学者继承了马克思的这一理论观点，强调个体应对劳动产品及劳动过程拥有控制权，而当这种控制权减弱或丧失时，工人会体验到无力感、无意义感。基于此种核心思想的测量量表，测量题目比较注重衡量工人自治（Autonomy）与自我表达（Self - express）的实现[71]。

2. 强调个体期望与工作现实的差距（Discrepancy）

Mottaz（1981）则通过测量工人所持有的愿望（Should be）和其感受到的实际情况（Reality）存在的差距值，以衡量个体工作疏离感的强度，并认为员工的工作价值观会影响到其对工作的期望，从而影响工作疏离感的强度[42]。这一测量思想更多地着眼于分析工作疏离感产生原因的角度，有利于揭示工作疏离感的本质。Sarros（2002）[72]、Mendoza（2007）[73]、Tummers（2013）[74]也都采纳了Mottaz的这一思想，采用这一方式对工作疏离感进行测量。

在工作疏离感研究的早期，学者大多侧重于个体对工作控制权的衡量，随着管理学的发展与理论的丰富，学者开始关注期望与现实的差距。尽管核心思想有所不同，但两者并不矛盾。事实上，控制权也是工人对产品及劳动过程的一种期望，第二类核心思想所考虑的工作情境范围更为广泛，其本质上是涵盖了第一类的，其测量目的都是衡量个体所感知到的自我与工作情境隔离、疏远的程度。

二、工作疏离感测量的维度

从工作疏离感测量的角度来看，学者一直存在争议，主要有单维论与多维论两种观点[23,35]。

1. 单维论

早期的研究者将疏离感视为单维概念，例如，马克思的异化理论，将无力感或对工作控制的缺乏作为衡量工作疏离感的指标。Clark（1959）认为 Seeman 所提出的疏离感测量过于宽泛，他主张在具体的社会情境下——工作情境对疏离感进行测量，并提出了含有五个题项的单维测量量表[53]。Clark（1959）重视测量受访者对合作社或公司所有权的拥有形式及对公司运营的影响力，沿袭了马克思的劳动异化理论的思想，即强调个体对劳动产品与劳动过程的控制权。

Miller（1967）以科学家与工程师为研究对象，编制了包含五个题项的工作疏离感测量量表，但更多的是衡量个体对工作意义的认同程度[18]。Crank（1995）在进行组织结构（官僚科层组织）对专业技术人员工作疏离感的影响时，采用了 Miller（1967）的测量量表[47]。

Hirschfeld（2000）的研究则采用含有 10 个题项的单维量表测量员工的工作疏离感[48]，但该单维量表的题项里涉及个体对工作控制权、工作意义、工作规范程度等的感知，实质上是与 Seeman（1959）的五维度相契合的。

Poole 和 Regoli（2006）采用仅包含 4 个题项的单位量表，测量狱警工作人员的工作疏离感[76]；Nair（2009）利用探索性因素分析的方法，从题项库里筛选出 8 个题项，生成了针对知识员工的含有 8 个题项的单维工作疏离感测量量表[71]。

2. 多维论

Seeman 是最早提出多维论的学者，并在长期的研究中不断地修正其理论。Seeman（1959）第一次提出了疏离感的五种维度：无力感、无意义感、无规范感、社会孤立感、自我疏离感[9]，1972 年，Seeman 增加了文化孤立感（Culturale Estrangemen），即个体与社会大众的价值观相排斥，将疏离感变为 6 个维度[77]；而在 1983 年，他又将其调整为无力感、无意义感、社会孤立感、自我疏离感四个维度[78]。虽然 Seeman 提出了不同的维度表示方式，但五维度方式是应用最为广泛的。不过，Seeman 对疏离感的测量是立足于广泛的社会环境，缺乏应用到工作情境中的具体可操作性，因此，一些学者根据不同的组织情境选取具体的维度进行组合，编制适合工人的疏离感测量量表：

Dean（1961）选取了无力感、无规范感与社会孤立感三个维度，形成包含 24 条题项的量表[2]；Blauner（1964）认为，在工作组织情境内，工作疏离感体现在无力感、无意义感、社会孤立感、自我疏离感四个方面，并编制了包含9条题项的测量量表[14]；Aiken 和 Hage（1966）提出了组织疏离感（Organization Alienation），并认为与工作的疏离（Alienation from Work）、与人际关系的疏离（Alienation from Expression Relations）是构成组织疏离感的两个维度[3]；Burbach（1972）则选取了无力感、无意义感、社会孤立感三个维度用来测量学校组织的学生的疏离感程度[79]；Shepard（1973）将无力感、无意义感、工作角色投入、组织孤立感、工具性工作取向（Instrumental Work Orientation）① 作为工作疏离感的五个维度[80]；Kohn（1976）将无力感、无规范感、自我疏离感、文化疏离感作为工作疏离感的四个维度，之所以未采用无意义感这一维度，是因为在其进行测量过程中发现，无意义感与其他四个维度不存在显著区别效度[81]。

Cummings（1977）采纳了 Shepard（1973）的划分方式，认为工作疏离感包含无力感、无规范感、无意义感、工作角色投入、工具性工作取向五个维度[82]。

Maddi 和 Kobasa（1979）试图寻求一个全面的测量疏离感的方法，通过总结大量的问卷题目，他将疏离感归纳为五种类型：与工作的疏离、与社会组织的疏离、与家庭的疏离、与自我的疏离、与他人的疏离；而每种类型的疏离感都体现为四个维度的内容：无力感、无意义感、无规范感、文化孤立感②[83]。

Chisholm 和 Cummings（1979）采用无力感和无意义感作为工作疏离感的两个维度[16]；Zeller 等（1980）将工作疏离感划分为无力感、无意义感、无规范感、社会孤立感四个维度，并利用间隔八年的纵向研究，证明包含此四个维度的工作疏离感量表具有良好的信度及稳定性[84]。

Mottaz（1981）认为，工作疏离感包括无力感、无意义感以及自我疏离感三个维度，并采用测量“Discrepancy”的方法测量工作疏离感程度。首先，由被试者对测量题项每一项赋予权重，从而得出员工对工作（控制权、人际关系、工作意义等）所持有的价值观；其次，再请被试者回答对工作的期望、实际感受，将期望值与实际感受值分别乘以权重值；最后，再求两者之差，即得出工作疏离感程度，差值越大表明工作疏离感程度越强[42]。

① 所谓工具性工作取向是指工人工作的目的仅仅是获得工资收入，工作是谋生的工具。

② Maddi（1979）采用的是 Powerlessness 、Adventurousness、Nihilism、Vegetativeness 表述方式，虽然维度的命名不同于其他学者，但各维度所表示的实质内容与 Seeman 的是一致的。

Korman（1981）在研究专业人员、管理人员的工作疏离感情况时，将工作疏离感分为人格疏离和社会疏离两个维度[7]；Lang（1985）在 Korman（1981）的研究基础上，将专业人员、管理人员的工作疏离感划分为人格疏离、社会疏离、职业疏离三个维度[17]；Leiter（1985）采用 Blauner（1967）的划分方式，认为无力感、无意义感、社会孤立感、自我疏离感是工作疏离感的四个维度[85]；Travis（1987）认为，工作疏离感包含无力感、无意义感、无规范感、自我疏离感、文化孤立感五个维度[86]；Efraty（1991）采用了 Dean（1961）的划分方式，将工作疏离感划分为无力感、无规范感、社会孤立感三个维度[87]；Rogers（1995）对临时工人进行访谈，采用扎根理论方法，从疏离感的客体对象角度出发，确定了工作疏离感的三个维度：与工作的疏离、与他人的疏离、与自我的疏离[88]。其中，与工作的疏离是指临时工人对劳动成果及劳动过程缺乏控制力，与他人的疏离指临时工因为与同事间沟通较少，而拥有较低的人际关系满意度，而临时工人由于既需接受被雇佣公司的管理，又是中介代理公司（Temporary Agency）的一员，因此，经常遭受情绪劳动①与自我身份认知的不满意，即与自我的疏离。

Yang 等（2001）在研究工作疏离感对员工酗酒行为的影响时，将无力感、社会孤立感、自我疏离感作为工作疏离感的三个维度[89]；Sarros（2002）采用了 Mottaz（1981）的划分方式，认为工作疏离感包含无力感、无意义感、自我疏离感三个维度[73]。但 Sarros 并未采用 Mottaz 的差距（Discrepancy）测量方法，而是利用李克特量表法，通过 Lisrel 软件中的验证性因素分析法对工作疏离感进行测量。

Banai（2004）采用 Korman（1981）编制的量表，利用因素分析法形成四个因子，即工作疏离感的四个维度：自我疏离感、社会卷入度、社会孤立感、与他人的疏离[44]。其中自我疏离感等同于 Korman（1981）的人格疏离感——Personal Alienation，而后三者则等同于社会疏离感——Social Alienation。Banai（2007）则将四个维度简化为人格疏离感与社会疏离感两个维度[90]；Mendoza（2008）继承了 Mottaz（1981）的思想，将工作疏离感划分为无力感、无意义感、自我疏离

① 20 世纪 80 年代初期，社会学家 Arlie Russell Hochschild（1983）针对 Delta 航空公司空服人员的情绪表达进行了深入的个案研究，首先提出了“情绪劳动”的概念。在 1975 年的《感受与情绪的社会学：几种可能性》中，他并未提出情绪劳动的字眼，只提出一个相关概念即“情绪工作”（Emotion Work），指个体必须根据情感规则来调整外在行为表达甚至内在情绪感受。这种情绪工作不仅常见于日常交往中，更出现在各种工作角色与组织的环境中。

感，编制了含有 21 条题项的量表[73]；Osin（2009）认为，工作疏离感包含无力感、无意义感、无规范感、文化孤立感四个维度[91]；Ceylan 和 Sulu 等（2011）结合了 Leiter（1985）的 6 个题项和 Yang 等（2001）的 9 个题项，编制成含有 15 个题项的量表[92]。通过验证性因素分析法，删除了 4 条低因子载荷的题项，最终形成含有无力感与社会孤立感两个维度、11 个题项的量表；Clark（2010）采用 Rogers（1995）的划分方法，将工作疏离感划分为三个维度：与自我的疏离、与他人的疏离、与工作的疏离，并将 Rogers（1995）的量表由 25 条题项精简为 12 条[93]；Tummers（2013）认为，工作疏离感包含无力感与无意义感两个维度[74]。

本书将工作疏离感的单维论与多维论研究汇总至表 2－4，并对维度被使用次数进行统计（见图 2－7）。

表 2－4　关于工作疏离感维度的总结

划分方式	作者	维度数目	维度名称
单维整体式	Clark（1959）	1	
	Millar（1967） Crank（1995）		
	Poole（1980）		
	Hirschfeld（2000）		
	Nair（2009）		
多维分解式	Chisholm 和 Cummings（1979） Tummers（2013）	2	无力感、无意义感
	Aiken 和 Hage（1966）	2	与工作的疏离、与人际关系的疏离
	Korman（1981） Banai（2007）	2	人格疏离、社会疏离
	Dean（1961） Efraty（1991）	3	无力感、无规范感、社会孤立感
	Burbach（1972） Gardell（1976）	3	无力感、无意义感、社会孤立感
	Mottaz（1981） Sarros（2002） Mendoza（2008）	3	无力感、无意义感、自我疏离感

续表

划分方式	作者	维度数目	维度名称
多维分解式	Gogers（1995） Clark（2010）	3	与工作的疏离、与他人的疏离、与自我的疏离
	Lang（1985）	3	人格疏离、社会疏离、职业疏离
	Yang 等（1991）	3	无力感、社会孤立感、自我疏离感
	Blauner（1964） Seeman（1983） Leiter（1985）	4	无力感、无意义感、社会孤立感、自我疏离感
	Kohn（1976）	4	无力感、无规范感、自我疏离感、文化疏离感
	Maddi（1967，1979，1998） Osin（2009）	4	无力感、无意义感、无规范感、文化疏离感
	Zeller 等（1980）	4	无力感、无意义感、无规范感、社会孤立感
	Seeman（1959）	5	无力感、无意义感、无规范感、社会孤立感、自我疏离感
	Shepard（1973） Cummings（1977）	5	无力感、无意义感、工作角色投入、组织孤立感、工具性工作取向
	Travis（1987）	5	无力感、无意义感、无规范感、自我疏离感、文化疏离感
	Seeman（1972）	6	无力感、无意义感、无规范感、社会孤立感、自我疏离感、文化疏离感

资料来源：笔者整理。

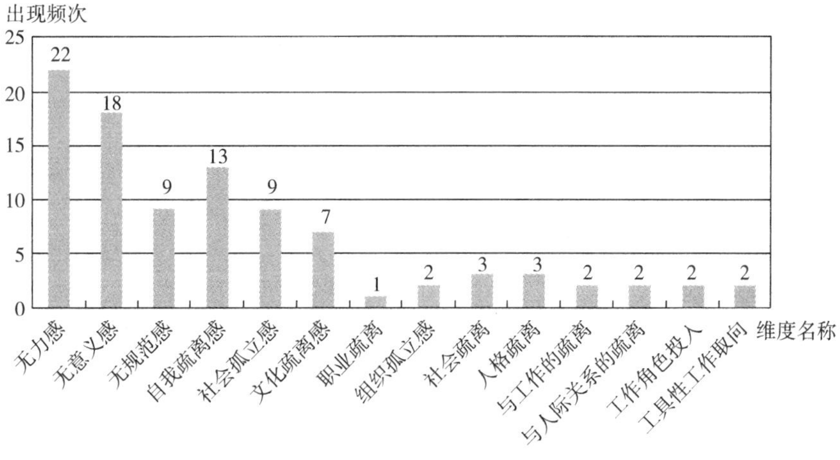

图 2-7　维度频次

通过以上总结发现，多维论在工作疏离感的研究中占主流，仅有少数学者使用单维论测量方式。而在多维论中，无力感、无意义感、自我疏离感是最为广泛使用的三个维度，无规范感、社会孤立感和文化疏离感也较为被学者接受，由此验证了 Seeman 的研究毋庸置疑为工作疏离感的测量提供了理论基础。

单维整体式的优点是将工作疏离感作为一个整体概念进行衡量，题项数量精简，更易操作；缺点是无法表达出工作疏离感所包含的丰富的概念含义，不能体现出其是一个关系术语的本质。多维度的划分方式更能体现员工作为主体，对工作情境中的不同客体的情感体验，但也存在以下问题：

（1）有些测量量表所涉及的情境范围过于宽泛，包含了政治、社会、家庭等情境因素的考虑，缺乏工作情境的针对性，没有体现出工作场所的特殊性。

（2）有些实证研究只是为了操作方便，而对 Seeman 的五个维度未经验证而进行选取与组合，缺乏科学性。

（3）内含的多个维度间关系不明确，不利于工作疏离感程度的准确测量。例如，无力感可能是导致工作疏离感产生的原因[72]，还有可能是工作疏离感产生的后果[95]；而 Mottaz（1981）提出，无力感和无意义感是导致自我疏离感和社会孤立感产生的原因[42]；Kohn（1976）则认为，无意义感与无力感、无规范感、自我疏离感、社会孤立感间不存在显著的区别效度，即无意义感与其他四个维度存在重合[81]。

（4）工作疏离感各维度的出发角度不一致。有些学者从情感类型角度对工作疏离感的维度进行命名，有些学者从关系视角以客体类型来划分维度，例如，Aiken 和 Hage（1966）将工作疏离感划分为与工作的疏离①、与人际关系的疏离[3]，Rogers（1995）[88]、Clark（2010）[93]将与工作的疏离、与他人的疏离、与自我的疏离视为工作疏离感的三个维度；而有些学者则从混合角度确定工作疏离感的维度，例如，Seeman（1959）所提出的无力感、无意义感、无规范感、社会孤立感与自我疏离感五个维度，其中，无力感、无意义感与无规范感侧重于情感的描述，而社会孤立感、自我疏离感则强调客体关系，即主体感知的与社会、与自我的关系。

① 这里学者未对 Job 与 Work 进行区分，与工作的疏离感其实是 Job Work Alienation，意指与工作任务的疏离。

三、工作疏离感测量的量表与题项

在20世纪50年代之前，哲学、社会学领域的学者对异化、疏离感的探讨仅限于理论研究，未实现对该构念的操作化测量。直到Seeman（1959）提出了疏离感的五维度构成，才为该构念的测量提供了理论基础。一些学者编制了针对无力感、无意义感、无规范感、社会孤立感、自我疏离感、文化疏离感的测量量表。但由于疏离感是一个描述主体与客体关系的情境化术语，因此，有的量表是针对工作情境的，即测量工作疏离感（Work Aliention），而有的量表则测量广义的疏离感（Genaralized Alienation）。虽然有些学者对疏离感的维度命名不同，但测量题项的内容却相似，这就导致有些量表虽名称不同，但本质上却是一致的[35]。

1. 广义的疏离感测量量表

Nettler（1957）认为，社会失范①（Anomie）是疏离感的一种表现形式，而与社会文化、价值观量表相似，含有17条测试题目。通过询问被试者对政治、娱乐、生活等方面的问题，衡量被试者是否属于疏离群体（Aliens）[96]。该量表的测试环境为美国社会，被试者为20世纪50年代的美国民众，反映的是美国社会文化与价值观，并不适用于当今的中国文化情境。且仅测量了疏离感的一种形式——无规范感，未涉及疏离感的其他维度。

Seeman（1959）以广泛的社会背景为前提，编制了一个包含5条题项的量表。该量表设置了分别针对无力感、无意义感、无规范感、社会疏离感、自我疏离感五个维度的题目，每个维度各一条测试题目[9]：

（1）面对当今世界很多重要的问题，我无能为力（无力感）；

（2）世界变得越来越复杂，以致我完全不明白发生了什么（无意义感）；

（3）为了能够走在当今世界的前端，我需要被迫做一些违背原则的事情（无规范感）；

（4）我对现在大部分人喜欢的电视节目、电影或杂志不感兴趣（社会孤立

① 社会示范（Anomie）是由法国社会学家涂尔干（Durkheim）所提出的理论，是指现代化过程中，因传统价值和传统社会规范遭到削弱、破坏乃至瓦解，所导致的社会成员心理上失去价值指引、价值观瓦解的无序状态。在失范社会中，曾有的统一信仰遭到怀疑和抛弃，而个人又尚未确立自身的信仰体系，所以社会成员会感到失落，缺乏目的性和方向感。在社会学的研究领域中，许多学者认为社会示范是异化（Alienation）的一种形式，因此，有些文献中关于疏离感的测量，采用的就是Srole所编制的Anomie的测量量表。

感）；

（5）我发现做真正的自我会使自己脱离于世界之外（自我疏离感）。

Dean（1961）编制了包含 24 条题项的疏离感测量量表，该量表由无力感、无意义感与社会孤立感三个分量表构成，典型题目[2]：

（1）我们都只是生活机器里的齿轮罢了（无力感）；

（2）我常常怀疑生活的真正意义是什么（无意义感）；

（3）有时我感到自己在这个世界上是孤独的（社会孤立感）。

Neal 和 Rettig（1967）认为，Seeman、Dean 的量表都未很好地体现疏离感的多维度特征[97]。例如，Seeman（1959）的含有 5 条题项的古特曼量表，实质上可归于单维量表；Dean（1961）的包含三个子量表的疏离感测量量表，内部相关性非常高，也可视为一个单维量表。因此，Neal 和 Retting 编制了一个含有 29 条题项的量表，采用主轴因子分析法识别出疏离感的三个维度：无力感、无规范感、社会失范，并经过旋转正交计算进一步抽取出五个成分[97]。其中，无力感包含两个成分，对国家、世界大事的无力感、对战争与和平的无力感；无规范感包含政治无规范感与经济无规范感两方面；而社会失范为单独一个成分，区别于无力感与无规范感。

Kohn（1976）在探讨职业结构与疏离感的关系时，针对疏离感编制了含有 16 个题项的古特曼（Guttman Scale）量表[81]。该量表中包含无力感、无规范感、自我疏离感、文化疏离感四个维度，每个维度各有四个题项。

Maddi 等（1979）构建了一个包含五种情境的量表，这五种情境分别为家庭、工作、自我、社会组织、他人，每个情境下的疏离感均由四个维度构成，即无力感（Powerlessness）、冒险主义（Adventurousness）、虚无主义（Nihilism）、无所作为（Vegetativeness）①，每个维度下包含 3 个题项，因此，整体量表共由 60 个题项所构成[83]。该量表提供了不同情境下的疏离感的测量途径，尤其工作情境量表中的题项为后续学者所应用（Hirschfeld，2000）。

Korman（1981）所编制的量表包含个体疏离感与社会疏离感两部分，一共包含 18 个题项[7]。继 Korman 之后，Lang（1985）采用 Korman（1981）的量表

① 这里的维度命名虽不同于 Seeman 等，但各维度的本质意义是一致的。其中，无力感是指因无法左右社会或个体事件而产生的失落感；冒险主义是指除非通过极端或危险的行为，才能体验到生命的活力；虚无主义是指坚持试图怀疑任何看似有意义的事情；无所作为是指无法相信任何事情的真理、重要性或价值。

对青年管理者及专业人士的工作疏离感进行测量，并在 Korman（1981）的广义疏离感量表上增添了职业疏离感维度[17]。

Banai（2007）在研究领导风格对工作疏离感的影响时，利用因子分析法将 Korman 所编制的量表精简至 8 个题项[90]，Brender－Ilan（2012）在探讨收入构成对个体疏离感影响时就采用了 Banai（2007）精简后的量表[98]。

以上常用量表均为广义的疏离感测量量表，以整体社会为背景，通过了解被试者对政治、社会事件、价值观等的观点，以此来测量被试者疏远、隔离于社会的程度。但工作情境相比较于宽泛的社会背景，个体活动多集中于工作任务的实现、同事间的相处等，因此，广义的疏离感测量量表不适合直接套用于工作疏离感的测量。

2. 工作疏离感测量量表

Blauner（1964）最早编制了针对工作情景下的工作疏离感测量量表。该量表包含 4 个维度 9 条题项，得到了广泛的应用[14]。Seeman（1967）[95]选取了 Blauner（1964）量表中的 5 条题项，并补充了两条："如果你有机会选择，你会选择现在就退休，或换一个不同的工作，还是继续从事目前的工作？""在日常工作中，你是否有权对自己的工作内容做出决策，还是只有很小的决策权？"。Seybolt（1976）就是采用 Seeman（1967）修改后的量表，与工作满意度的量表进行对比，得出两个构念存在重合、区别效度不大的结论[99]。Leiter（1985）使用该量表测量纺织行业员工的工作疏离感[85]，Susman（1972）选取该量表中的无力感、无意义感与无规范感作为工人疏离感的衡量标准，从而揭示自动化生产、生产过程控制等对员工工作疏离感的影响[100]。

Aiken 和 Hage（1966）编制了 Organizational Alienation 的测量量表，包括对工作的疏离感与对人际关系的疏离感两部分，考察了工人对工作自治权、人际关系的感受，但题项均以"How satisfied are you"开头，其实质是对工作满意度的测量，与工作满意度构念相混淆[3]。

Miller（1967）编制了针对工业领域的科学家、工程师的工作疏离感测量量表[18]。该量表包含 5 个题项，更倾向于衡量个体对工作的内在满足与自豪感。Crank（1995）在探讨工作疏离感的前因变量时，也采用了该量表[47]。

Shepard（1972）认为，工作疏离感包含无力感、无意义感、无规范感、工作角色投入、工具性工作取向五个维度，并在探讨五个维度间的内部关系基础上，提出了工作疏离感的过程模型（Process Model），即无力感、无意义感、无规范感正向影响工人的工作角色投入程度及工作价值取向[40]。在研究工作疏离感各维度间的内部关系时，科技、劳动分工对工作疏离感的影响作用时，编制了包含5个维度（无力感、无意义感、无规范感、工作角色投入、工具性工作取向）27条题项的工作疏离感测量量表，前三个子量表采用7点李克特形式，后两个子量表采用5点李克特形式。Cummings（1977）利用因子分析法验证了Shepard（1972）所提出的工作疏离感的五个维度，并将量表精简至20个题项[82]。

Mottaz（1981）编制的包含3个维度21条题项的工作疏离感量表得到广泛使用[42]。Sarros等（2002）在探讨工作疏离感与组织领导风格间的关系时，采用了Mottaz（1981）所编制的量表，并通过验证性因素分析法，得出该量表结构效度良好的结论（GFI=0.941）[72]，该量表得到广泛的应用[51-52]。

Hirschfeld（2000）[48]所编制的单维量表中包含10个题项，该量表的第1、3、6、8、9条题项均来自Maddi[61]等（1979）所编制的量表。

Nair（2009）编制的单维量表包含8条题项[71]，以测量印度知识员工的工作疏离感程度。

此外，Roger（1995）编制了专门针对临时工人（Temporary Worker）的工作疏离感测量量表[88]，Clark（2010）也使用了该量表用来研究临时工人的工作疏离感对工作绩效的影响[93]。

本书总结了较为常用的工作疏离感测量量表，如表2-5所示。通过工作疏离感量表与题项的总结，发现有些研究中对工作疏离感的测量并没有体现工作情境特点，题项指向过于宽泛。目前还没有得到广泛一致认可的测量工作疏离感的量表，针对特殊群体——知识员工的工作疏离感的量表更少。

表2-5　工作疏离感常用测量量表

广义的疏离感测量量表	工作疏离感测量量表
Netteler（1957）	Blauner（1964）
Seeman（1959）	Seeman（1967）
Dean（1961）	Aiken和Hage（1966）
Neal和Retting（1967）	Miller（1967）
Kohn（1976）	Shepard（1972）
Maddi等（1979）	Mottaz（1981）
Korman（1981）	Hirschfeld（2000）
	Nair（2009）

资料来源：笔者整理。

第四节　工作疏离感影响因素研究

自工作疏离感概念被提出以来，学者就致力于探索是什么原因导致员工产生此种负向情感（Negative Affection）。通过总结已有文献，本书将学者所发现的影响因素归纳为三大层面：宏观层面、中观层面及微观层面。

一、工作疏离感的宏观层面影响因素

1. 生产资料所有制

Marx（1844）[36]最早在分析 Work Alienation 时，强调的是工人客观上的对劳动产品、劳动过程控制权的丧失，即劳动异化。劳动异化的本质反映的是工人与劳动之间、工人与劳动产品之间、人与人之间关系的异化。而生产资料所有制是生产关系的基础，不同的生产资料所有制形式决定人们在生产中的地位及其相互关系。他认为，资本主义私有制是导致劳动异化产生的根本原因。正是由于资本主义私有制，工人们所生产的产品越多，他所丧失的产品控制权就越多。因此，在研究的早期，学者认为，Work Alienation（劳动异化）仅存在于资本主义社会，社会主义社会是不存在此种现象的。但随着 Work Alienation 概念含义的丰富，以及在心理学与社会学科中的发展，它所指代的不再仅仅是劳动者与劳动产品、劳动过程间的客观关系，还包含了个体无力、冷漠、疏远的主观意义，学者的关注重点不再是所有制，而扩展到心理因素。

2. 科技

关于科技对工作疏离感的影响主要存在三种观点，这三种观点均承认科技对工作疏离感是有影响的，但在如何影响方面存在争议。

一种观点认为，科技进步会提高工作疏离感。该观点源于 Marx 的劳动异化理论。Marx 认为，资本主义社会，科技越发达，工人丧失的产品控制权就越多，对劳动过程的影响力也越来越小，工人因为科技发展感受到更大的精神压力[36]。

另一种观点认为，高科技会降低工作疏离感。该观点源于 Blauner（1964）所提出的倒“U”型理论[85]。Blauner（1964）认为，不同的行业间科技发展水平不一样，因此工人的疏离感程度可能会不一样。为了验证该假设，他选取了4种类型企业，分别为印刷厂、纺织厂、汽车厂、化工厂，这四个企业的技术先进水平分别由低到高，但以手工操作为主的印刷厂工人和自动化水平最高的化工厂工人的工作疏离感均低于纺织厂与汽车厂，即在科技水平最低的及最高的工厂工作的工人，工作疏离感反而最低。因此，Blauner 得出结论，科技水平与工作疏离感的影响呈倒“U”型关系。继 Blauner 的研究后，一些学者的研究验证了其观点，并提出自动化生产会降低工作疏离感的观点[101-104]。例如，Cotgrove（1972）以化工厂为研究对象，发现自动化生产的工人疏离感水平低于大批量生产模式的工人[101]。

还有一种观点认为，高科技并不一定会降低工作疏离感。该观点以 Susman 为代表。Susman（1972）将自动化生产的高科技工厂与手工生产的低科技工厂进行比较分析，发现高科技工厂的工人疏离感程度并不低于低科技工厂的工人。因此，他提出科技不是影响工作疏离感的唯一变量，在探讨科技对工作熟练的影响时，应综合考虑科技所带来的生产方式、工作特征、组织结构等各种变化[100]。Yuchtman - Yaar（1985）以美国、德国、瑞典、日本、以色列为研究对象，探讨科技改变对工人工作疏离感的影响，发现尽管这五个国家在当时都属于科技发达国家，但由于这五个国家的文化、政治及社会经济方面存在不同，导致不同性别、职位（白领与蓝领）的工作疏离感程度不同[105]。Vallas 和 Yarrow（1987）在总结已有关于文献的基础上，也提出应该将社会因素纳入科技水平与工作疏离感关系的框架中[106]。

3. 社会文化

Kanungo（1983）提出了工作疏离感的“动机模型”（见图2-8），认为社会文化是形成个体需要和生活取向的重要因素，这也就决定了个体对现实与自我期望之间差距的判别，从而影响个体的工作态度或行为[43]。西方社会文化以新教伦理为根基，个体受这种文化价值观的影响，注重追求工作的内在价值，注重个体价值的实现，当个体的这种需要得不到满足时，会产生工作疏离感[43]。

Hofstede（1980）则通过实证研究发现国家文化与工作疏离感之间存在相关关系。在高规避不确定性的社会文化里，当人们感到无法控制周围环境时，会感受到高疏离感[107]；此外，集体主义—个人主义也是影响工作疏离感产生的一个重要文化因素。在个人主义文化背景下，如果组织没有提供支持个人主义行为的环境，个体会具有较高的疏离感；而在集体主义文化背景下，如果组织未能给予员工及其家庭以足够的照顾或关怀，个体也会产生较高的疏离感[35,107]。

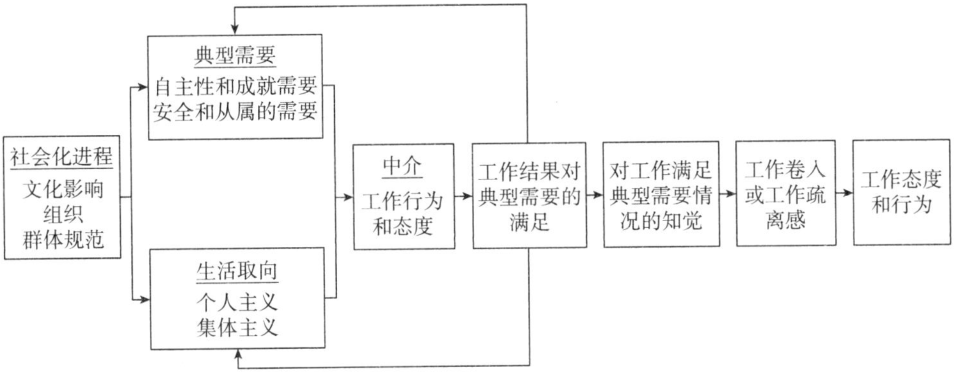

图 2－8　工作疏离感动机模型

资料来源：王月新．中国员工工作疏离感的因素结构及其相关研究［D］．暨南大学硕士学位论文，2006.

二、工作疏离感的中观层面影响因素

工作疏离感的中观层面影响因素主要是指组织层面，包括组织性质、组织结构、组织氛围、组织公正、组织—人员适配性等几个方面。

1. 组织性质（所有权性质）

Rothschild－Whitt 和 Whitt（1986）以美国的合作社制企业为研究对象，发现合作社成员由于对企业拥有股权，且在工作任务上有更多的自控权，因此，工作疏离感程度较低，但却也容易滋生较高的工作压力[108]。

Banai 和 Weisberg（2003）对俄罗斯的员工进行为期两年的调研，发现私有企业的员工工作疏离感高于国有企业员工[109]。这主要是由于俄罗斯社会制度的改变，使一些员工失去了原本在国有企业的工作，被迫转换到私有企业工作。而环境的改变、原有人际关系的丧失，导致这些私有企业的员工工作疏离感程度高于国有企业员工。

2. 组织结构

在组织结构方面，学者主要探讨了科层组织（Bereaucracy）、组织集权化、组织规范化对工作疏离感的影响作用。

科层组织又称官僚组织，是一种以等级为基础，信息从下向上流动，命令从上向下发出的“金字塔”式的结构，这种组织结构的最大特点是缺乏灵活性。一些学者认为，组织官僚程度与工作疏离感呈正向相关关系[14,81]。

Miller（1967）以科研人员、工程师为研究对象，探讨科层组织对他们的工作疏离感的影响[18]。他将组织控制（Organizational Control）和专业激励（Professional Incentives）作为科层组织灵活性程度的重要衡量指标，一个组织给予科研人员充分的自我控制权、重视激励科研人员的绩效，组织的官僚程度越低，灵活性就越大，科研人员、工程师的工作疏离感就越低。

Bonjean 和 Grimes（1970）则探讨了科层组织对不同类型员工的工作疏离感的影响，发现科层组织会增加蓝领工人的工作疏离感，但对经理和个体经营者无显著影响；对于临时工而言，官僚组织中的授权维度对工作疏离感的影响最为明显，而且对工作疏离感中的自我疏离感影响最大[110]。

已有研究中，组织集权化①和组织规范化②常被作为衡量官僚组织的特征。在组织集权化的影响作用方面，学者普遍认为，组织集权化程度越高，代表员工参与决策度越低，员工的自治权利受到限制会感受到无力感、无意义感、自我疏离感等，工人的疏离感就越强[3,5,14,111]。

而关于组织规范化对工作疏离感的影响，却存在两种具有争议的观点。

一种观点认为，组织中详细的规章制度、操作标准等明确了员工的岗位职责，并为员工的具体操作提供指示，从而降低个体的角色模糊度，降低个体的工作疏离感[8,11,19]。Michaels 等（1988）以采购人员、销售人员为研究对象，发现组织规范化除了可降低角色模糊之外，还可以减少角色冲突，从而使组织承诺提高及工作疏离感降低[8]。Agarwal（1993）扩展了 Michaels 等（1988）的研究，以美国与印度的销售人员为研究对象，发现在不同的文化背景下，组织规范化对工作疏离感的影响存在差别[112]。美国是低权利距离、个人主义文化，而印度属于高权利距离、集体主义文化，因此，组织规范化更有利于印度销售人员降低角色模糊及角色冲突，从而减少工作疏离感。

另一种观点则认为，组织的规范程度越高，个体所感知的工作疏离感越强[3,72,110]。持此种观点的学者认为，规范化限制了员工对工作的控制力，降低了个体的主动性，从而使工作疏离感增加。Greene（1978）通过实证研究发现，虽

---

① 组织集权化是指决策权集中在组织系统中的较高层次，与分权是相对的概念。

② 组织规范化是指组织对工作内容、监管规则、工作流程等有具体、详细的规定、章程、标准。

然组织规范化可以降低员工的角色模糊程度，但却有增加角色冲突的可能性，两者作用结合后的最终结果反而会增加工作疏离感[113]。Ramsawamid 等（1993）则认为，组织规范化还通过降低员工组织承诺这一路径增加工作疏离感[114]。

3. 组织气候

组织气候是组织成员对工作环境的共同知觉和感受，也就是个体间所形成的对组织认知的相同或相似的部分，例如，对组织的领导风格、人际关系、角色、沟通、安全等内容[115]。员工对组织气候的感知会对其态度或行为产生一定影响。Bajaj（1982）发现专制的组织气候容易滋生工作疏离感，而民主的组织气候有利于减低工作疏离感[116]；此外，组织的不公正也会增加员工的工作疏离感，分配、程序、人际及信息的不公正均会导致员工体验较高的无力感、无意义感及社会孤立感[92,117]。

三、工作疏离感的微观层面影响因素

1. 个体层面

（1）人口统计学相关变量与工作疏离感存在一定相关关系。

1）性别。关于性别与工作疏离感的关系并无统一定论。有的学者认为，男性工作疏离感高于女性[14,18,118-119]。例如，Blauner（1964）认为，虽然女性受教育程度低于男性，常常从事低技术水平的工作，但由于女性更具自我防护能力，更能积极抵抗由枯燥工作所带来的负面影响，反而工作疏离感低于男性[14]；Miller 等（1975）也认为，女性的工作疏离感低于男性，但原因是女性对工作所寄予的期望低于男性[18]；也有的学者发现，男性与女性在工作疏离感程度上并无显著差异；[120-121]还有学者认为，女性的工作疏离感高于男性，例如，Banai 和 Reisel（2003）指出，古巴女性除了承担经济压力之外，还有繁重的家庭压力，因此，工作疏离感高于男性[109]。由此可见，在不同的社会文化背景下，不同性别对工作疏离感的感知具有差异。

2）年龄。关于年龄与工作疏离感的关系，一种观点认为，年轻人员的工作疏离感高于年老人员[14,42,80,118-119,122]，原因是年轻员工持有较高的工作期望，当感知到工作不能满足自我期望时，容易产生工作疏离感，但年老的员工由于生活经验丰富，能更好地协调由期望与现实的差距所带来的不满。另一种观点认为，年老的员工工作疏离感高于年轻的员工[109,123-124]，原因是随着年龄的增加，会发现改变工作环境的希望越来越小，无力感及不满感日益增加；还有学者发现，年龄与性别的交互作用对工作疏离感起着重要影响，女性随着年龄的增加工作疏离感是增加的，而男性却相反[120]。因为女性由于结婚、生育子女等家庭需求，不再以工作为唯一重心，在以男性为主的工作环境下易产生疏离感。

3）教育程度。关于教育程度对工作疏离感的影响也无一致性结论。一种观点认为，受教育程度高的员工工作疏离感更强[14,42,118-119,121]，原因是因为受教育程度的个体，对工作抱有的期望越高，更加追求在工作中的自主权与控制权，更容易因为工作无法满足这种需求而产生工作疏离感；而另一种观点认为，受教育程度低的员工体验到较高的工作疏离感[76]，因为教育水平较低的员工所从事的工作技术含量较低，工作内容较为枯燥，而教育程度高的员工，具有较高的实现自我价值的能力、具有较好的人际交流能力，这种能力有助于降低疏离感。还有学者经过实证研究并未发现教育程度与工作疏离感之间存在显著关系[80,125]。

此外，有些学者发现高收入群体工作疏离感程度较低[80,88,126]，已婚员工比未婚员工工作疏离感程度高[127]。

通过以上回顾，我们发现人口统计学变量（性别、年龄、受教育程度、收入、婚姻状态等）对工作疏离感的影响并不明确，未有一致性的结论，有些结论甚至截然相反。这是因为人口统计学变量不是影响工作疏离感的唯一因素，需要综合考虑个体、组织、文化背景等多方面的因素，具体情境具体分析，而且人口统计学变量对工作疏离感的解释过于笼统[42]，无法揭示影响工作疏离感的真正原因与作用机制。

（2）个人特质。有些人拥有较高的工作疏离感，而有些人工作疏离感却比较低，这与个体的个性、特质有关，例如，害羞、沉默、逃避型人格等更容易产生工作疏离感[128]。关于个人特质的研究，已有的研究比较关注控制点（Locus of Control）及工作价值观。

控制点是一种稳定的个性心理特征，指个体对行为及其后果的一般性看法，它包含内控型和外控型两种倾向。具有内控型倾向的个体相信自己应对事情结果负责，即个人的行为、努力和能力是事情发展的决定因素；而具有外控型倾向的个体认为事件结果主要受外部因素的影响，例如，运气、机会和有权力的他人等[129]。

个体的控制点特性会影响员工的心理与行为，对工作疏离感也存在显著影响，具体表现为外控型员工比内控型员工的工作疏离感高[44,130]。这是因为内控型员工认为，自我的努力、行为能够影响工作结果，对工作内容、人际关系等更具有掌控感；而外控型员工认为工作结果不受自己所控制，面对事物常有无力感[45,131]。

此外，员工的工作价值观是工作疏离感的影响因素之一。追求自我实现（Achievement Orientation）会降低工作疏离感[132]；对工作角色认同度较高的员工工作疏离感较低[48]；新教伦理工作价值观①（Protestant Work Ethic）有利于降低工作疏离感[43,132-133]。

2. 角色压力

学者关于角色压力对工作疏离感的影响研究主要着眼于两个方面：角色模糊与角色冲突。已有的研究大多认为，角色模糊会导致员工产生工作疏离感[11,14,19,127,134-135]，但在角色冲突对工作疏离感的影响上却存在争议。有些学者认为，角色冲突会正向影响工作疏离感，即角色冲突越强，员工的工作疏离感就越高[8,11,19,127]，而有些学者通过实证研究并没有发现角色冲突对工作疏离感的直接影响作用，可能是通过组织承诺为中介间接作用于工作疏离感[114]。

3. 工作任务特征

组织对工作内容的设计也会影响员工的工作疏离感，主要体现在工作的自治性（Autonomy）、多样性（Variety）、复杂性（Complexity）、反馈（Feedback）几个方面。员工是否能够自主决定工作内容、工作方式直接影响其工作疏离感的体验，自治度越高工作疏离感越低[14,44,106,122]；工作内容的丰富多样化也有利于降低工作疏离感[44,125,136]；工作越复杂越具有挑战性，员工的工作疏离感越低[125]；员工如果能够及时准确地获得工作的反馈信息，工作疏离感会较低[109]。

4. 人际层面

人际层面对工作疏离感的影响主要集中在领导风格、人际关系两方面。

在领导风格方面，领导的行为风格对工作疏离感的影响不容忽视[43]。Ashforth（1994）指出，领导的暴君行为（领导将自己视为下属的君主，任意批评、辱虐，贬低下属，以强硬的方式解决冲突等）会导致员工高工作疏离感[137]。Sarros等（2002）则发现，变革型领导（Transformational Leadership）与工作疏离感负向相关，而交易型领导（Transactional Leadership）则与工作疏离感正向相

① 所谓新教伦理（基督新教工作伦理）是一个关于西方基督教新教的社会和经济理论的概念，即强调努力工作是一个人的使命，工作是不仅有益于个人而且有益于整个社会的一种责任，勤奋地工作是一种光荣的标志。

关[72]。Banai 等则认为，支持性领导风格（Supportive Leadership）与工作疏离感负向相关，在古巴[109]、匈牙利[44]、中国[138]情境下，支持型领导风格都有助于降低员工的疏离感。Banai 和 Reisel（2007）在进一步的研究中，将研究对象扩展到6个国家（美国、德国、以色列、古巴、俄罗斯、匈牙利），同样发现支持型领导会降低员工的工作疏离感，而且个人主义倾向的社会（美国、德国）中的员工，对支持型领导的需求更强[90]。

而在人际关系方面，Nair 和 Vohra（2010）通过对印度的知识员工的调研，发现积极的人际关系（包括同事关系、上下级关系）与工作疏离感呈显著负向相关关系[139]。

第五节　工作疏离感结果变量研究

大量研究证明，工作疏离感会对员工的心理、行为产生消极影响，例如，高工作不满意度、低工作投入水平、倦怠、反生产行为、离职等[48,73,140]。本书将工作疏离感的结果变量总结为两大类：一类是对员工态度、情感的影响，另一类是对行为的影响。

一、态度、情感层面

1. 工作满意度

Seeman 等（1988）指出，工作疏离感会导致员工对工作的不满意[95]，Cheung（1998）甚至发现工作疏离感还会引致个体产生生活不满意感[126]。但也有些学者认为，工作疏离感与工作满意之间关系并不明确。[121,141]

2. 心理健康

Gardell（1976）指出，在飞速发展的科技背景下，工作疏离感不利于员工的心理健康[142]；Greenberg 和 Grunberg[143]以及 Nasurdin（2005）[144]均发现，工作疏离感易引致员工产生工作压力。

3. 组织承诺

学者普遍认为，虽然工作疏离感会降低员工对组织的承诺，但在影响路径上各有看法。Mulki 等（2008）通过对销售人员的研究得出，工作疏离感影响组织承诺的中介路径：首先，在工作场所中体验到孤立感的员工，对上级、同事的信任度下降；其次，进而降低工作满意度，导致组织承诺降低，而由于组织承诺与工作绩效正相关，所以最终的结果是工作疏离感导致低工作绩效[145]。Sulu 和 Ceylan（2010）指出，组织不公正通过工作疏离感为中介变量，间接作用于组织承诺[146]；Tummers 和 Dulk（2013）发现，当护士产生工作疏离感时（无力感及无意义感），会降低对组织的承诺，减少工作努力度，而且继续留在组织中的意愿降低[74]。此外，Efraty 等（1991）认为，个体疏离感会导致工作的不满意，进而负向影响其对工作的投入程度，最终降低员工对组织的认同度[87]。Armstrong - Stassen（2006）指出，具有工作疏离感的员工会在认知上产生对工作、工作场所的距离感，从而导致组织认同度下降、工作卷入度下降[147]。但也有学者认为，高工作承诺会降低工作疏离感，即工作承诺为工作疏离感的前因变量[121]。

4. 倦怠

Karger（1981）通过分析工业社会中工人的倦怠表现，得出倦怠是工作疏离感的一种表现形式的结论[148]。他将倦怠视为工人压力的一种，等同于工作疏离感，但他的研究方法为定性研究，并未通过实证检验。而 Powell（1994）发现，对于社会工作者而言，工作疏离感会引致倦怠，尤其是自我疏离感与无意义感两个维度，对倦怠具有更强的负面影响[69]。

二、行为层面

1. 反生产行为

反生产行为是指个体表现出的任何对组织或组织利益相关者合法利益具有或存在潜在危害的有意行为。Parker 和 Brody（1982）认为，当个体从事重复性的毫无创造性而言的工作时，以及对工作无决策权时，工作疏离感会随之产生，最终会使员工采取反生产行为对抗组织[149]。

学者关于工作疏离感对反生产行为的研究，主要集中在旷工缺席、离职、酗酒等行为。工作疏离感会影响员工对工作及工作场所的反应，而消极抵抗可能会是工作疏离感的最普遍的反应，且有多种体现形式：把工作当儿戏、转移对任务的注意力、阻碍同事完成任务等[6]。旷工缺席和离职则被认为是工作疏离感的最可能的反应[150]。Cummings（1977）未发现工作疏离感与缺勤存在相关关系[82]，但这有可能是其选择样本本身存在较少缺勤的原因造成的；Hirschfeld 和 Field

（2000）则通过实证研究证实了工作疏离感与缺勤显著正向相关，原因是体验着工作疏离感的员工常常以缺勤来表达自己的不满[48]。

酗酒也是工作疏离感容易引致的反生产行为之一。Seeman 和 Anderson（1983）发现，在工作中的高度无力感会导致男性员工酗酒行为，社会支持（Social Support）并不能缓解由无力感所引致的过度饮酒行为[78]。Yang 等（2001）以中国台湾地区个体为研究对象，发现自我疏离感、无力感、社会孤立感均与酗酒显著相关，而且职位较低的员工更容易因为自我疏离感而选择酗酒，职位较高的员工更容易因为社会孤立感而选择酗酒[83]。由于当时的中国台湾地区处于社会转型期（由农业社会向工业社会过渡），社会阶级、职位层级的不均等，造成个体通过过度饮酒行为缓解现实所带来的不满与压力。

由以上总结可知，已有的对反生产行为的研究，主要集中于对传统员工的个体层面的行为。但随着科技的进步、组织的变革，员工的反生产行为形式更加多样、内涵更加丰富。例如，知识员工由于掌握专业技术知识，对信息、财务的掌控力度更大，因此，其反生产行为对组织的危害性也更大；新生代员工由于代际差异、工作价值观的不同，在采取破坏组织的行为也具有时代性、新颖性的特点。因此，探讨工作疏离感对知识员工、新生代员工等反生产行为的影响尤为迫切。

2. 工作绩效

已有的文献对工作疏离感与工作绩效的关系并不清晰[108]。有些研究证明工作疏离感与生产绩效（Productivity）之间存在显著的负向关系，而有些研究则发现工作疏离感与绩效之间的因果关系并不显著。Mulford 和 Waldner - Haugrud 通过多元回归分析，得出农业科研人员的工作疏离感与工作产出（论文发表）间的回归系数为 -0.023，负向影响关系并不显著[151]；Clark 等（2010）发现，临时工人所感知到的工作疏离感与其自我评定的绩效间存在显著负向关系，但上级所感知到的临时工人的工作疏离感，与上级评定的临时工人的绩效间并不存在负向关系[93]。

工作疏离感与绩效间关系不明晰的原因有两个，一是对绩效的界定不明确。在较早的文献里，学者大多探讨工作疏离感对员工生产力（Productivity）的影响，也就是任务绩效；后来扩展到与工作相关的行为（Work - related Behavior），包括组织公民行为、利他行为等，绩效概念的外延得到扩展。对绩效概念的界定的不同，也就导致绩效的测量方式不统一，从而使研究结论不一致；二是已有研究忽略了社会文化因素对工作疏离感作用机制的影响。社会文化背景会影响个体的性格与价值取向，并对个体的行为具有一定的调节作用。在不同的文化情境下，工作疏离感对工作绩效的影响可能会存在不同，但在已有的探讨工作疏离感与工作绩效关系的文献中，鲜有研究将社会文化因素纳入。

3. 组织公民行为

林钲棽和陈威菖（1992）通过对中国台湾金融业从业人员的研究发现，工作疏离感会对员工的组织公民行为起到抑制作用[21]；Mendoza 和 Lara（2008）[73]对西班牙加那利群岛的中学老师进行调研，发现工作疏离感高的员工会降低组织公民行为，包括指向组织的、同事的、学生的公民行为。

第六节 文献述评及本书拟解决的问题

从上述研究综述可以看出，目前的研究主要存在以下特点：

（1）西方关于工作疏离感的研究历史由来已久，关于工作疏离感的概念、测量、前因变量及后果变量有丰富的研究成果。但中国的工作疏离感研究却起步较晚，集中在心理学与管理学领域，以探讨工作疏离感的影响因素为主，较少关注工作疏离感的结果变量。此外，国内研究多关注教师、公务员、一线操作工人的工作疏离感，未有关注知识员工工作疏离感现象的研究。

（2）尽管国外学者对工作疏离感的研究有悠久的历史，但工作疏离感的概念内涵、维度结构与测量工具尚未形成统一的定论。首先，对工作疏离感的定义主要从心理、行为两种角度进行定义，心理角度过于强调情感体验而忽略了个体的行为特征，虽然行为角度对工作疏离感的行为特征进行定义，但忽略了个体内在的心理动机。因此，本书认为，应结合心理与行为两种视角赋予工作疏离感定义。其次，工作疏离感的维度结构存在单维论与多维论的争议。出现这种争议的根本原因是工作疏离感的定义内涵不统一。维度结构的混乱直接导致工作疏离感测量工具的繁杂。

（3）以往研究大多都是单一地探讨前因变量或结果变量，缺乏工作疏离感的系统性研究。尽管西方对工作疏离感的研究有比较长的历史，但在早期及中期的研究主要集中于对工作疏离感前因变量的探讨，后期探讨工作疏离感后果变量的研究逐渐多了起来，但对这些变量间的发生机制研究不够深入。国内研究也多以西方研究为标杆，以前因变量的研究为主，后果变量的研究还比较少，且在对工作疏离感成因的分析中，研究者往往只从单一层面考察为数有限的几个影响因素与工作疏离感之间的关系，对工作疏离感形成的影响作用机制研究缺乏系统性[131]。因此，目前的研究缺少以工作疏离感为核心的整体框架性的发生机制研究，即系统性地探寻工作疏离感的前因变量、后果变量、调节变量及工作疏离感的中介作用的研究较少。

（4）对文化背景因素关注不足。目前学术界对工作疏离感的研究多以西方背景为主，无论是构念的定义、测量还是影响机制等，均是在西方文化情境下提出的，其相关结论在不同的社会文化、不同的工作情境中的适用性有待进一步确认。例如，受新教伦理的影响，西方国家的员工更加追求工作中的独立自主，看重对工作的控制力；而受儒家文化影响，中国人具有遵从权威、宿命自保等特点。这些文化差异必然导致工作疏离感的产生机制与作用效果存在差异。目前国内的研究大多是在西方的理论框架下进行的延伸，鲜有将中国传统文化因素纳入的研究。即使西方少量的跨文化研究，也只是涉及印度、日本、韩国、古巴、以色列等国家，对中国文化情境的关注并不充分。

基于以上已有研究的总结，本书将以知识员工为研究对象，立足于中国本土文化情境，对工作疏离感展开系统性的研究。主要探讨的问题是：知识员工工作疏离感的内涵结构是什么？如何测量知识员工的工作疏离感？目前我国知识员工的工作疏离感水平如何？在中国情境下，影响知识员工工作疏离感的因素有哪些？工作疏离感对知识员工在工作场所的行为有什么影响？工作疏离感在员工的认知与行为关系中是否起着中介作用？哪些中国特有的文化情境因素会影响到工作疏离感的产生机制及其行为效果？

第七节　本章小结

本章首先对国内外关于工作疏离感的文献研究现状进行总结，通过统计分析方法，对文献发表数量、文献发表期刊、文献主题内容进行归纳，在此基础上，发现国内研究关于工作疏离感研究远远落后于西方研究。其次，工作疏离感起源于异化，本章对异化理论的发展历史及内涵演变进行阐述，从而发现工作疏离感具有深厚的哲学、心理学、管理学背景。最后，在对工作疏离感的概念内涵、测量与量表、前因变量、后果变量的综述基础上，发现已有研究的空白与不足，以此确定本书拟解决的问题，即着眼于中国情境，系统性地探讨知识员工的工作疏离感的内涵结构、影响因素及行为效果。

第三章　知识员工工作疏离感的结构与测量

第一节　研究目的

在第二章的文献综述中，本书总结了工作疏离感定义的两种角度：一种是关注工作疏离感的心理体验，即与工作或工作场所心理隔离、分离的状态，例如，Kanungo（1983）认为，工作疏离感是员工因知觉到工作不能满足自我期望与需要，而产生的一种孤立和受制于工作的心理状态[43]；另一种是关注工作疏离感的行为表现，即工作投入度降低、工作努力程度降低等。例如，Hirschfeld（2000）认为，工作疏离反映的是员工脱离（Disengage）工作、减少对工作角色的投入与努力的状态，体现了员工对于工作的情感承诺倾向[48]。工作疏离感是一个描述主体（员工）与客体（工作情境因素）之间关系的变量，而工作情境因素包括很多因素，例如，工作任务、组织文化、同事及上下级关系、顾客等，因此，客体具有多样性的特点。而已有的对工作疏离感的定义，虽然解释了员工在心理、行为方面的体现形式，但大都为泛泛的概括，未能全面揭示员工对不同客体的感知与行为。工作疏离感的本质应该是员工在复杂的工作情境中的多元心理体验与行为倾向，只有从具体的客观情境出发，才能更为准确地理解工作疏离感概念的本质。

目前，国内外学术界对工作疏离感的内涵结构与测量存在争议。已有文献对工作疏离感的维度划分未有一致性结论，不仅有单维还是多维之争，即使多维论中也存在不同的维度构成成分。虽然西方学者对工作疏离感的测量研究历史较长，但一直未形成统一的量表；且原有量表是针对蓝领工人所编制的，并不适用于知识员工。因此，本章旨在解决两大问题：一是用质性研究方法探索中国情境下知识员工的工作疏离感结构，二是按照规范的量表编制方法，开发与验证中国知识员工工作疏离感量表，直到符合心理测量学的标准，并对质性研究所得到的工作疏离感结构通过实证研究进行验证。

第二节 知识员工工作疏离感结构的探索

一、质性资料的收集

质性研究以研究者本人为研究工具，在自然情境下采用多种资料收集方法，对社会现象进行整体性探究，主要使用归纳法分析资料和形成理论，通过与研究对象互动对其行为和意义建构获得解释性理解的一种活动[153]。

质性资料的获取有很多种方法，例如，访谈、传记、人物志、案例研究等，不同的方法有各自的优缺点。为了使所获取的质性资料更加完整、全面，本书在三角互证法的指导下，采取两种渠道收集资料，即在探究同一现象的研究中使用不同的数据来源，以提高研究质量。本章的研究资料主要有两个来源：一是对知识员工的访谈，二是来自互联网的文本资料。各资料来源的详细情况介绍如下：

资料 1 的获取渠道为半结构化访谈，访谈对象为知识员工，访谈目的是了解知识员工工作疏离感的情感特征与行为表现形式。由于本书为针对知识员工的工作疏离感的研究，因此，访谈对象为在企事业单位中从事管理、创造、拓展和应用知识的工作，即以脑力劳动为主。受访对象一共 10 人，其中 3 人为人力资源经理、2 人为财务经理、2 人为 IT 部门技术人员、2 人为银行业务人员、1 人为市场营销部策划专员。在受访对象 10 人中，男性 6 人，女性 4 人；其中，6 人拥有硕士学位，3 人拥有博士学位，1 人拥有学士学位。

当确定受访对象后，访谈形式确定为一对一半结构化访谈，访谈时间一个小时左右。对于时空条件允许的受访对象采取面谈方式，而有些无法面谈的采取电话访谈方式。在每次访谈开始前，研究者均会告知受访对象此次访谈的目的，即了解知识员工工作疏离感的具体感受与表现形式，由访谈员提问，受访者回答，并要求受访者针对提问交流自己具体的主观感受、具体经历及相关案例。访谈内容主要由两个部分构成：

第一部分：访谈员向受访者询问其个人信息，包括年龄、学历、工作年限、职务、工作内容等。

第二部分：具体访谈问题，例如，您体验到的工作疏离感是怎样一种心理或状态？或您认为这是一种什么样的心理状态？您觉得工作中哪些态度或行为代表知识员工有工作疏离感？

经得受访者的同意，对访谈进行全程录音，并由一名人力资源管理专业的硕士生进行文字记录，以此保证资料的完整性与安全性。

资料 2 的获取渠道为互联网搜索。由于参与者具有可匿名性，因此，网络平台所收集到的信息能够反映信息发布者的真实感受，并且覆盖面广，信息具有可保存性。网络信息已被多种研究领域的学者成功应用。本书利用互联网可记录、数据可分析的特点，立足于国内大型的、活跃度强的三家职场论坛搜索关于工作疏离感的信息：第一职场论坛、天涯论坛中的职业天地、百度贴吧中的职场吧。选择互联网作为资料获取的渠道，是因为职场人士在虚拟的网络中更容易真实地发表自己在工作中的感受，且素材丰富生动。以会员人数、帖子数量、更新时间等指标为依据，选取了上述三家网站进行资料收集。其中，天涯论坛的职业天地栏目设置尤为细致，在其职业栏目下包含经理人、工程师、程序员、设计师、医护人员、会计、教师、人力资源、编辑记者、市场营销、物流管理、采购人、公务员、警察、军人 15 个职业栏目，每个栏目下都可以找到相应的从业人员的发帖。由此可见，通过互联网搜索可以获取满足研究目的的样本材料。本人与人力资源管理专业的三名博士、硕士同学，大量阅读这三个论坛中的发帖与跟帖，收集职场人士与工作疏离感相关的言论。通过对收集到的资料进行二次精读，挑选出符合知识员工界定的材料作为分析样本，再剔除明显的言过其实、虚假的等材料，最终形成了约 4 万字的文本资料。

二、质性资料的分析

本书所收集的半结构式访谈记录 45 页、互联网论坛文本 60 页。这两个渠道所收集的原始信息中，既有抽象的描述也有具体事件的阐释，如何从繁杂的原始信息中提炼出真正反映工作疏离感内涵意义的初始条目，是本书需要着重解决的技术问题。因此，通过企业管理专业两名博导、教授的指导，以及三名人力资源管理专业的在读博士生的头脑风暴，本书制定了以下信息处理的准则：

（1）含义清晰且具有针对性的描述，可直接被采纳为有效条目。

（2）含义模糊或具有多重含义的描述，由研究者会同其他两位人力资源管理专业博士生共同讨论，以决定如何处理这类描述：删除、细分或同义转化。

（3）对于原始信息中一些过于生活化、口语化的描述，研究者将对此类描述进行相对学术性的转换表述，以便于归类编码。

（4）对于与工作疏离感内涵结构相关度较低，含义过于宽泛或曲解工作疏离感本质的描述，研究者将直接删除此类描述。

（5）对于原始信息中的一些案例描述，研究者对其进行反复阅读，力求理解其真实含义，并将其进行提炼，以形成贴近案例描述事实的、抽象的问卷条目。

1. 从访谈信息中获取的初始条目

通过半结构式访谈，研究者了解了被访者对工作疏离感的真实体验与心理、行为特征，这些是获得原始信息的重要来源渠道。本书中的 10 人受访对象其基本信息如表 3－1 所示。

表 3－1 受访者基本信息

受访者编号	性别	年龄	学历	职位	工作年限	访谈形式	访谈时间长度
1	男	48	博士	HR 总监	25 年	面谈	70 分钟
2	男	45	博士	IT 研发部门总监	20 年	面谈	60 分钟
3	男	36	博士	融资部高级研究员	14 年	面谈	70 分钟
4	女	27	硕士	市场部策划人员	2 年	面谈	60 分钟
5	男	28	硕士	银行业务部科员	3 年	面谈	60 分钟
6	男	42	博士	财务部总监	18 年	面谈	55 分钟
7	男	32	本科	过程管理设计师	7 年	面谈	45 分钟
8	女	41	硕士	人事部部长	16 年	电话	50 分钟
9	女	30	MBA	商业伙伴关系管理部负责人	4 年	电话	50 分钟
10	女	35	硕士	质检经理	10 年	电话	40 分钟

通过以下步骤完成对访谈信息的提取：

（1）在信息处理的五条准则的指导下，本书从原始信息中剔除了各种不符合要求或含义模糊的语句，保留反映工作疏离感内涵特征的有效信息。

（2）然后对有效的访谈记录进行内容分析，通过频度分析识别访谈记录中的关键词来进行编码。由于篇幅有限，本书列举三个例子（见表3－2～表3－4），从访谈记录中展示提取编码的过程。

表3－2　受访者A的访谈记录

<table>
<tr><td>受访者单位：银行</td><td>职位：业务部科员</td><td>访谈主题：你工作疏离感的体验是什么？</td><td>访谈时间：60分钟</td><td>编码</td></tr>
<tr><td colspan="4">我进入银行工作已有三年时间，关于你提到的工作疏离感，我最真实的感受是一种被剥离的感觉。尽管自己的理念跟思维还停留在校园时期的单纯的、美好的幻想，但实际上每天的工作却与入职前的期望相差甚远。我每天都是在身不由己地干一些工作，思维和行为是相脱离的，现实中的自己和内在的自己相剥离。另外，还有种最真切的感觉就是，我现在变成了自己曾经最讨厌的那种人，自己在工作中的所作所为也是我之前所不齿的，长期以来，这种纠结、痛苦的感觉很是折磨人。举例来说，我现在所做的工作经常在外面出差，要面对一些很有经济实力的客户，而我自己刚工作没几年，经济实力较弱，社会地位也不高，和他们差距较大。因此，在与他们进行业务谈判时，我需要给自己虚构一个社会地位，要在穿衣打扮、谈吐方面表现出具有一定的经济基础。不这样我无法开展工作。但每天当工作结束后，一个人回到租住的房子里，卸下伪装，现实又是那么令人悲观。白天的光鲜和工作结束后的现实形成一个强烈的反差，这让我经常质疑自己的真实性，内心真正的自我和现实中的那个我时常在对立、在斗争。另外，我感觉无法融入同事间的交往中，有种被孤立的感觉。因为我工作单位在上海，单位里有很多同事是上海本地人，而我是北方人，听不懂上海话，更不会说上海话。他们经常会用上海方言沟通，聊得热火朝天，可我一句也听不懂，那种被孤立在外的感觉太难受了。还有的同事，虽然在岗位上和我一个级别，但由于进公司比我早，就表现出老前辈的姿态，经常将一些本属于他的工作交给我做。尽管内心很不情愿，但由于自己进入公司时间短，要资历没资历，要背景没背景，就不得不去做些本不属于自己的工作。我感觉这是一种同级胁迫。因此，我会尽量减少和同事的相处，能用邮件沟通就写邮件，能打电话就打电话，面对面相处会怕自己磨不开面子，不能拒绝他们不合理的要求。</td><td>A1
A2
A3
A4</td></tr>
<tr><td colspan="5">从受访者A访谈记录的编码中提取关于工作疏离感内涵结构的条目有以下四条：
A1．工作疏离感是思维与行为的剥离；
A2．工作疏离感是自我怀疑、自我斗争的体验；
A3．工作疏离感是被同事孤立的感觉；
A4．工作疏离感是自己主动疏远同事以求安宁。</td></tr>
</table>

表 3－3　受访者 B 的访谈记录

受访者单位：美资公司	职位：HR 总监	访谈主题：你工作疏离感的体验是什么？	访谈时间：70 分钟	编码
我已经有 25 年的工作经历，在现在这个单位已工作了 7 年。目前我是人力资源部门的总负责人，招聘、培训、考核、薪酬等都需要我全局管理。我每天从早上睁开眼到晚上闭眼睡觉，都是在工作，每天有接不完的电话，n 个邮件需要处理。我工作的公司是一家美资公司，我经常需要和总部进行视频会议，而由于时差的存在，我往往需要在下班后的晚上还要投入工作中。无处不在、无时不在的工作将我包围，让我有种喘不过气的感觉。每隔一段时间，我会有种无法抑制的逃离工作的想法。				B1
例如，我想关掉电话，听到电话铃声明知是与工作相关的，也不想接；不想查收邮件，对有些邮件会有抵触情绪，不愿及时回复。尽管我在公司中属于高管，但我时常有无力的感觉，即使我有自己的意见或建议，即使我感觉到决策中存在的问题，但当我向上级反映时，他们会说这就是决定，必须执行，对此我很无奈。				B2
很多时候决策由上级或总部制定，自己没有参与其中的感觉，只能执行。在我明明对决策有质疑的状态下，我在向下属传达任务时，还需要表现对此决策的支持，还需要调动我的下属去执行我内心并不认可的决策。				B3
另外，由于我从事人力资源管理工作，因此，常与公司员工沟通了解他们对公司的真实看法。在与员工沟通的过程中，有些知识员工反映对单位缺少归属感，表现出对组织的刻意疏远，例如，不爱参与团队活动、集体活动。				B4
有时单位特意组织一些集体活动，以此增加组织的凝聚力。但许多知识员工对此类组织活动比较漠然，甚至找借口不参与。我们公司有自己的 OA 系统，许多事务的处理都借助这个平台，也使有些员工可以远程工作或在家就能完成工作，组织的存在感没有传统意义的组织那么强，使一些员工对组织的依赖度也在下降。我想这也是工作疏离感的一种表现。				B5

从受访者 B 访谈记录的编码中提取关于工作疏离感内涵结构的条目有以下五条：

B1. 工作疏离感是对烦琐工作的抵触与排斥；

B2. 工作疏离感是一种对工作任务无能为力的感觉；

B3. 工作疏离感是无法参与到经营决策而无奈的感觉；

B4. 工作疏离感是对组织缺少归属感的体验；

B5. 工作疏离感表现在较少依赖组织、不积极融入组织。

表 3－4　受访者 C 的访谈记录

<table>
<tr><td>受访者单位：电力公司</td><td>职位：电气工程师</td><td>访谈主题：你工作疏离感的体验是什么？</td><td>访谈时间：70 分钟</td><td>编码</td></tr>
<tr><td colspan="4">我个人最强烈的感受是，有活不愿干，没活还难受。我自大学毕业以来，就从事电气相关工作，刚开始参加工作时对什么都感到好奇，愿意主动去学习专业知识。但随着工作经验的增加，感觉工作内容不再有挑战性，周而复始，相当枯燥无聊，有些任务自己闭着眼睛都能完成。因此，当上级给安排工作时特别不愿意干，找各种理由推脱。但是当真的没活干时还特别难受，心里空落落的。内心还是希望有机会做些能体现自己价值、体现自己专业水准的任务。不光我自己，我同期入厂的同事都有这种感觉。
另外，还有就是对人际关系疏远的感觉。同事之间都是表面上的客气，你做你的工作、我做我的工作，仅仅停留在工作层面，而进一步的情感交流很少，也很少下班一起去吃饭、喝酒等。感觉同事间越来越冷漠，在工作单位里，迫于低头不见抬头见，打个招呼，相互寒暄一下。
组织的规章制度只是个摆设。例如，在我们公司的员工手册中写明的是早上 8 点上班，但实际上你如果 8 点准时到了，会被上级认为你不认真努力工作，他们认为你如果是个好员工，7 点半就应该已经到办公室了。虽然公司里有明确的评职称的条件要求，可是却经常更改，一年一个变化，让我们根本没有清晰的努力方向。而且这个职称评定的条件基本由公司领导说了算，没有征求过员工的意见和看法，感觉他们根本没有把你视为组织的一员。</td><td>C1
C2
C3
C4</td></tr>
</table>

从受访者 C 访谈记录的编码中提取关于工作疏离感内涵结构的条目有以下四条：

C1. 工作疏离感是对周而复始的工作的无聊感；

C2. 工作疏离感是对所做工作内容感到无意义；

C3. 工作疏离感体现在人际关系的冷漠；

C4. 工作疏离感是对组织规章制度、晋升渠道等的无规范感。

2. 从互联网文本资料中获取的初始条目

对于通过互联网渠道所收集到的文本资料，研究者也采用之前提到过的 5 条准则，对信息进行筛选。采用和访谈信息处理相同的方法与步骤，研究者将有效的互联网文本信息进行编码。表 3－5 与表 3－6 为示例：

表 3-5　文本资料 a 的编码

样本编号：a	样本获取来源： http：//www. douban. com/note/142998999/	样本发表时间： 2011-04-01	编码
对于我来说，每周周五意味着一周又结束了——从周一开选题会确定选题，到采访、写稿，其间再加无尽的瞎折腾，基本上到周五中午前后，这个周期算过完了。其实我一直很惶惑：每周就这样循环往复，有意义吗？有意思吗？			a1
入行越久，我越觉得跟同行"疏离"。同行聚到一起，最热闹的话题永远是：谁谁谁混到高级职称了、谁谁谁和谁谁谁咋啦、谁谁谁副局级了、谁谁谁升迁了、谁谁谁的报道又倒霉了……			a2
或许在外人眼中，这是个神秘的职业：个个神通广大，能挖出很多独家内幕；也是个有趣的职业：整日被八卦包围，成天跑来跑去，被新鲜刺激；还是个"高尚"的职业：揭露假恶丑，弘扬真善美……其实，这个职业很无趣——当你每天面对不同的采访对象写出来的稿子却经常一个面孔时，对自己的信心是多么大的打击？当你把条线跑熟后，你果真相信，这些是"新闻"的价值吗？当你不去发布会、同行指责你"还做什么新闻"时，你难道觉得他们获得的是"真新闻"吗？可究竟什么是新闻呢？我不清楚。这个行业的人，也并非你在围脖上看到的那么"大义凛然"，充当"公知"。			a3
这亦是职场。而这个职场的评判标准同样"庸俗"：总是为自己的稿子被某某批示而高兴，视作"成功标准"；总是沾沾自喜于同行的夸奖……没有人会正儿八经地跟你讨论稿件质量、采访技巧。对新闻、对文字的热爱你是看不到的，你看到的只有一张张市侩的脸。市侩没什么，有的是市侩自命清高，实在是令我厌恶。			
当然，我也很市侩。但我的灵魂经常飘出去，问自己：你在干什么呢？写的又是什么呢？此时，我会回忆初入行时的感觉：幼稚，可充满激情。但在一次又一次地被拒绝、被毙稿、被同化后，我终于对这个职业彻底厌倦，打不起半分精神。可惜我无处可逃，并且似乎内心深处依然对这个职业怀有某种梦想。我知道梦想不可能实现，于是，我日益疏离。这种撕扯的状态让我很难受。			a4 a5 a4

从互联网文本资料 a 的编码提取关于工作疏离感内涵结构的条目有以下五条：

a1. 工作疏离感是对所做工作的意义的质疑；

a2. 工作疏离感是与同行的疏远；

a3. 工作疏离感是对所从事职业的无意义感；

a4. 工作疏离感体现在自我与本我的冲突与不平衡；

a5. 工作疏离感体现在对职业的兴趣下降。

表 3－6　文本资料 b 的编码

样本编号：b	样本获取来源：http：//www. chinahrd. net/article/2012/09－28/176446－1. html	样本发表时间：2012 年 9 月 26 日	编码
因为你站在某一个关键位置上，所以就得负起某一个位置的责任，有某一个位置的担当。工作不是请客吃饭谈恋爱，有时候是要唱红脸的，有些任务要压到下属身上去，责令要限时完成，就不能再温文尔雅地和同事们打交道了，语气里甚至要带点锋芒，带点压力，你发现不这样就做不成事。也就是常言说的"慈不带兵"。过去，你乐意跟同事们透露这透露那，然而，随着位置的上升，你知道有些话不能提前透露给同事，有些态度，你不能表现得过早。			
职场对于管理层的要求，不仅是有打成一片的上下级关系，也要有某种程度的疏离感。有些适当的距离，才能更适合你做管理层的角色。有一天，你发现同事们也在主动疏离你，也是很礼貌地疏离你。你坐在办公室，满眼的同事，却感觉自己是在高原无人区，他们不再跟你聊世界杯、欧洲杯，当你跟他们说自己的家事时，他们却用恭维来敷衍你，他们以为说的是让你开心、不得罪你的话，却没想到这些话让你陷入严重孤独感。尽管你人品不错，秉公办事，但人缘却越来越差。你站在人情味稀薄的高处，感觉不胜寒。这是高层的职场孤独症。			b1
一堆同事正在热烈地讨论一个问题，恰巧这个问题是你最熟悉的，你于是怯生生地说出自己的见识和见解，以求与他们有擦出火花的交集，结果频率没对上，你的话刚刚过去，他们的谈话刚好已经散场，每人都已经去忙自个的事，剩下你那番热情的言语，只好在没有回应的办公室里，和冷气一起共舞。你忽然感觉到每一个同事都在鄙视你，都有可能欺负你。此刻的你，看着满办公室的同事，却有一种坐在月球上的感觉，渐渐地不愿意参加同事们的活动，渐渐词不达意，渐渐地沮丧，有挫折感，最后又产生逃离感。			
无独有偶，在外企工作一年的小孙也相当郁闷："就是感觉有种莫名的距离感，工作的忙碌和冷淡的人际关系让我内心特别地压抑。"			b2

从互联网文本资料 b 的编码提取关于工作疏离感内涵结构的条目有以下两条：

b1. 工作疏离感体现在上下级间关系的客气、距离感。

b2. 工作疏离感体现在同事关系的生疏与冷淡。

3. 条目合并及精简

通过半结构化访谈、互联网文本资料两个渠道收集的原始信息，在 5 个信息处理原则的指导下，经过初步筛选后还有 106 条。这 106 条提炼出来的条目有很多是含义重复或含义相似的，因此，需要对其进行条目合并。条目合并的步骤如下：

（1）首先将同义的条目进行合并，并统计条目重复出现的频次。

（2）再者将近义的条目进行合并，尽量使用一个内容单一的条目涵盖各个近义条目的意义，以达到精简条目的目的。

为保证条目合并与精简的准确性、条目描述内容的精确度，以及条目间的区别度，本书邀请了1名管理学博士生导师加入，会同之前的3名人力资源管理专业的博士生，再次对合并精简后的条目进行检查与考量。最终，我们将工作疏离感内涵结构的条目精简至37条，这些条目在所收集到的质性资料中重复出现的频次如表3-7所示。

表3-7　条目频次

序号	条目	出现频次
1	工作疏离感是思维与行为的剥离	10
2	工作疏离感是自我怀疑、自我斗争的体验	8
3	工作疏离感是觉得自己与组织的文化格格不入	13
4	工作疏离感是对烦琐工作的抵触与排斥	25
5	工作疏离感是一种对工作任务无能为力的感觉	16
6	工作疏离感是无法参与到经营决策而无奈的感觉	7
7	工作疏离感是下级对上级的刻意疏远	12
8	工作疏离感体现在同事关系的生疏	23
9	工作疏离感是对组织缺少归属感的体验	19
10	工作疏离感是对自我身份认知的矛盾与冲突	9
11	工作疏离感是抱着功利性目的而完成工作任务	12
12	工作疏离感是对周而复始的工作的无聊感	28
13	工作疏离感体现在人际关系的冷漠	32
14	工作疏离感体现在上下级间关系的客气、距离感	21
15	工作疏离感体现在个体与组织的不匹配	16
16	工作疏离感是感觉到自己不是组织的一员	14
17	工作疏离感是对从事职业前景渺茫的挫败感	8
18	工作疏离感是对所做工作内容感到无意义	36
19	工作疏离感是与同行间的疏远	12
20	工作疏离感是付出与回报不对等的失衡感	31
21	工作疏离感是目前所从事工作与自己职业价值观相背离的体验	9
22	工作疏离感体现在自己职业价值观与当今流行的价值观格格不入	15
23	工作疏离感是对组织规章制度、晋升渠道等的无规范感	24
24	工作疏离感是对组织战略目标的漠然	16

续表

序号	条目	出现频次
25	工作疏离感是人格统一性的分离	8
26	工作疏离感是被同事孤立的感觉	19
27	工作疏离感是常常被同事忽略的挫败感	16
28	工作疏离感是自己主动疏远同事以求安宁	7
29	工作疏离感是一种每天工作毫无目标、空虚的体验	31
30	工作疏离感体现在不愿意全身心投入到工作中	33
31	工作疏离感是感觉自己所从事的职业毫无意义	12
32	工作疏离感表现在较少依赖组织、不积极融入组织	15
33	工作疏离感是由工作不能反映真实自我而产生的焦虑感	9
34	工作疏离感体现在自我与本我的冲突与不平衡	8
35	工作疏离感是对所做工作的意义的质疑	20
36	工作疏离感是感到自己的工作和其他人的工作毫无关系	21
37	工作疏离感是游离在组织之外不被关注	25

4. 条目归纳分类及命名

本章的研究目的是探寻中国知识员工工作疏离感的内涵结构，而这需要对以上所整理出的条目进行归类和命名。为保证归类和命名的准确性，本人会同参与条目合并与精简工作的博士生导师及三名博士生，一起完成条目的分类及命名工作。樊景立等（2004）在进行中国员工组织公民行为结构的探索性研究时，通过信度测试来保证条目分类及命名的准确性[154]，许晟（2013）在进行追随力结构的质性研究过程中，也采用了樊景立等（2004）所采用的方法，证明了该方法的可行性[155]。因此，本书借鉴其成功经验，对合并、精简后的条目进行归纳分类与命名，具体步骤如下：

（1）由研究者将37个条目打印在三个不同颜色的卡片上，一个为蓝色，另一个为黄色，还有一个为绿色，以便于分辨各个卡片的持有者。

（2）向三位博士生讲解分类与命名的目的及步骤，并将三张卡片分别发放给三名博士生。

（3）请三名博士生分别在不同的研究室独立完成各自的归类与命名工作，以保证每人的思维独立性。

（4）由研究者收集三名博士生完成归类与命名的三张卡片，寻找三张卡片中一致的归类和命名，以及不一致的归类和命名。

（5）将不一致的归类和命名所包含的条目重新打印在卡片上，发放给三名博士生重新进行归类和命名。此步骤中研究者与三名博士生共同参与，在各自阐述观点之后，就分歧之处进行讨论。

（6）研究者根据三名博士生的讨论结果，再结合自己的判断做出必要的调整或整合。

（7）将完成的归类与命名表格交由博士生导师进行审核，就其所提出意见进行最后的修改或调整。

在经过以上 7 个步骤后，合并、精简后的 37 个条目共被划分为五个大类，并分别命名为任务疏离、关系疏离、组织疏离、自我疏离、职业疏离。具体归类与命名如表 3 –8 所示。

表 3 –8　条目归类与命名

序号	条目	维度命名
4	工作疏离感是对烦琐工作的抵触与排斥	任务疏离
5	工作疏离感是一种对工作任务无能为力的感觉	
6	工作疏离感是无法参与到经营决策而无奈的感觉	
11	工作疏离感是以功利性为目的而完成工作任务	
12	工作疏离感是对周而复始的工作的无聊感	
18	工作疏离感是对所做工作内容感到无意义	
29	工作疏离感是一种每天工作毫无目标、空虚的体验	
30	工作疏离感体现在不愿意全身心投入到工作中	
35	工作疏离感是对所做工作的意义的质疑	
36	工作疏离感是感到自己的工作和其他人的工作毫无关系	
7	工作疏离感是下级对上级的刻意疏远	关系疏离
8	工作疏离感体现在同事关系的生疏	
13	工作疏离感体现在人际关系的冷漠	
14	工作疏离感体现在上下级间关系的客气、距离感	
26	工作疏离感是被同事孤立的感觉	
27	工作疏离感是常常被同事忽略的挫败感	
28	工作疏离感是自己主动疏远同事以求安宁	

续表

序号	条目	维度命名
3	工作疏离感是觉得自己与组织的文化格格不入	组织疏离
9	工作疏离感是对组织缺少归属感的体验	
15	工作疏离感体现在个体与组织的不匹配	
16	工作疏离感是感觉到自己不是组织的一员	
23	工作疏离感是对组织规章制度、晋升渠道等的无规范感	
24	工作疏离感是对组织战略目标的漠然	
32	工作疏离感表现在较少依赖组织、不积极融入组织	
37	工作疏离感是游离在组织之外不被关注	
1	工作疏离感是思维与行为的剥离	自我疏离
2	工作疏离感是自我怀疑、自我斗争的体验	
10	工作疏离感是对自我身份认知的矛盾与冲突	
20	工作疏离感是付出与回报不对等的失衡感	
25	工作疏离感是人格统一性的分离	
33	工作疏离感是由工作不能反映真实自我而产生的焦虑感	
34	工作疏离感体现在自我与本我的冲突与不平衡	
17	工作疏离感是对从事职业前景渺茫的挫败感	职业疏离
19	工作疏离感是与同行间的疏远	
21	工作疏离感是目前所从事工作与自己职业价值观相背离的体验	
22	工作疏离感体现在自己职业价值观与当今流行的价值观格格不入	
31	工作疏离感是感觉自己所从事的职业毫无意义	

三、员工工作疏离感各维度内涵

以上质性研究表明，工作疏离感是员工与工作情境中各个要素间的心理分离、行为疏远的状态，既有情感体验成分，也有行为成分。而知识员工工作疏离感的内涵结构主要包含五个维度：

（1）第一个维度是任务疏离（Task Alienation），反映知识员工由于工作内容的单调、枯燥或工作任务的繁重，而产生的逃避工作、不愿面对工作的心理状态，以及对工作任务的排斥、抵触行为，体现的是知识员工自身与工作任务的关系。文献根据是：Seeman（1959）提出的工作疏离感的两个维度——无力感与无意义感，所描述的都是员工对工作任务（task）的心理体验[9]。例如，无力感描述的是员工不能自行地、有效地掌控工作的过程和结果，无意义感是指员工仅仅完成整个工作的一小部分，感觉不到工作的价值和意义。本书从质性资料中提取了反映知识员工与工作任务关系的10个条目，包括对工作任务的无力感、无意义感、抵触、排斥等心理。

（2）第二个维度是关系疏离（Relationship Alienation），反映的是知识员工对工作场所中疏远的人际关系的实际感知，包括上下级关系、同事关系等。从质性资料中发现，关系疏离包含主动意义与被动意义两个方面，有些员工是被动地被孤立，而有些员工是主动地选择疏远同事或上级，保持一定距离。文献根据是：Aiken和Hage（1966）认为，当员工无法表达自我情感时，会产生人际疏离感[3]，即Alienation from Expression Relations。本书从质性资料中提取了反映知识员工对人际关系感知的7个条目。

（3）第三个维度是组织疏离（Organizational Alienation），反映的是知识员工与组织相隔离的关系，体现为组织认同度低、归属感低等。组织是人们为实现一定的目标，互相协作结合而成的集体或团体。当个体不认同组织目标或组织缺乏帮助个体实现目标的机制时，会导致员工对组织的疏离。文献根据是：Seeman（1959）提出了无规范感是工作疏离感五个维度之一，指的是组织缺乏明细、明确的规则指导员工完成工作和实现个人目标，这实际上描述的就是个体与组织的关系[9]。本书从质性资料中提取了反映知识员工与组织关系的8个条目，包括对组织目标、组织文化、组织规章制度等多个方面。

（4）第四个维度是自我疏离（Self - alienation），个体感到对工作本身没有认同感，或由于把工作当成获取薪酬的渠道，无法实现自我价值而导致自我认知的不统一。文献根据是：Seeman（1959）提出，当个体工作仅仅是为了获得工资时，会丧失掉工作的本质意义，而无法从工作本身获得乐趣[9]。本书从质性资料中提取的反映知识员工自我疏离的条目有7个，均体现了个体所遭受的自我认知的不统一性。

（5）第五个维度是职业疏离（Ocupational Alienation）。当知识员工感知到自己所从事的职业没有意义、无法实现自身价值时，而产生的低职业认同度。文献根据是：Lang（1985）指出，当专业人员（Professionals）、管理人员发现工作无法实现其职业目标时，会产生挫败感[17]。本书从质性资料中提取了反映知识员工与职业关系的条目有五个，包括对职业意义、职业目标、职业前景、职业价值观等方面的思考。

已有的文献在关于工作疏离感内涵结构方面存在争议，且均在西方情境下提出。由于疏离感是一个多维度、多层次的体系，因此，在我国文化背景下，工作疏离感的可操作性定义可以由基于主体疏离的不同客体、由抽象到具体来进行划分[22]。本书正是采取此种视角，利用质性研究方法，探讨我国知识员工工作疏离感的结构。

四、分析与讨论

通过质性研究方法，得出中国情境下知识员工工作疏离感所反映的是个体与工作情境中各要素间的心理分离、行为疏远的一种状态，它包含五个维度结构，即任务疏离、关系疏离、组织疏离、自我疏离、职业疏离。维度结构的划分以主客体间关系为基础，全面描述、解释了本土员工的工作疏离感的真实体验。

与已有的关于工作疏离感结构的西方研究对比，本书具有以下特点：

1. 研究方法的不同

西方学者对工作疏离感概念的解读方法主要是思辨性理论观点建构方式，即主观性提出观点，再阐述理由；或先阐述理由，再推导出观点。例如，Seeman（1959）在最早提出工作疏离感概念及维度时，在归纳已有文献的基础上，利用逻辑推导的方式提出了自己的五维度观点，并对每个维度进行定义与解释[9]，但缺乏质性资料和实证研究的支持。本书对工作疏离感的解读，没有采取主观定义、判读，而是通过收集大量的现实资料作为研究数据，并经历严格筛选，对有效的原始信息进行规范化操作，通过合并、归类、提炼等步骤归纳出工作疏离感的真实含义与维度结构。

2. 维度划分视角不同

多维构念的各个维度，是用来概括抽象构念现象的，可以由构成指标或效果指标来测量。Seeman（1959）所提出的无力感、无意义感、无规范感、社会孤立感与自我疏离感五维度，既包含构成指标又包含效果指标，划分视角较为混乱。例如，无力感、无意义感与无规范感侧重于情感的描述，而社会孤立感、自我疏离感则强调客体关系，即主体感知到的与社会、与自我的关系。此种维度划分视角既包含情感体验类型，又包含主客体关系，划分标准不统一。而本书从关系视角、以客体类型划分五个维度，均为效果型指标，更为清晰、科学。

3. 研究对象的不同

已有的西方研究在工业化背景下，多以一线操作工、蓝领工人为研究对象，因此，所得出的工作疏离感内涵及结构侧重于对工作的控制感，即无力感。西方的工作疏离感维度并不一定适用于中国情境，而且在知识时代背景下，员工的工作疏离感体验更加多样化、复杂化，其内涵及结构随着时代的改变、组织的变化等也产生了新的特征。本书正是基于中国情境，以质性研究方法，探寻出知识员工的工作疏离感的内涵及维度结构。对于知识员工而言，工作不仅是一份工作，也是一份职业。由于知识员工看中职业发展前景与职业规划等，因此，职业疏离是知识员工工作疏离感所特有的一个维度。

表 3－9 显示了本书对工作疏离感维度的划分与已有研究的区别。

表 3－9 维度划分对比

本书的工作疏离感维度	Seeman 的工作疏离感维度	Shepard（1973）工作疏离感维度	Gogers（1995）工作疏离感维度
任务疏离	无力感	无力感	与工作的疏离
关系疏离	无意义感	无意义感	与他人的疏离
组织疏离	无规范感	工作角色投入	与自我的疏离
自我疏离	社会孤立感	组织孤立感	
职业疏离	自我疏离感	工具性工作取向	
	文化疏离感（1972）		

第三节 工作疏离感初始量表的开发

虽然通过质性研究建构了中国知识员工工作疏离感的五维度结构，但是质性研究方法只能用于理论的构建却无法进行构思的验证，因此，需要借助定量的实证研究对质性研究的构思进行验证。此外，通过质性研究所获得的中国知识员工内涵结构只能定性地描述知识员工在工作情境中的疏离感体验，而如果要获知其疏离感程度则需要编制量表进行测量。

一、量表编制的原则

量表的编制需要遵循一定的原则，否则编制出的量表不具备科学性。工作疏离感反映的是员工心理情感体验，因此，其量表的编制应符合心理学量表的编制要求。本书在编制知识员工工作疏离感测量量表的过程中，遵循以下指导原则：

1. 在理论指导下明晰量表测量内容

编制和验证量表过程中会涉及很多技术问题，但理论的重要性不可忽略。由于本研究中要测量知识员工的工作疏离感，这是一种无法直接观察到的、难以捉摸的现象，没有一个切实的标准作为编制量表的依据，因此，清晰的理论作为指导尤为必要。本章第二节中通过质性研究，挖掘出知识员工工作疏离感的五个维度：任务疏离、关系疏离、组织疏离、自我疏离、职业疏离，这五个维度将是量表测量的主要内容，通过这五个维度的测量，获知知识员工的工作疏离感程度及构成。因此，该量表的编制一定要围绕这五个方面具体展开。

2. 量表题项丰富且反映测量目的

量表的题项应当根据特定测量目标进行选择或编写，所有题项必须能够反映作为其基础的潜在变量。本书的测量目的是了解知识员工的工作疏离感程度，工作疏离感是潜变量，每一个题项的内容都应当反映工作疏离感的结构，都应该是对该潜变量强度的测试。在保证相关性的同时，还需保证题项的丰富性。以不同问题方式反映知识员工工作疏离感现象，才能把握该现象的本质。因此，在最初量表的编制中，题项库中的题项应该比计划的最终的量表中的题项多。

3. 量表测量形式

量表题项有多种展现形式，本书将采用李克特量表（Likert Scale）。该量表被广泛使用，尤其在观点、信念和态度的测量中广泛使用，而且在大量的应用实践中被证明可成功地测量潜变量。在测量知识员工工作疏离感程度的量表中，题项以陈述句的方式呈现，且每一题的主语保持一致，以第一人称“我”开头。在题项后面罗列出选择项，以五点计分法表示对所陈述现象的赞同或认可程度：“1 分 = 完全不同意”“2 分 = 不太同意”“3 分 = 不确定”“4 分 = 比较同意”“5 分 = 完全同意”。被试者通过自我报告方式回答问卷，根据自己的实际情况，选择与题项表述的符合程度，得分越低表示工作疏离感程度越低，得分越高表示工作疏离感程度越高；反向计分题目计分标准相反。

4. 测试对象

本书旨在编制一个适合中国知识员工的工作疏离感量表，可以适用于具备一定学历、依靠自己的知识和技能从事管理、技术等工作的所有员工。该量表适用于大规模的普查，可以从众多知识员工中识别出具有工作疏离感的员工，并获知是哪些方面的疏离感，以便有针对性地采取人力资源管理措施。

二、量表编制的方法与步骤

量表的编制不是一蹴而就的，需要不断地对题项进行精简以获得正式量表的题项。本书将采取以下步骤对量表进行规范化、精简化。

(1) 建立丰富的题项题库。一般在编制量表时，研究者会根据文献或相关理论，将要测量的潜变量分为几个构面，再根据各个构面的属性编制 5～10 题的测量指标项目，形成量表题项题库池[156]。在本章第二节中已通过文献研究、实地调研等方式广泛收集了知识员工工作疏离感的典型特征，并运用科学的质化研究方法和规范的研究程序，建构了五维度的知识员工工作疏离感结构初始模型。本书提取此 37 条反映工作疏离感内涵的典型特征条目，并结合已有文献中常用量表题项，构建知识员工工作疏离感题项题库池。

(2) 在建立知识员工工作疏离感量表题库后，利用专家评审法，对题库中的题项进行审核，判断各题项是否表述清晰简洁，判断各题项是否能够贴切地描述工作疏离感内涵，从而确定原始量表。本书邀请相关领域专家进行审核，以获得专家效度。

(3) 将初始量表发放，获取预测数据，对其进行项目分析。利用 SPSS 20.0 软件，采用极端分组分析、题总相关、内部一致性系数变化等指标进行题项的筛选，筛选适切性高的测量题项以进入下一步的因素分析。

(4) 将删减题项后的修订量表重新发放，再次收集实证数据，以整个量表作为分析单元，进行探索性因素分析。本书将采用因素负荷为指标进一步筛检项目，达到第二次删减题项的目的，从而形成正式量表。

(5) 采用 AMOS 20.0 软件对正式量表进行验证性因素分析，检测正式量表的模型适配度，并引入竞争模型比较检验正式量表中的结构模型是否为最优。检验正式量表的信度与效度，以确定量表的稳定性与可靠性。同时，通过多个竞争模型比较，确立最佳的知识员工工作疏离感结构模型。

整个量表编制与优化的流程如图 3－1 所示。

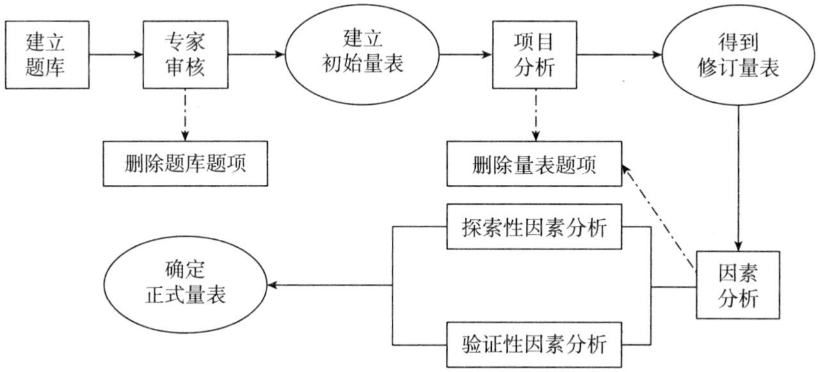

图 3－1　知识员工工作疏离感量表编制流程

三、初始量表的编制

1. 量表题库的建立

知识员工工作疏离感量表题库来源包含两个渠道：

（1）基于半结构访谈、互联网信息搜索的质性研究。在本章第二节的研究中，通过半结构访谈、互联网信息搜索手段，获得了反映知识员工工作疏离感体验的 106 条目。在经过频次统计、专家意见的筛选后，将反映工作疏离感本质及内涵结构的条目缩减至 37 条。因此，在测量工作疏离感程度时，此 37 条题目是必不可少的、关键的衡量标准。将此 37 条条目以第一人称的自我陈述形式进行改编，纳入题库作为测量题项。

（2）基于文献收集的国外相关问卷。为保证量表题项题库的丰富性，除了来源于质性研究的 37 条题项之外，本书还扩充了题项的来源。通过文献收集及阅读，选择有代表性的并被多数学者认可的问卷做参考，筛选出 6 条出现频率较高的题项，纳入题库范围内。

因此，知识员工工作疏离感的题库共包含 43 条题项，各题项内容及来源如表 3－10 所示。

2. 专家评审删减题项

为了保证题库题项的丰富性，题库中难免会出现有些语义重复的条目，也存在一些与潜在变量——知识员工工作疏离感的相关度有争议的条目。因此，本书将采用定性分析法，通过专家对题库题项与知识员工工作疏离感内涵结构进行符

表3-10 量表题库题目及来源

维度	题号	题项	来源
任务疏离	1	我每天的工作都是些琐碎的事务	笔者的质性研究
	2	我很抵触工作上的事情，时常有想逃离工作的感觉	
	3	我对日常工作任务的安排有很大自由	
	4	我常因为无法参与到决策而感到无奈	
	5	我是以功利性为目的而完成任务	
	6	我常常怀疑自己工作的重要性	
	7	我的工作状态是得过且过	
	8	我不愿意全身心投入到工作中	
	9	我常常质疑自己工作的意义	
	10	我感到自己的工作与其他人没什么关系	
	11	我感觉没必要努力工作，因为没什么意义	Hirschfeld（2000）
	12	我常常希望自己在做别的事情	Nair（2009）
关系疏离	13	我常常疏远自己的同事，保持一定距离感	笔者的质性研究
	14	我感觉同事间的关系很生疏	
	15	我所在组织中人际关系很冷漠	
	16	我能够融洽地与上级相处	
	17	同事常常忽略我导致我有挫败感	
	18	我常常感觉在工作的时候我被同事孤立在外	
	19	我跟同事的关系仅限于工作方面的交流	
	20	我常常参与到同事间的谈话中	Roger（1995）
	21	同事常常忽略我	
组织疏离	22	我觉得自己与组织的文化格格不入	笔者的质性研究
	23	我在单位中可以找寻到归属感	
	24	组织中的一些规章制度形同虚设	
	25	我感到自己不是组织的一员	
	26	我感觉公司中被提拔的人都实至名归	
	27	我不关心组织的战略目标	
	28	我感觉在公司中要想被提拔需要靠关系	
	29	我感觉自己游离在组织之外不被关注	
	30	我感觉不到自己和工作场所的事务有什么联系	Nair（2009）

续表

维度	题号	题项	来源
自我疏离	31	我经常希望我做的是另一份工作就好了	笔者的质性研究
	32	我感觉现在的我与内心真正的我越来越疏远	
	33	我从工作中得不到什么乐趣，我只是为了获得报酬而工作	
	34	我内心常常自我斗争	
	35	我感觉工作不能反映真实的自我	
	36	我内心常因为工作得不到平衡	
	37	我的工作使我有一种个人价值实现感	
	38	我不喜欢工作，我只是为了获得报酬	Mottaz（1981）
职业疏离	39	我感觉自己所从事的职业前景很光明	笔者的质性研究
	40	我感觉自己所从事的职业没什么意义	
	41	我和同行间有很多交流与合作	
	42	我不是很清楚自己的职业是干什么的	
	43	我感觉自己的职业价值观与当今流行的价值观格格不入	

合性判断，实现题库题项删减的第一步，从而获得初始量表。本书聘请3位组织行为、人力资源管理、心理学领域的专家，由这3名专家逐一对每个题项的基本内容与表述方式进行审核，包括测量题项表达的含义、题项词句的通顺与完整、题项所要测得的构面潜在特质是否适宜等。专家将对其认为具有代表性的题项打钩，即同意该题项作为初始量表中的测量题目。

汇总专家评审结果，采用内容效度比（Content Validity Ration，CVR）来确定题库题项的取舍。CVR的计算公式为：

$$CVR = \frac{N_i - N/2}{N/2}$$

其中，N_i 表示判断某题项具有代表性的人数，N表示参与评审的专家总人数。

专家评审结果及CVR值汇总如表3－11所示：

只有一位专家赞成的题项的CVR值为－0.33，内容效度比值较低，证明此种题项不适合作为初始量表中的测量题目。因此，根据CVR值，本书从知识员工工作疏离感测量题库中删除CVR值过低的14个题项，最终获得包含29个题目的初始量表。

表 3-11　知识员工工作疏离感条目编制的专家评审结果

知识员工工作疏离感题库题项	专家评价			CVR 值
	A	B	C	
1. 我每天的工作都是些琐碎的事务	√	√	√	1
2. 我很抵触工作上的事情，时常有想逃离工作的感觉	√	√	√	1
3. 我对日常工作任务的安排有很大自由	√	√	√	1
4. 我常因为无法参与到决策而感到无奈		√	√	0.33
5. 我是以功利性为目的而完成任务	√			-0.33
6. 我常常怀疑自己工作的重要性	√	√	√	1
7. 我的工作状态是得过且过	√	√	√	1
8. 我不愿意全身心投入到工作中	√			-0.33
9. 我常常质疑自己工作的意义			√	-0.33
10. 我感到自己的工作与其他人没什么关系			√	-0.33
11. 我感觉没必要努力工作，因为没什么意义		√		-0.33
12. 我常常希望自己在做别的事情		√		-0.33
13. 我常常疏远自己的同事，保持一定距离感	√	√	√	1
14. 我感觉同事间的关系很生疏		√	√	0.33
15. 我所在组织中人际关系很冷漠		√		-0.33
16. 我能够融洽地与上级相处	√	√	√	1
17. 同事常常忽略我导致我有挫败感			√	-0.33
18. 我常常感觉在工作的时候我被同事孤立在外	√	√	√	1
19. 我跟同事的关系仅限于工作方面的交流	√	√	√	1
20. 我常常参与到同事间的谈话中	√		√	0.33
21. 同事常常忽略我	√	√		0.33
22. 我觉得自己与组织的文化格格不入		√	√	0.33
23. 我在单位中可以找寻到归属感	√	√	√	1
24. 组织中的一些规章制度形同虚设	√	√	√	1
25. 我感到自己不是组织的一员		√		-0.33
26. 我感觉公司中被提拔的人都实至名归	√	√	√	1
27. 我不关心组织的战略目标	√			-0.33
28. 我感觉在公司中要想被提拔需要靠关系	√	√	√	1
29. 我感觉自己游离在组织之外不被关注	√		√	0.33
30. 我感觉不到自己和工作场所的事务有什么联系	√	√	√	1

续表

知识员工工作疏离感题库题项	专家评价			CVR 值
	A	B	C	
31. 我经常希望我做的是另一份工作就好了	√	√	√	1
32. 我感觉现在的我与内心真正的我越来越疏远	√	√	√	1
33. 我从工作中得不到什么乐趣，我只是为了获得报酬而工作	√	√	√	1
34. 我内心常常自我斗争			√	-0.33
35. 我感觉工作不能反映真实的自我		√		-0.33
36. 我内心常因为工作得不到平衡	√			-0.33
37. 我的工作使我有一种个人价值实现感	√	√	√	1
38. 我不喜欢工作，我只是为了获得报酬		√	√	0.33
39. 我感觉自己所从事的职业前景很光明	√	√	√	1
40. 我感觉自己所从事的职业没什么意义	√	√	√	1
41. 我和同行间有很多交流与合作	√	√	√	1
42. 我不是很清楚自己的职业是干什么的	√	√	√	1
43. 我感觉自己的职业价值观与当今流行的价值观格格不入			√	-0.33

四、项目分析

将包含29个条目的初始量表与样本背景信息结合形成预试问卷。预试问卷包括两部分，第一部分为7条样本背景信息，包括被试者的性别、年龄、婚姻状态、工龄、工作单位性质、职位等信息；第二部分为29条知识员工工作疏离感测量题目的五点李克特量表，“1分=完全不同意”“2分=不太同意”“3分=不确定”“4分=比较同意”“5分=完全同意”。通过网络在线调查方式，邀请具备一定学历、专业知识的员工填写问卷，共收到200份问卷，其中有效问卷185份，有效率为92.5%。知识员工工作疏离感的预试量表题目如表3-12所示：

表3-12　知识员工工作疏离感初始量

题项内容	题项序号
我每天的工作都是些琐碎的事务	PWA-1
我很抵触工作上的事情，时常有想逃离工作的感觉	PWA-2

续表

题项内容	题项序号
我对日常工作任务的安排有很大自由	PWA－3
我常因为无法参与到决策而感到无奈	PWA－4
我常常怀疑自己工作的重要性	PWA－5
我的工作状态是得过且过	PWA－6
我常常疏远自己的同事，保持一定距离感	PWA－7
我感觉同事间的关系很生疏	PWA－8
我能够融洽地与上级相处	PWA－9
我常常感觉在工作的时候我被同事孤立在外	PWA－10
我跟同事的关系仅限于工作方面的交流	PWA－11
我常常参与到同事间的谈话中	PWA－12
同事常常忽略我	PWA－13
我觉得自己与组织的文化格格不入	PWA－14
我在单位中可以找寻到归属感	PWA－15
组织中的一些规章制度形同虚设	PWA－16
我感觉公司中被提拔的人都实至名归	PWA－17
我感觉在公司中要想被提拔需要靠关系	PWA－18
我感觉自己游离在组织之外不被关注	PWA－19
我感觉不到自己和工作场所的事务有什么联系	PWA－20
我经常希望我做的是另一份工作就好了	PWA－21
我感觉现在的我与内心真正的我越来越疏远	PWA－22
我从工作中得不到什么乐趣，我只是为了获得报酬而工作	PWA－23
我的工作使我有一种个人价值实现感	PWA－24
我不喜欢工作，我只是为了获得报酬	PWA－25
我感觉自己所从事的职业前景很光明	PWA－26
我感觉自己所从事的职业没什么意义	PWA－27
我和同行间有很多交流与合作	PWA－28
我不是很清楚自己的职业是干什么的	PWA－29

当预试问卷施测后，采用项目分析法检验初始量表题项的适切性，以此作为个别题项筛选或修改的依据。项目分析有两种方法，一种是极端分组法，另一种是同质性检验法。极端分组法是将样本分为高分组与低分组两个极端组，如若高

分组与低分组在某个题项上得分的平均数差异是显著的，则该题项为适合测量潜变量的题目。同质性检验则包括题项与量表总分相关（Corrected - Item Total Correlation，CITC）、共同因素的因素负荷量、整体量表的内部一致性信度检验三种形式[157]。本书将分别采用极端分组分析、题总相关、内部一致性系数变化三种指标对初始量表中的题项进行检验，各指标的判别标准如表 3 - 13 所示。

表 3 - 13　项目分析的判标准则

检验方法	极端组比较分析	同质性检验	
		题项与总分相关	内部一致性信度检验
检验值	CR 值	CITC 值	题项删除后的 α
判标准则	≥3.000	≥0.400	≤量表信度值

1. 极端组比较分析

（1）将量表中反向题项反向计分。初始量表中共有 8 条反向计分题项，分别为 PWA - 3、PWA - 9、PWA - 12、PWA - 15、PWA - 17、PWA - 24、PWA - 26、PWA - 28。这些题项的计分越低，表示员工的疏离感程度越高；计分越高，表示疏离感程度越低。因此，首先将以上 8 条反向题项重新编码，采取反向计分以保证总分计算的正确性。

（2）求出初始量表的总分。本书共回收到 185 份有效预试问卷，将知识员工工作疏离感初始量表中所有被试者填答题项加总，以求得各被试者的总分。

（3）递减排序。将所有被试者所得总分按照递减方式进行排序，找出前 27% 的被试者的得分。在预试问卷中，共有 185 名有效被试者，四舍五入后取第 50 名受试者的得分作为高分组的得分临界点。

（4）递增排序。将所有被试者所得总分按照递增方式进行排序，找出后 27% 的被试者的得分，即第 50 名被试者的得分作为低分组的得分临界点。

（5）分组。按照第 3 步及第 4 步所获得的得分临界点，将 185 名被试者分为两组，一组为工作疏离感高分组，另一组为工作疏离感低分组，并以 t 检验法检验高低组在每个题项的差异。

（6）删除题项。采用两个标准删除题项，一是 t 检验结果未达显著性的题项，二是即使 t 检验结果显著，但决断值（临界比值，CR）小于 3 的题项。遵照这 2 条标准，删除 3 条不符合标准题项，分别为：PWA - 14、PWA - 19、

PWA－20。

2. 题项与总分相关分析

除了以极端组作为项目分析的指标之外，本书还采用题项与总分相关系数作为删减初始量表题项的指标。如果个别题项与知识员工工作疏离感总分的相关性越高，则表示题项与整体量表的同质性越高，更能适切地测量潜在变量——知识员工的工作疏离感。本书采用两个标准进行初始量表题项的删除，一是个别题项与知识员工工作疏离感总分的相关系数未达到显著，二是 CICT 值小于 0.4。对于符合以上两种标准的题项，则判定为与整体量表的同质性不高，不能适切地测量知识员工的工作疏离感，予以删除。

通过相关性检验输出结果的分析，发现初始量表中的 PWA－8、PWA－12、PWA－13、PWA－14、PWA－19、PWA－20 共 6 条题项与总分的相关系数未达到显著或小于 0.4，而 PWA－14、PWA－19、PWA－20 这 3 条题项已在上一步的极端组比较分析中删除，因此，通过 CICT 值判断法，此步骤中删除 PWA－8、PWA－12、PWA－13 共 3 条题项。

3. 内部一致性系数变化分析

除了极端组比较分析、题总相关分析之外，还采用信度检验法对知识员工工作疏离感的初始量表题项进一步删减。所谓信度检验，即通过观察在检视题项被删除后整体量表的内部一致性系数（信度系数）变化情形来判断该题项是否应该删除。若题项删除后，量表整体内部一致性系数比原先的内部一致性系数高，则意味着此题项与其他题项的同质性不高，应予以删除。

首先，求得初始量表整体量表的内部一致性系数为 0.85，题项删除后的信度系数大于 0.85 的题项有 PWA－4、PWA－8、PWA－13、PWA－14、PWA－19、PWA－20、PWA－25 共 7 条。而 PWA－8、PWA－13、PWA－14、PWA－19、PWA－20 这 5 条题项已在极端组比较分析与题总相关分析中予以删除，因此，在该步骤中删除 PWA－4 和 PWA－25 两条题项。

其次，经过项目分析后，知识员工工作疏离感初始量表题项精简为五维 21 条。极端组比较、题项与总分相关、内部一致性系数变化三种检验方法的分析结果汇总如表 3－14 所示。

表 3-14 极端组比较及题项与总分相关分析检验结果

题项序号	极端组比较		题项与总分相关分析		内部一致性系数变化检验
	显著性	t	显著性	Person 相关	项目删除后 α 系数
PWA-1	0.000	8.283	0.000	0.542	0.844
PWA-2	0.000	14.430	0.000	0.707	0.837
PWA-3	0.000	3.177	0.000	0.475	0.843
PWA-4	0.000	3.295	0.000	0.414	0.851
PWA-5	0.000	9.003	0.000	0.665	0.839
PWA-6	0.000	10.134	0.000	0.676	0.838
PWA-7	0.000	7.438	0.000	0.517	0.844
PWA-8	0.000	3.993	0.000	0.386	0.854
PWA-9	0.000	7.592	0.000	0.547	0.843
PWA-10	0.000	4.792	0.000	0.472	0.849
PWA-11	0.000	5.964	0.000	0.427	0.848
PWA-12	0.000	3.758	0.000	0.392	0.839
PWA-13	0.000	4.263	0.000	0.378	0.855
PWA-14	0.000	2.757	0.121	0.369	0.858
PWA-15	0.000	5.629	0.000	0.540	0.844
PWA-16	0.000	3.983	0.000	0.444	0.849
PWA-17	0.000	3.492	0.000	0.415	0.848
PWA-18	0.000	4.967	0.000	0.443	0.847
PWA-19	0.624	1.380	0.313	0.328	0.862
PWA-20	0.000	2.851	0.000	0.387	0.856
PWA-21	0.000	16.736	0.000	0.796	0.833
PWA-22	0.000	12.100	0.000	0.697	0.837
PWA-23	0.000	11.674	0.000	0.699	0.837
PWA-24	0.000	8.344	0.000	0.598	0.842
PWA-25	0.000	3.615	0.000	0.409	0.856
PWA-26	0.000	8.917	0.000	0.648	0.840
PWA-27	0.000	12.720	0.000	0.730	0.836
PWA-28	0.000	3.981	0.000	0.433	0.848
PWA-29	0.000	6.681	0.000	0.461	0.841

第四节 工作疏离感修订量表的探索性因素分析

因素分析包括探索性因素分析与验证性因素分析两种，其中探索性因素分析的目的在于确认量表的因素结构，确定因素个数及因素负荷量如何，旨在理论的产出而非理论架构的检验。而验证性因素分析是由特定的理论观点或概念架构出发，通过数学程序来确认评估假设的理论观点所导出的计量模型是否适当、合理[158]。

探索性因素分析适用于量表或问卷编制的预试上，适合量表开发初始适用[159]。因此，本书对知识员工工作疏离感的修订量表进行探索性因素分析。

一、测量工具

在经过初始量表的第一阶段删减后，形成了包含五个维度 21 条题目的修订量表。量表序号与题项内容见表 3-15。依然采用李克特 5 点计分法：1 = “完全不同意”，2 = “不太同意”，3 = “不确定”，4 = “比较同意”，5 = “完全同意”。其中 RWA-3、RWA-7、RWA-10、RWA-12、RWA-17、RWA-18、RWA-20 共 7 条题项为反向计分。

表 3-15 知识员工工作疏离感的修订量表

维度	题项内容	题项序号
任务疏离	我每天的工作都是些琐碎的事务	RWA-1
	我很抵触工作上的事情，时常有想逃离工作的感觉	RWA-2
	我对日常工作任务的安排有很大自由	RWA-3
	我常常怀疑自己工作的重要性	RWA-4
	我的工作状态是得过且过	RWA-5
关系疏离	我常常疏远自己的同事，保持一定距离感	RWA-6
	我能够融洽地与上级相处	RWA-7
	我常常感觉在工作的时候我被同事孤立在外	RWA-8
	我跟同事的关系仅限于工作方面的交流	RWA-9

续表

维度	题项内容	题项序号
组织疏离	我在单位中可以找寻到归属感	RWA-10
	组织中的一些规章制度形同虚设	RWA-11
	我感觉公司中被提拔的人都实至名归	RWA-12
	我感觉在公司中要想被提拔需要靠关系	RWA-13
自我疏离	我经常希望我做的是另一份工作就好了	RWA-14
	我感觉现在的我与内心真正的我越来越疏远	RWA-15
	我从工作中得不到什么乐趣，我只是为了获得报酬而工作	RWA-16
	我的工作使我有一种个人价值实现感	RWA-17
职业疏离	我感觉自己所从事的职业前景很光明	RWA-18
	我感觉自己所从事的职业没什么意义	RWA-19
	我和同行间有很多交流与合作	RWA-20
	我不是很清楚自己的职业是干什么的	RWA-21

二、样本信息

将此修订量表与基本信息组合后形成修订问卷，采用网络发放、实地发放等方式收集问卷。当网络问卷投放后，依据被试者的学历水平、职业、职位等条件筛选符合知识员工定义标准的问卷作为分析样本；在实地发放时，联系上海、青岛、无锡等地的企业，邀请企业中的管理人员、技术人员等填写问卷。通过两种渠道的问卷收集，共获得217份有效问卷。样本描述性信息如表3-16所示。

表3-16　样本描述性信息

基本信息	分类	人数（个）	百分比（%）
性别	男	102	47
	女	115	53
婚姻状况	未婚	111	51.2
	已婚	106	48.8
年龄	25岁以下	43	19.8
	25~35岁	142	65.4
	36~45岁	26	12.0
	45岁以上	6	2.8

续表

基本信息	分类	人数（个）	百分比（%）
最高学历	大专	38	17.5
	本科	114	52.5
	硕士	49	22.6
	博士	16	7.4
工龄	1～5年	62	28.6
	6～10年	58	26.7
	11～15年	45	20.8
	16～20年	40	18.4
	20年以上	12	5.5
单位类型	国企	56	25.8
	私企	66	30.4
	三资企业	18	8.3
	政府及事业单位	50	23
	高校、科研机构	11	5.1
	其他	16	7.4
职业性质	管理人员	63	29
	技术人员	60	27.7
	教师、科研人员	26	12
	业务人员	39	18
	其他	29	13.3

三、分析过程与结果

探索性因素分析的目的在于求得量表的建构效度，抽取变量间的共同因素，以较少的因子个数代表原来较复杂的数据结构。而进行探索性因素分析的第一步要明确样本数据是否适合进行因素分析。KMO值和Bartlett's球形检验值是判断取样充分性及样本数据是否适合进行探索性因素分析的主要检测指标。KMO是取样适当性量数，当KMO值越大（越接近1）时，表示变量间的共同因素越多，越适合进行因素分析。根据Kaiser（1974）的判断标准，当KMO值大于0.9时，表示样本数据极适合进行因素分析，具有极佳的因素分析适切性；当KMO值介于0.8～0.9时，表示样本数据适合进行因素分析，具有良好的因素分析适切性；当KMO值介于0.7～0.8时，表示样本数据尚可进行因素分析，具有适中的因素分析适切性；当KMO值介于0.6～0.7时，表示样本数据勉强可以进行因素分析，具有普通的因素分析适切性；当KMO值小于0.6时，则表示样本数据不适合进行因素分析[160]。Bartlett's球形检验卡方值达到显著水平，也表示样本数据可进行探索性因素分析[160]。

本书通过SPSS 20.0软件进行分析，得到修订量表的KMO值等于0.867，达到良好的标准；Bartlett's球形检验的近似卡方分布为1830.205，自由度为210，显著性概率值为 $p=0.000<0.05$，达到显著水平（见表3－17）。以上两个指标均表示知识员工工作疏离感修订量表的21个变量间具有共同因素存在，适合进行因素分析。

表3－17　KMO和Bartlett的检验

取样足够度的 Kaiser－Meyer－Olkin	度量	0.867
	近似卡方	1830.205
Bartlett的球形度检验	df	210
	Sig.	0.000

在明确了取样适合进行探索性因素分析后，需进一步选取合适的探索性因素分析方法。最常用的因素分析方法为主成分分析法及主轴法。本书先后尝试了两种因素分析方法，以确定哪种方式更为合适。在主成分分析法中，采用直交转轴法中的最大方差法（最大变异法）；在主轴法中，采用直接斜交转轴法中判断哪种因素抽取方法更为合适的标准，则是依据累积解释变异量指标进行判断。在社会科学领域，若萃取的共同因素累积解释变异量达到60%以上，就表示共同因素是可靠的，若该值在50%以上，因素分析结果也可以接受。在本书中，采用主成分分析—直交转轴—最大方差法进行共同因素抽取时，获得的累积解释变异量值为60.920%（见表3－18），而当采用主轴法—直接斜交转轴法时，获得的累积解释变异量值为48.577%（见表3－19）。在两者比较后，本书确定采用主成分分析法进行探索性因素分析。

表 3－18 主成分分析法解释的总方差

成份	提取平方和载入			旋转平方和载入		
	合计	方差的（%）	累积（%）	合计	方差的（%）	累积（%）
1	6.759	32.187	32.187	4.757	22.654	22.654
2	2.038	9.703	41.890	2.749	13.090	35.745
3	1.441	6.860	48.750	1.863	8.871	44.616
4	1.390	6.621	55.371	1.740	8.285	52.901
5	1.165	5.550	60.920	1.684	8.019	60.920

表 3－19 主轴法解释的总方差

因子	提取平方和载入			旋转平方和载入		
	合计	方差的（%）	累积（%）	合计	方差的（%）	累积（%）
1	6.311	30.053	30.053	3.840	18.286	18.286
2	1.555	7.403	37.456	2.346	11.171	29.457
3	0.868	4.132	41.588	1.552	7.389	36.845
4	0.850	4.046	45.634	1.344	6.401	43.246
5	0.618	2.943	48.577	1.120	5.331	48.577

因素数目的挑选则参考两个标准，一是特征值大于 1 的方法，二是陡坡图检验法。根据相关研究证实，如果题项数目介于 10～40，采用特征值大于 1 的方法抽取共同因素是可靠的，但单纯地以特征值大于 1 的方法抽取共同因素，容易导致萃取过多的共同因素，因此，需结合陡坡图检验法来共同确定萃取因素的数目。

由图 3－2 中的结果可知，本书中的样本在因素萃取中，特征值大于 1 的共同因素数目为 5。同时，陡坡检验法所得到的碎石图也显示，从第 6 个共同因素开始，陡坡开始趋于平缓，表示无特殊因素值得抽取，保留 5 个因素较为合适。因此，确定了知识员工工作疏离感修订量表中 21 个题项中拥有 5 个共同因素。

在探索性因素分析输出的结果中，旋转成分矩阵表格显示的则为转轴后共同因素负荷量。通过表 3－20 可知，知识员工工作疏离感修订量表取样样本在经过探索性因素分析后，共得出 5 个共同因素。因素 1 包含 4 个题项，反映了知识员工对真实自我的质疑与否定，与质性研究中“自我疏离”的内涵一致，因此，命

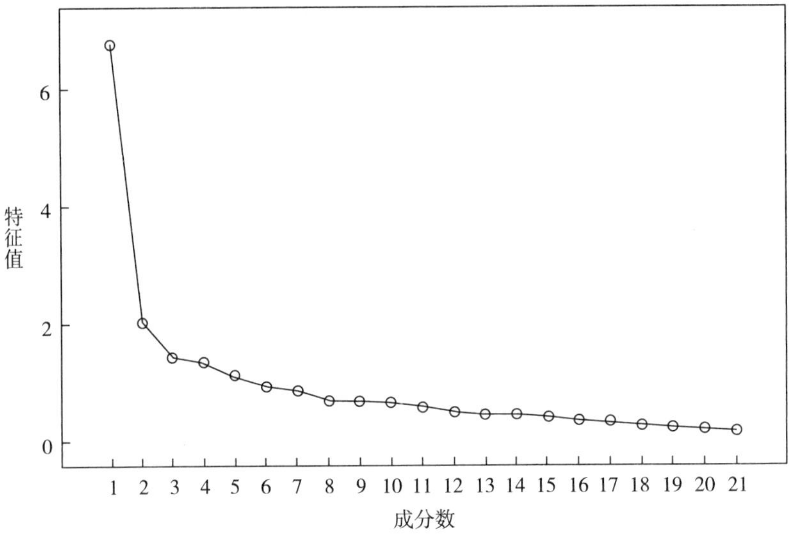

图 3-2　碎石图

名为“自我疏离”。因素 2 共包含 4 个题项，反映了知识员工对职业意义及职业发展前景的不确定，与知识员工工作疏离感结构质性研究中的“职业疏离”本质一致，因此，命名为“职业疏离”。因素 3 包含 4 个题项，反映了知识员工对同事、上下级关系的冷漠认知，与质性研究中的“关系疏离”内涵一致，因此，命名为“关系疏离”。因素 4 包含 5 个题项，反映了知识员工对工作任务的疏远与排斥，与质性研究中的“任务疏离”内涵一致，因此，命名为“任务疏离”。虽然题项 3（RWA-3）归属于共同因素 4，但在第 1 个共同因素上的负荷量为 0.467，表示该题项与共同因素 4 和共同因素 1 关系都比较密切，因此，将此题项予以删除。因素 5 包含 4 个题项，反映了知识员工对组织低归属感、低公平感的感知，与质性研究中的“组织疏离”内涵一致，因此，命名为“组织疏离”。在删除了修订量表中的题项 3，最终得到包含 5 个维度 20 条的知识员工工作疏离感的正式量表。

通过探索性因素分析的结果发现，本章第二节中所进行的知识员工工作疏离感内涵结构的质性研究得到初步的验证。正式量表的内部一致性系数为 0.888，证明该量表具有良好的信度。

表 3-20 旋转成分矩阵

	成分				
	1	2	3	4	5
RWA-15	**0.852**	0.048	0.094	-0.012	0.126
RWA-16	**0.777**	0.153	0.051	0.150	0.140
RWA-14	**0.727**	0.219	0.063	0.132	0.221
RWA-17	**0.718**	0.253	0.040	0.147	0.006
RWA-21	0.238	**0.770**	-0.181	-0.123	0.015
RWA-19	-0.034	**0.751**	0.227	0.015	-0.001
RWA-18	0.024	**0.686**	0.234	0.094	0.130
RWA-20	0.080	**0.612**	0.213	0.059	0.030
RWA-9	0.072	0.262	**0.833**	-0.018	0.070
RWA-6	0.141	0.253	**0.814**	0.220	-0.013
RWA-7	0.117	0.247	**0.713**	0.204	0.036
RWA-8	-0.148	-0.251	**0.648**	0.165	-0.330
RWA-2	0.186	0.283	-0.025	**0.720**	0.177
RWA-1	0.322	0.061	-0.029	**0.697**	0.118
RWA-3	0.467	0.059	0.159	**0.649**	-0.022
RWA-4	0.324	0.265	0.148	**0.575**	0.068
RWA-5	0.332	0.308	0.286	**0.467**	0.100
RWA-12	-0.005	-0.119	0.173	-0.019	**0.795**
RWA-13	0.119	0.083	-0.043	0.034	**0.651**
RWA-11	0.113	0.126	0.049	0.194	**0.576**
RWA-10	0.080	-0.058	0.193	0.133	**0.512**

第五节 工作疏离感正式量表的验证性因素分析

在经过探索性因素分析后，量表的各因素与其题项均已明确，需进一步探究量表的因素结构是否与实际收集的数据契合，指标变量是否可以有效地测量因素构念，即验证性因素分析。在上一步的探索性因素分析中，知识员工工作疏离感的测量量表各层面及所包含的题项已经非常明确，形成了包含五个维度20条的正式量表。为了再次确认正式量表各层面及所包含的题项是否与原先预期一致，本书采用结构方程模型技术，利用AMOS 20.0软件进行验证性因素分析，以明确知识员工工作疏离感的正式量表的因素结构是否与抽样样本适配，即检验模型的适配度如何。

一、测量工具

在经过探索性因素分析之后，将修订量表中的题项3删除，形成了包含五个维度共20条题项的正式量表。依然采用李克特5点计分法：1 = “完全不同意”，2 = “不太同意”，3 = “不确定”，4 = “比较同意”，5 = “完全同意”。其中WA－7、WA－9、WA－11、WA－16、WA－17、WA－19 6条题项为反向计分题目。

二、样本信息

通常而言，总体样本会被一分为二，一组样本用以探索性因素分析，另一组样本用以验证性因素分析。但为了满足后面实证效度检验的样本量需求，本书重新进行正式量表的发放，获得新的研究样本。通过网络发放、企业实地发放等渠道，重新邀请350名知识员工填答正式量表，获得有效问卷320份，有效率为91%。

三、分析过程及结果

1. 模型适配度检核指标的确定

适配度指标（Goodness－of－Fit Indices）是用来判别理论假设的路径分析模型图与收集的数据是否相互适配的重要标准。模型适配度评估的指标值有很多，研究者可根据研究实际情况进行指标值的组合。Hair等（1998）认为，整体模型适配度评价指标包含三类：绝对适配度、增值适配度及简约适配度，并强调在进行模型适配度评估时，最好能同时考虑到以上三种指标，以便能够得到比较共识的结果[161]。

根据研究的实际情况，本书选取以下8种适配度指标（见表3－21），作为判别知识员工工作疏离感正式量表与样本数据的契合度的参考标准。

表 3－21 模型适配度指标及标准值

统计检验量	判别标准
绝对适配度指数	
GFI 值	>0.90 以上
AGFI 值	>0.90 以上
RMSEA 值	<0.05（非常好） <0.08（良好）
增值适配度指数	
NFI 值	>0.90 以上
IFI 值	>0.90 以上
CFI 值	>0.90 以上
简约适配度指数	
NC 值（卡方自由度比值）	1<NC<3，表示模型有简约适配度 NC>5，表示模型需要修正
PNFI 值	>0.50 以上

资料来源：吴明隆．结构方程模型——AMOS 的操作与应用．

（1）GFI 值。该值表示假设模型协方差可以解释观察数据协方差的程度，因此该值越大表示模型适配度越高，反之，越小则表示模型适配度越差。当 GIF 值>0.9 时，表示假设模型与样本数据适配度良好。

（2）AGFI 值。该值为调整后的适配度指数，同样介于 0～1，数值越接近于 1，表示模型与数据适配度越好。当 AGFI 值>0.9 时，表示模型路径图与实际数据有良好的适配度。

（3）RMSEA 值。该值为渐进残差均方和平方根，是最重要的适配度衡量指标之一。此值越小表示模型的适配度越好。当 RMSEA>0.10 时，模型适配度欠佳；当 0.08<RMSEA<0.10 时，表示模型适配度尚可；当 0.05<RMSEA<0.08 时，表示模型适配度良好；当 RMSEA<0.05 时，表示模型适配度非常好。

（4）NFI 值、IFI 值及 CFI。这三个值均介于 0 与 1，值越大表示模型适配度越好，越接近 1 表示模型适配度越好，但不能低于 0.85。

（5）NC 值。即卡方自由度比值，该值越小表示模型适配度越好，该值越大则表示模型的适配度越差。当 NC 值小于 2 时，表示模型的适配度较佳。

（6）PNFI 值。该值为简约调整后的规准适配指数，主要用于不同自由度的模型之间的比较，值越高代表适配度越好。通常而言，当 PNFI>0.50 时，表示模型适配度可接受。

2. 竞争模型比较

验证性因素分析的目的旨在检验知识员工工作疏离感的构念效度，本书采用结构方程模型（Structural Equation Modeling，SEM）进行知识员工工作疏离感结构的验证。经过探索性因素分析，获得量表包含五个主成分，即五个维度：任务疏离（Task Alienation，TA）、关系疏离（Relationship Alienation，RA）、组织疏离（Organization Alienation，OA）、自我疏离（Self Alienation，SA）、职业疏离（Career Alienation，CA）。为了能够更好地证明由探索性因素分析所得到的五维结构效度，引入4个竞争模型来进行比较，以检验基于质性研究构建的量表结构维度是否最优。5个模型分别为单维、2维、3维、4维、5维模型，各个模型的维度设计如下：

（1）竞争模型1——M1。该模型为5维度模型，包含任务疏离、关系疏离、组织疏离、自我疏离、职业疏离5个因子，此5个因子共同构成知识员工工作疏离感。

（2）竞争模型2——M2。该模型为4维度模型，将关系疏离与组织疏离合并为新的潜变量，组成包含任务疏离、“关系疏离+组织疏离”、自我疏离、职业疏离的四因子模型。

（3）竞争模型3——M3。该模型为3维度模型，将关系疏离与组织疏离合并、任务疏离与职业疏离合并，组成包含“关系疏离+组织疏离”“任务疏离+职业疏离”、自我疏离的三因子模型。

（4）竞争模型4——M4。该模型为2维度模型，将关系疏离、自我疏离与组织疏离合并、任务疏离与职业疏离合并，组成包含“关系疏离+组织疏离+自我疏离”“任务疏离+职业疏离”的二因子模型。

（5）竞争模型5——M5。该模型为单维模型，20个观测变量（题项变量）直接指向知识员工工作疏离感。

以上5个模型比较的检验指标选取上文已介绍过的8种模型适配度检核指标，分别为：GFI值、AGFI值、RMSEA值、NFI值、IFI值、CFI值、NC值、PNFI值。采用AMOS 20.0软件对320份有效数据样本进行分析，得出5个模型的适配度指标结果，如表3-22所示。

表 3－22　验证性因素分析模型适配度指标值

模型编号	模型维度	GFI 值	AGFI 值	RMSEA 值	NFI 值	IFI 值	CFI 值	NC 值	PNFI 值
M1	五维	0.951	0.924	0.052	0.924	0.958	0.958	2.129	0.807
M2	四维	0.898	0.842	0.086	0.849	0.889	0.890	3.129	0.746
M3	三维	0.886	0.831	0.099	0.729	0.780	0.778	3.915	0.641
M4	二维	0.775	0.720	0.105	0.699	0.749	0.746	4.548	0.622
M5	单维	0.774	0.721	0.106	0.696	0.746	0.746	4.566	0.623

由表 3－22 的数据可知，五维度模型的数据拟合优良，其卡方自由度比值为 2.129，符合大于 1 小于 3 的标准；GFI 值、AGFI 值、NFI 值、IFI 值与 CFI 值均大于 0.9，符合模型适配度优良的标准；RMSEA 值虽大于 0.05，但小于 0.08，表示模型适配良好；PNFI 值为 0.807，大于 0.50，表示模型可接受。在四维模型中，RMSEA 值 >0.08，表明模型与数据适配不太合理。三维模型、二维模型与单维模型的卡方自由度比值均大于 3，表明模型适配度较差。综上所述，在选取的 8 个适配度指标中，五维度模型均优于其他四个模型，因此，可判定，相较于四维、三维、二维、单维模型，知识员工工作疏离感的五维度模型是最优模型，这进一步验证了本章第三节中的工作疏离感结构的质性研究结果与本章第三节中的探索性因素分析结果。五维度模型的标准化估计值模型如图 3－3 所示。

从图 3－3 中可看出五个维度潜在变量的相关系数均大于 0.4，表明五个维度间呈中高度相关，推断它们之间可能存在一个共同的高阶因子。因此，本书继续利用 AMOS 20.0 软件对 320 份有效样本进行二阶验证性因素分析，分析结果如表 3－23 所示。

从表 3－23 中可以看出，二阶模型的结构拟合度优良。完全标准化模型估计值如图 3－4 所示。从图 3－4 中可知，二阶模型可以顺利收敛识别，表示模型界定没有问题。任务疏离、关系疏离、组织疏离、自我疏离、职业疏离五个初阶因素构念的因素负荷量分别为 0.82、0.87、0.75、0.83、0.79，均大于 0.71；五个初阶因素构念的信度指标值分别为 0.68、0.76、0.57、0.69、0.62，均大于 0.5；观察变量在对应因素上的负荷值较高。表明知识员工工作疏离感作为高阶结构可以很好地解释一阶五因素构念。

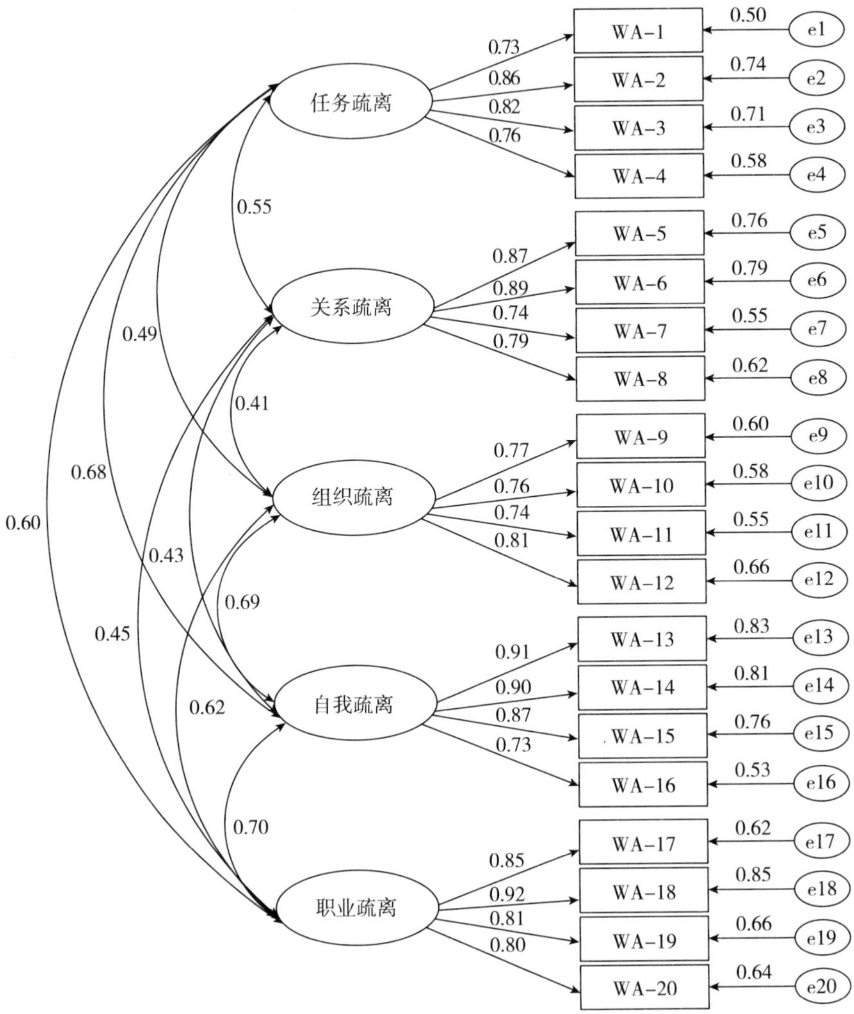

图 3-3　知识员工工作疏离感五维度结构方程模型

表 3-23　二阶验证性因素分析结果

适配指数	GFI 值	AGFI 值	RMSEA 值	NFI 值	IFI 值	CFI 值	NC 值	PNFI 值
数值	0.948	0.923	0.068	0.916	0.949	0.960	2.386	0.801

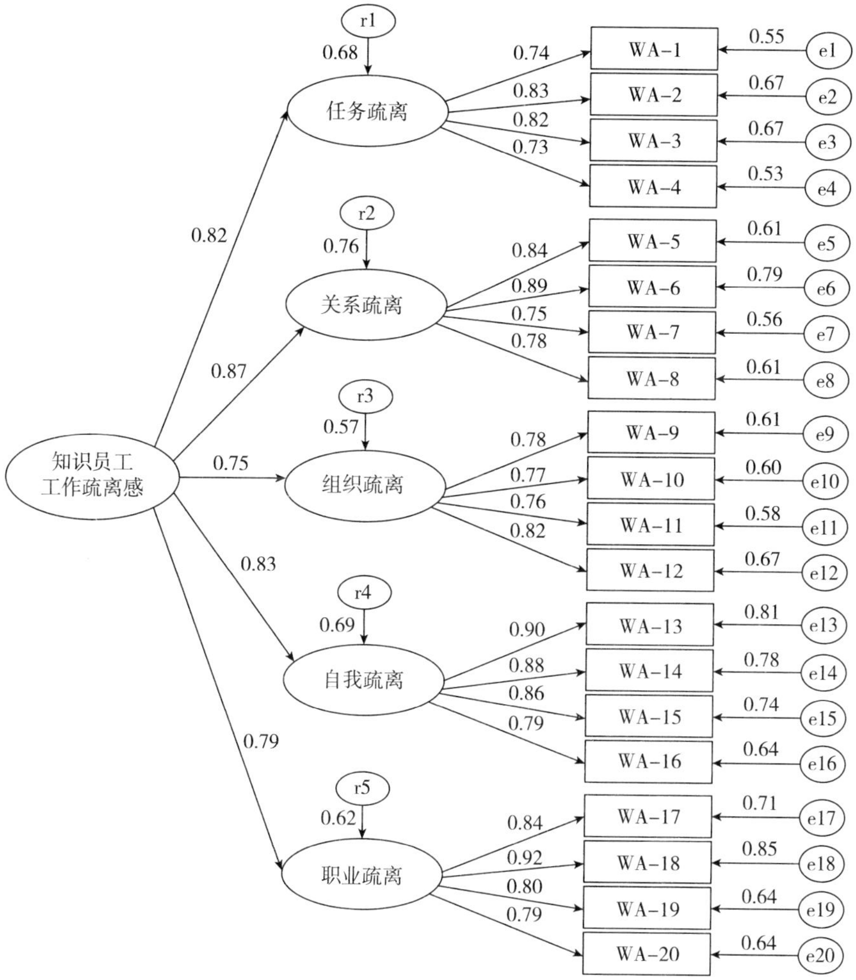

图 3-4　知识员工工作疏离感结构二阶因子模型验证性分析结果

3. 信度检验

信度检验是对测量结果的一致性或稳定性的检验，即在不同的时间或以不同的形式，对同一现象进行测量，其所得结果的一致性。本书采用三种方式进行信度检验，第一种是 Cronbach' α 系数，第二种是个别项目信度值，第三种是组合信度（Composite Reliability，CR）。

（1）利用 SPSS 20.0 软件进行内部一致性系数的检验。表 3-24 中的研究结果显示，整体量表的内部一致性系数为 0.889，证明该量表具有良好的稳定性，与修订量表的内部一致性系数相比较，量表的稳定性得到一定提高。在社会科学研究领域中，量表包含分层面，因此，除了总量表的信度系数之外，还需检测各层面的信度系数。经检测，知识员工工作疏离感的五个维度层面的内部一致性系数均在0.70以上，数值比较理想。因此，本书所开发的知识员工工作疏离感量表具有良好的内部一致性。

表3-24　量表 Cronbach's α 系数值

	整体量表	任务疏离	关系疏离	组织疏离	自我疏离	职业疏离
Cronbach's α	0.889	0.825	0.733	0.720	0.844	0.706

（2）本书通过个别项目信度系数值以判定构念的建构信度。个别项目信度系数即观察变量因素负荷量值的平方值，代表潜在变量对观察变量的解释变异量，表示为 $R_i^2 = \lambda_i^2$。该值越大，表示个别项目的信度越高，当 R^2 大于0.5时，表示该观察变量可以接受。从图3-3中的数值可知，20条测量题目的因素负荷值 λ 均介于0.50~0.90，表示五维度模型的基本适配指标理想。同时，个别项目的信度系数均大于0.5，表示观测变量能够有效地反映要测量的潜在变量。

（3）本书组合信度值以检验模型建构信度。组合信度值是模型内在质量的判别标准之一，若潜在变量的组合信度值大于0.6，表示模型的内在质量理想。计算公式如下：

$$CR = \frac{(\sum \lambda)^2}{[(\sum \lambda)^2 + \sum(\theta)]}$$

其中，λ 为因子观察变量在潜变量上的因素负荷量（标准化参数），θ 为观察变量的测量误差。在验证性因素分析中所得的各因素的负荷值、测量误差等值基础上，利用公式计算各维度的组合信度 CR 值。计算后得出，任务疏离的组合信度为0.886，关系疏离的组合信度为0.718，组织疏离的组合信度为0.742，自我疏离的组合信度为0.853，职业疏离的组合信度为0.725。各维度的组合信度均大于0.6，证明知识员工工作疏离感正式量表的组合信度较好。

4. 效度检验

效度是用来检验量表测量的正确性，即判定量表是否能够有效地测量所要测量的潜变量。效度系数越高，则表示所编制的量表题目越能很好地测量潜变量[162]。效度的检验方法有多种，例如，内容效度、构念效度、表面效度、效标关联效度等。由于本书主要是针对知识员工工作疏离感这一构念开发的量表，因此主要检验构念效度。构念效度由聚合效度（Convergent Validity）和区别效度（Discriminant Validity）组成，聚合效度用来检验不同的观察变量是否可用来测量同一潜变量，即检验同一维度内的各个观测变量之间的相关程度如何，而区别效度则检验不同的潜变量是否存在显著差异。

（1）聚合效度。本书对聚合效度的检验采用 AVE 值。根据 Fornell 和 David（1981）的研究，AVE 值为因子提取的平均方差，可以反映量表测量题项对其所指向维度的平均变异解释力，该值若低于 0.5 则表示聚合效度不良[163]。AVE 值的计算公式如下：

$$AVE = \frac{\sum \lambda^2}{[\sum \lambda^2 + \sum (\theta)]}$$

λ 为因子观察变量在潜变量上的因子负荷值（标准化参数），θ 为观察变量的测量误差。当 AVE 值大于 0.5 时，则表示各维度的测量具有足够的聚合效度。通过计算，本书得出任务疏离、关系疏离、组织疏离、自我疏离、职业疏离五个维度的 AVE 值介于 0.50 ~ 0.70，每个维度的 AVE 值均超过 0.5。因此，可判定，本书所编制的知识员工工作疏离感正式量表具有较好的聚合效度。

（2）区别效度。本书通过比较各维度的 AVE 值是否大于该维度与其他维度间相关系数的平方值，来判定潜变量间的区别效度。如果 AVE 值大于两个维度之间相关系数的平方，那么这两个维度间具有较好的区别效度。若要保证每两个维度间都具有较好的区别效度，则需满足最小的 AVE 值要大于最大的维度相关方差。在上一步的聚合效度检验中，已知本量表的各维度的 AVE 值介于 0.50 ~ 0.70，则最小的 AVE 值为 0.50。而在竞争模型比较步骤中，也已获得各维度的相关系数介于 0.40 ~ 0.70，其中最大的相关系数的平方值为 0.49。比较后发现，最小的 AVE 值大于最大的维度相关系数平方值，由此证明，虽然五个维度具有一定的相关性，但各维度间也具有良好的区别效度。

第六节　本章小结

本章研究目的之一是确定中国知识员工工作疏离感的结构。通过半结构访谈、互联网搜索等渠道，广泛地收集知识员工对工作疏离感的真实体验与感受，并以严格的、规范的质性研究程序，得出了中国情境下的知识员工工作疏离感的本质是员工与工作情境中各个要素间的心理分离、行为疏远的状态，主要包含五个维度：任务疏离、关系疏离、组织疏离、自我疏离、职业疏离。该维度结构在量表的探索性因素分析中得到了验证。

本章研究目的之二是编制一份适用于我国知识员工的工作疏离感测量量表，该量表应该符合测量学标准，并能够广泛地应用与实践。力求通过该量表的测量，可以判断被试的知识员工是否具有工作疏离感，工作疏离感程度是强还是弱，以及辨别出是体现在哪些方面的工作疏离感，为员工提高自我了解、为企业管理者掌握员工心理动态提供科学的依据。

在量表的探索与检验中，本书遵循着一条主线：初始量表—修订量表—正式量表。

（1）在第三章质性研究和文献理论研究的基础上，结合访谈中所获得的37条题目和已有西方量表中较多被使用的6条题目，形成了一个包含43条题项的题库。该题库在经过专家评审后，以CVR值为判别标准，删除掉14条题项，形成了包含29条题项的初始量表。

（2）本书采用了项目分析方法对初始量表进行修订。经极端组比较分析和题总相关系数检验后，删减掉初始量表中不符合统计学标准的8条题项，形成了包含21条题项的修订量表。

（3）将修订量表与基本信息合并为调查问卷进行发放，通过对有效问卷的样本数据分析，得到KMO值为0.867，判定样本数据适合进行探索性因素分析。通过采用主成分分析法对知识员工工作疏离感的结构维度进行探索，最终获得任务疏离、关系疏离、组织疏离、自我疏离、职业疏离五因子结构，这五个因子累积解释方差量为60.920%，表明五维度结构较为合理，与本章第二节中质性研究所探索到的知识员工工作疏离感内涵结构结论一致。但在直交转轴后，通过判别因素负荷量，发现修订量表中的题项 3 与任务疏离、自我疏离两个维度关系均比较密切，因此，予以删除，最终形成了包含五维度 20 条题项的正式量表。

（4）在对正式量表的验证性因素分析中，引入单维、二维、三维、四维结构模型作为竞争模型，分别与五维度模型进行比较，结果显示五维度模型的 8 个模型适配度指标均优于其他竞争模型。由于各维度间的相关系数均大于 0.4，发现在五维度之上存在一个更高阶因子——知识员工工作疏离感。经 AMOS 20.0 软件的数据分析，得出二阶五维度模型的卡方自由度比值为 2.386，GFI 值、AGFI 值、IFI 值、CGI 值均大于 0.9，表明二阶五维度模型拟合良好。经计算，正式量表的整体内部一致性系数为 0.889，任务疏离、关系疏离、组织疏离、自我疏离和职业疏离五个维度的组合信度分别为 0.886、0.718、0.742、0.853、0.725，正式量表的信度良好。通过计算五个维度的 AVE 值，得出正式量表的聚合效度良好；且各 AVE 值均大于维度间相关系数的平方，各维度构念的区别效度良好。

在一系列探索与检验之后，本章研究最终获得信度、效度均良好的五维度 20 条题项的知识员工工作疏离感正式测量量表。该量表为知识员工的工作疏离感的测量提供了科学的工具，且为知识员工工作疏离感产生原因、影响作用的进一步研究提供了理论基础与实践依据。

第四章　知识员工工作疏离感影响因素及行为效果的探索性分析

第一节　研究目的

对已有文献的梳理有助于充分认识现有研究的盲点与不足，有助于明确本书的探索方向。通过第二章工作疏离感国内外研究的文献回顾，我们发现目前关于工作疏离感的研究，研究方法较为单一，理论模型与假设的提出多基于文献研究，缺乏更为广泛的质性资料支撑。国外最早关于工作疏离感的相关理论假设多以归纳推理形式提出。随着研究数量的增多，以文献总结归纳方式提出理论假设的方式居多。而国内研究起步较晚，有丰富的文献基础，因此，也多以文献总结归纳方式提出理论模型或假设。这种理论模型构建的方法受限于已有文献的研究内容、研究深度，使理论模型的广度、精度受到影响，因此，扎根于现实的质性资料能为理论模型的构建带来更丰富的支撑。

基于以上分析，本章将在知识员工工作疏离感内涵结构、测量量表研究的基础上，对中国知识员工工作疏离感展开更深一步的理论研究，运用扎根理论，探索性地寻求影响工作疏离感产生的因素，以及工作疏离感对知识员工行为的作用效果。也就是说，本章将基于扎根理论提出工作疏离感的系统性的理论模型。

第二节 研究方法

一、扎根理论概述

本章将采用扎根理论方法，探究工作疏离感的影响因素及行为效果。扎根理论（Grounded Theory）是质性研究方法的一种，在社会科学研究领域中得到广泛应用。该理论最早由社会学家Glaser和Strauss（1967）提出，他们提倡在基于数据的研究中发展理论，而不是从已有的理论中演绎可验证性的假设，即研究者在进入田野调查之前并不提出理论假设，而是直接从调查资料中进行经验概括，在不断比较过程中提炼出反映社会现象的概念（Concept），进而发展范畴（Category）以及范畴之间的关联，最终升华为理论[164]。由此可见，扎根理论是一种通过广泛地、系统地收集资料以及科学地、规范地分析资料的过程，从质性资料中衍生出理论的质性研究方法。

扎根理论与其他质性研究方法相比较，具有以下特点：

（1）资料的重要性。采取扎根理论进行研究的目的是更加真实地反映社会现象，探究社会现象的本质和意义，在此基础上构建一个更适合于现实资料的理论，从而上升到理论层次对社会现象进行描述，因此，资料是形成理论的基础。资料的丰富度、真实度决定了理论构建的效果，只有对资料进行深入的分析，才能够逐步形成理论的框架。

（2）来源广泛的数据。扎根理论通常采用访谈作为数据收集方法，与研究对象面对面交流，可以获得更多的一手资料，包括访谈时的面部表情等。由于扎根理论强调现实数据而非现存的理论，因此，研究问题的以往文献一般作为一种数据来源进行连续比较分析，而非提供研究的前提假设。

（3）持续的比较分析。比较构成了分析发展的每个阶段，是系统编码和理论产生的分析程序。扎根理论的主要分析思路是：首先，事件与事件比较分类，并概括出初步概念；其次，概念与更多的事件进行比较，对初步概念进行补充，以赋予概念更丰富的理论特性。这个过程也是概念的精细化、饱和、印证和浓缩的过程；最后，概念与概念的比较，旨在甄别概念之间的联系并将它们整合起来以形成理论。

（4）严密的编码过程。扎根理论对质性资料的分析已形成了一套系统的操作步骤，即通过理论性取样、开放性编码、主轴编码、选择性编码，从而挖掘出资料的主范畴，最终识别出范畴的性质以及各个范畴间的内在联系[143]。

（5）具有参考标准的理论抽样。在对已收集到的数据进行分析时，研究者可以将从数据中初步生成的理论作为下一步数据抽样的标准，有针对性地进行下一环节的数据采样，以便最大可能性地增加类别属性与维度的密度。

二、扎根理论研究步骤

Pandit（1996）提出了五阶段模型，给出研究者可以遵循的研究程序：研究设计、数据收集、数据排序、数据分析、文献比较，从而利用扎根理论方法构建理论[165]。

针对每个阶段，Pandit 给出了详细的操作步骤：

（1）研究设计：首先，研究者通过文献研究确定研究问题与研究思路，研究问题的界定需范围适中，既要能使问题可以聚焦，还要能满足灵活性的需要；其次，应根据理论抽样的原则，确定选择哪些案例或样本。

（2）数据收集：此阶段包括收集数据、建立数据库两个步骤。访谈法、观察法是获得数据的两个重要渠道。访谈法是社会科学研究中常用的方法，研究者作为谈话的发起人，通过与被访者的谈话，了解被访者的主观感受、观点、意见或经历等，从而获得被访者对社会现象或事实的认知[166]。观察是指研究者通过对被研究者的观察，记录他们的行为方式而获得资料。研究者可以参与到被研究者的活动中，也可以作为旁观者置身于被研究者的世界之外。而数据库的建立可通过计算机实现，一些软件有助于数据库的建立与数据分析，例如，ATLAS/ti，HyperQual，Kwalitan，MAX，NUDIST，QUALPRO，The Ethnograph 等[167]。

（3）数据排序：确定事件的因果顺序，根据事件发生的时间顺序将数据进行排序。然而不同于一般的时间序列方法，时间表可能包括多种不同类型的变量，而不仅限于自变量或因变量。

（4）数据分析：包括数据编码、理论抽样和循环对比三个步骤。编码是定义数据说明了什么的过程，由开放性编码、主轴编码和选择性编码三个循序渐进的过程构成。开放性编码是将数据分解、比较、概念化和范畴化的过程，其目的是从数据中发现概念类属并对其加以命名；主轴编码是发现和建立概念类属之间的各种联系，将所得出的各项范畴联结在一起的过程；选择性编码则是选择核心范畴，把它系统地和其他范畴予以联系，验证其间的关系，并把概念化尚未发展完备的范畴补充整齐的过程。而在进行资料分析、编码的过程中，研究者决定下一步要收集什么样的数据以及从哪些被研究者那可以获得这些数据。这个数据的收集过程不是由研究者随机决定的，而是受正在形成的实质或形式理论所控制[168-169]。研究者不是对挑选的人群进行随机抽样，也不是在特定的人口中按照代表性来分配抽样，而是要寻找人、事件或信息来解释和定义类属的边界的相关性，以此通过抽样来发展理论。

所谓循环是指将访谈资料进行比较，确定收集到的新的资料是否能揭示新的事件，如果不能产生进一步的关于该理论的见解时，则认为达到理论饱和，可以初步确定理论框架。

（5）最后阶段为文献比较，即将自然呈现出的理论框架与现有文献进行比较，发现两者相似之处、差异之处并分析原因。研究者将自己发现的理论框架与已有文献建立起联系，可以提高新理论的内部效度与外部效度。

Charmaz（2006）强调扎根理论过程并不是线性的，无论什么时候只要有新的想法涌现，研究者都需要停下来把这些想法记下来，并回到研究现场更进一步地观察或获得更多的数据来验证自己的想法[169]。

第三节　数据的收集

一、访谈设计

丰富的数据是扎根理论的基础。扎根理论可以在各种不同类型的数据，例如，田野笔记、访谈以及档案和报告中的信息的基础上建立起来。为了收集丰富的数据，本书采取深度访谈方式获得资料。深度访谈（In－depth Interview）是质性研究的一种主要方法，它通过与被调查者深入交谈以此了解某一社会群体的生活方式和生活经历，探讨特定社会现象的形成过程，提出解决社会问题的思路和办法。深度访谈可以生成大量的文本性资料，便于运用扎根理论对个体经验进行比较辨析，从而抽象出概念范畴，并在此基础上构建出反映现实生活的社会理论。

围绕本章的研究目的，本书对访谈对象、访谈提纲、访谈过程进行了详细的设计。

1. 访谈对象

本书所选择的被访者基于以下两个原则：第一，被访者都是知识员工，学历都在本科以上，具有良好的专业知识素养；另外，主要从事管理咨询、行政管理、工程设计、研究开发、财务管理、营销策划、中层或高层管理等工作，多为脑力劳动。第二，由于本书旨在探讨工作疏离感的影响因素及行为效果，因此，被访者应或多或少地体验过或正在体验此种负向情感。当然被访者自己可能并未发觉自己所体验的负向情感就是工作疏离感，这需要研究者通过自己的专业知识进行判断，需与工作不满意、工作倦怠区分开来。

基于以上两个原则，本书最初确定访谈对象为 25 人。在确定访谈对象后，研究者通过电话、邮件等方式向其阐述自己的研究目的，并询问对方是否接受访谈请求。经过沟通后，正式接受访谈请求的为 20 人。随之，研究者与答应接受访谈的对象确认访谈时间及地点。由于被访谈者均为在职人员，工作较为繁忙，因此，时间以被访谈者方便为原则。对于有些不能进行面对面的访谈，采取电话访谈或网络访谈的形式完成访谈任务。

被访谈者来自上海、北京、江苏、浙江、山东、四川等科研单位、国企、外企及私企，经与同济大学统计学专业教授讨论，认为被访者来源广泛并具有一定代表性，满足扎根理论研究访谈对象的要求。访谈样本的描述性数据如表 4－1 所示。

表 4－1　访谈样本描述性数据

项目	类别	样本数（份）	百分比（%）
样本容量	有效	20	100
	无效	0	0
被访谈者来自省份	上海	6	30
	北京	4	20
	江苏	3	15
	浙江	3	15
	山东	3	15
	四川	1	5

续表

项目	类别	样本数（份）	百分比（%）
职位	总经理	2	10
	人力资源总监	4	20
	财务总监	2	10
	工程师	2	10
	营销部门负责人	2	10
	科研人员	2	10
	高校教师	2	10
	行政人员	2	10
	管理咨询师	2	10
受教育程度	博士	5	25
	硕士	9	45
	本科	6	30

2. 访谈提纲

知识员工由于受教育程度较高，有自己的工作价值观，对工作意义的追求高于一般员工，并且他们的专业知识、工作经历、学历层次、职务各不同，因此对访谈提纲中问题的设计、表述技巧等方面提出了更高的要求。通过与组织行为学专家交流与讨论，本书确定采用半结构化访谈形式。所谓半结构访谈是指主要问题和问卷是固定的，研究者在主要问题的访谈指南的指导下向被访谈者询问，但是在访谈中，访谈者可自由地针对被试者的某些观点、某些答案进一步提问，让被试者进行澄清或进一步阐述[170]。

在文献研究的基础上，研究者进行访谈提纲的规划设计，并咨询组织行为学专家的意见，形成预访谈提纲。在实际访谈中，通过与被访谈者的深度交流，对访谈提纲进行微调，最终形成“中国知识员工工作疏离感研究的访谈提纲”，具体如表 4-2 所示。

本书在访谈提纲中谈及的主要内容包含被访谈者的个人基本信息，包括个体的学历、工作单位、职务、主要工作内容，这些是导致知识员工工作疏离感产生的主要影响因素，工作疏离感对知识员工背景介绍、基本信息、影响因素、行为效果、调节变量和开放式问题六个方面的内容，主要了解哪些因素会导致知识员工工作疏离感的产生，以及会对个体、组织等产生什么后果，探索各个因素间的相互作用关系。

表 4－2 访谈提纲的设计逻辑

主题	目的
背景介绍	向被访者介绍访谈目的，简要介绍工作疏离感概念，以便被访者迅速理解访谈相关问题
基本信息	了解被访者的基本个人信息，包括年龄、学历、工作单位、职务及主要工作内容，以便研究者快速了解被访者背景
影响因素	了解被访者对工作疏离感的体验是什么，是什么因素导致工作疏离感的产生。通过关键事件法对知识员工工作疏离感影响因素进行探索性挖掘
行为效果	探究工作疏离感对知识员工行为有什么影响后果，深入了解遭受工作疏离感的知识员工在对待组织方面有什么特点，并揭示各种心理、行为间的作用关系
调节变量	了解什么因素会导致知识员工对工作疏离感的体验程度不同，以及什么因素会使同样遭受工作疏离感的知识员工行为存在差异
开放式问题	补充、完善被访谈者对知识员工工作疏离感影响因素、行为效果方面的见解

3. 访谈前期准备工作

本书在访谈前的准备工作主要是对被访谈者的预约与告知工作。通过电话、电子邮件形式，向被访谈者介绍本书和本访谈的目的、主题、研究意义与现实价值，并向被访谈者提供访谈提纲，预约具体的访谈时间及地点。对于个别较远地区的被访谈者，采取电话访谈、网络访谈形式。通过访谈前期的准备工作，研究者可以和被访谈者建立初步联系，提前消除部分沟通障碍。同时，通过访谈前的准备，可以促使被访谈者提前对访谈内容进行深入思考，以保证研究者获得更多的、更丰富的数据资料。此外，访谈前期准备工作可以保证正式访谈的可行性，为正式访谈的顺利进行和访谈资料的合理性、科学性提供支持与保证。

4. 访谈过程的控制

在每次访谈前，研究者均与被访谈者进行适当的沟通，使其明确访谈与研究的目的、主题、研究意义及现实价值，并通过合适的语言营造良好的访谈气氛，与被访谈者建立初步互动关系，以促进访谈过程的顺利开展。在正式访谈前，征得被访谈者的同意进行录音，以保证收集资料的合法性及完整性。

在访谈过程中，研究者根据访谈提纲，运用谈话技巧，对研究的关键问题和核心话题进行把握，并合理控制访谈节奏与时间。由于是深度访谈，每次访谈需控制在不低于60分钟的时间长度。在进行访谈的同时，研究者需要做好访谈资料的记录工作。这些信息均有助于研究者访谈后解读资料，进行正确的概念划分、范畴归类。当涉及敏感性问题时，尽量采用长问题而不是短问题，以此增加被访谈者报告那些不被鼓励的行为的频率；尽量使用被访谈者所熟悉的词语，使被访谈者在放松的环境下完成访谈。当每次访谈结束时，肯定被访谈者为研究所提供的素材，表明其所提供的材料的价值，令其具有成就感。

在访谈后，研究者需要对每次访谈过程进行反思，确定下一个被访者的思路并写成备忘录。

二、访谈过程

访谈资料的收集是决定扎根理论的研究是否成功的重要环节。考虑到收集资料的便利性及丰富度，本节主要对经济发达及较发达地区的知识员工进行访谈，包括北京、上海、浙江、江苏、山东、四川等地，访谈对象主要为外企管理人员、科研单位的科研人员、高校教师等高学历知识员工。笔者经由三个阶段完成访谈。

1. 第一阶段，2014年4月20~26日，访谈地为上海

笔者走访了上海2家外企、1家银行、2家知名管理咨询公司及1所高校，共采访6位知识员工，其中1名总经理、1名人力资源总监、1名营销经理、1名高校教师、2名咨询师。重点了解被访谈者对工作疏离感影响因素、影响后果的看法。在访谈中，鼓励被访谈者讲述其工作中所体验到工作疏离感，通过关键事件法深挖被访谈者的体验与感受，以此探索工作疏离感的形成原因及后果。在访谈中，笔者需关注与研究内容有关的有趣现象或敏感事项，运用访谈技巧，以启发式问题激发被访谈者就具体事例展开叙述，例如，“我对这个问题的细节很感兴趣，您可以详细讲述一下您的看法吗?”“您能详细描述下您当时的内心活动吗?”或“您都是出于什么考虑而做出当时的行为呢?”。

在第一阶段访谈结束后，笔者及时整理访谈资料，并将资料展示给组织行为学领域专家以寻求意见。在经过指导后，对访谈问题进行适当的调整，以便于更有针对性地收集与研究内容相关的资料。

2. 第二阶段，2014年5月10~20日，访谈地为浙江、江苏与山东

笔者共采访了9名知识员工，包括2名人力资源总监、2名财务总监、1名工程师、2名高校教师、2名行政管理人员。在经过了第一阶段的访谈及访谈资

料的整理后，已对所收集到的资料有了大概框架的认识，并且制定了第二阶段访谈的工作框架，不断增添到已有的初步框架中。因此，第二阶段访谈的目的是不断补充初步框架中不完善的数据，进一步丰富扎根资料。

3. 第三阶段，2014 年 6 月 5～12 日

此轮调研主要根据前两次调研中所形成的研究思路和框架进行进一步的验证。主要采取电话访谈为手段，被访谈者分布在北京与四川，包括 1 名总经理、1 名人力资源总监、1 名营销经理、2 名科研人员。通过与这 5 位知识员工的深度访谈，验证前两轮调研中所获得的信息和资料，检验是否还有新的概念出现。

第四节　数据的分析

一、访谈资料的整理

访谈结束后，研究者对收集到的访谈资料进行整理。研究者按照时间顺序将访谈的录音资料转化为书面文本，并将时间信息标注在文本中，以便于信息的检索和核对。此外，被访谈者的表情、语气和动作也加以标注，用于识别被访谈者的内在心理活动。本书中的每次访谈时间不一，最长的访谈时间为 102 分钟，最短的访谈时间为 48 分钟，平均访谈时间约为 60 分钟。以被访谈者的访谈顺序为编号，每个被访谈者录音转化的文本字数不一，最多的文本字数为 9100 字，最少的文本字数为 6500 字，转录后的文本字数总计 14 万字。需要指出是，访谈资料的收集工作并不是一次性完成，而是在分析资料的过程中，边收集边译码。

本书采用 ATLAS. ti 7. 0 软件进行访谈资料的整理与分析工作，将收集的访谈资料以文本形式导入该软件，再进行深层次的分析。ATLAS. ti 产生于德国柏林科技大学的跨学科研究项目，于 1993 年面世，是重要的质性资料分析软件。该软件不仅可以分析文本资料，还支持各种图像、音频、视频等文件，包括非静态的文件，例如，动态的网页链接内嵌式对象、谷歌地图等数据[171]。ATLAS. ti 软件以阐释单元（Hermeneutic Unit，HU）为载体进行数据的记录与操作，可以实现对质性资料码以及编码家族的归类，还能利用编码原始资料备注等各种对象构建网络图，特别有利于质性资料中的概念知识的抽取，以便于构建理论，尤其适

用于扎根理论的研究，且具有较好的中文兼容性[150]，因此，本书采用 ATLAS. ti 7.0 版本进行访谈资料的分析与译码。

二、开放性译码

开放性译码（Open Coding）是本书对访谈资料进行定义的第一步。笔者遵循三个步骤完成开放性译码：

1. 定义现象（Labeling Phenomena）

通过对原始访谈资料中的字词、句子、段落仔细分析，对识别的现象、事件贴标签，以实现访谈资料的初始概念化（Conceptualizing）。定义现象并不是对事件、情境的简单描述，也不是简单地对资料提出摘要，而是建构概念（Conceptualize），由此产生的概念将是资料分析的基本单位。本书对每位被访谈者的访谈记录以字词、语句、段落为单位进行分解后，从中找出现象、情境、事件等贴标签，共得到 292 个标签。标签以"a + 序号"的形式表示，例如，a1 表示"访谈中的第一个现象或事件"，a2 表示"访谈资料中的第二个现象或事件"，具体的贴标签示例请见表 4 – 3。对于描述同一现象或事件的文字，采取相同的序号标注。之后，笔者对每一个标签所指示的现象进行摘录，将本质一致的标签归为一类，并赋予概念，共得到 147 个概念。概念则以"aa + 序号"的形式表示，例如，aa1 表示"从访谈资料中提炼出的第一个概念"，aa2 表示"第二个概念"，具体的概念生成过程如表 4 – 4 所示。

表 4 – 3 访谈资料贴标签示例

访谈资料	贴标签
受访者 1# 世界 500 强企业的人力资源总监	
有时我感觉一些工作上的事情不是我能控制的，不仅很无力，也很无奈，这是一种内心的感受，也就是 Out of Control（a1）。每当这时就会劝自己，公司是公司，我是我，这事情和我无关，It's not of My Business（a2）。当总经理做了决定后，那好吧，既然我无力改变，尽管我不赞同，但没办法，执行就好了，他说什么就是什么（a3）。尽管我知道执行他的决定肯定会出问题，我也有自己专业方面的思考和建议，但我不会说出来（a4）。在执行上级决策时，我知道自己在某方面多做一点，多考虑一点，	a1 不能掌控自己的工作 a2 公司和自己分得很清楚 a3 只是机械地执行上级命令 a4 不会给公司提建议

续表

访谈资料	贴标签
会做得很好，但我也不愿多做（a5）。我内心的想法是，就按你的决定做呗，到时结果不好恰恰证明你是错的，而我是对的（a6）。我现在从早上睁开眼到晚上睡觉前都是在工作，但有很多事情并不如我所期望的（a7）。只要上级做了决定，就会执行，即使不认同上级所做的决定，也还会对下级表现得很支持这个决定（a8）。下了班就想赶紧逃离这种氛围，去找朋友喝喝酒，诉诉苦（a9）。还有就是，虽然我们在一个办公室工作，我看着你在做错误的事情，但我不说，明明知道前面是地雷，就是不提醒你们（a10）。	a5 尽量减少工作中的投入 a6 不认可领导的决定，期望证明自己 a7 工作内容和自己预期不符 a8 迫于无奈执行领导命令 a9 饮酒排遣内心的压抑 a10 明知同事犯错却不提醒
我经常出差在外，一年在办公室的时间不会很久，平时都依赖于远程工作和同事保持联系，这就使我缺少归属感（a11）。再一个就是在企业文化方面，公司所宣扬的和其实际所做的并不一样。例如，员工手册上写的所有员工要准时上班，但真实的情况是有些公司会说早上8点上班，就要8点上班，而有些公司会说你7点半不到就不是好员工，还有公司会认为你只要完成工作任务，只要9点到就可以（a12）	a11 远程工作导致没有组织归属感 a12 公司的内在文化氛围和规章制度并不一致
……	
受访者2# 某高校教师	
在高校体系中，面对现实我有很强的挫折感。现在的我对工作没那么激情了，如果有好的机会会毫不犹豫离开这（a34）。最大的表现就是对自己没什么要求了，得过且过（a35）。学校工作是终身职位，别人也解雇不了，就混着算了（a36）。反正晋升渠道行不通，年龄也不小了，就会放弃期望（a37）。	a34 工作承诺度下降 a35 工作得过且过 a36 毫无目标的工作 a37 放弃晋升努力
其实我感觉学院也有种不好的企图，随着这种形势，把一批老师淘汰掉，他们希望把这些位置腾出来引用海外人才（a38）。	a38 组织恶意边缘化员工
……	
我现在面临的问题是晋升无望，职称老评不上（a47）。学校里也不像原来那么单纯了，也存在拉帮结派现象，他们形成自己的圈子，作为小部分利益团体控制单位资源（a48）。很多老师觉得反正我也不能和他们成为一帮，又看不惯他们的行为（a49），这就会导致一部分老师疏远组织。感觉自己在单位里没有一点影响力，什么事情都没有共同决定权（a50）。西方企业有工会，代	a47 职业晋升渠道遇阻 a48 组织内存在小利益团体 a49 不认同组织内的小利益团体 a50 缺乏参与感，不能参与组织制度制定

续表

访谈资料	贴标签
表企业的利益对一些重大决策施加影响，员工就会有共同决定的感觉。中国的制度下，没有这样的机制，使个体没有发言权，也没有一个组织能够代表企业发言（a51）。前段时间开会，公布今年职称的标准，和去年又不一样了（a52）。但在标准公布前没有任何领导征询过老师的意见。当职称标准公布后，很多老师感觉不公平，这标准使100个人中99个人评不上，晋升制度相当不公平（a53）。既没有一个机制使我们表述自己的诉求，也没有一个渠道让大家提出建议（a51）。	a51 缺乏员工表达意愿诉求的机制 a52 职称评定标准经常改变 a53 晋升制度不公平
组织朝令夕改，让人感觉没有制度的规范性，制度很随意（a54）。制定了这个标准，没有任何人和教师沟通（a55）。公布标准后就没有下文了，没有帮助大家一起来达到这个标准，没有人做这个事情，虽然只制定了制度，但没有提供任何支持（a56）。	a54 组织制度不稳定，经常变动 a55 制度的更改没有征询员工的意见 a56 没有提供相应的支持应对制度的变动
……	
受访者3#	
我觉得你说的这个工作疏离感很形象，这正是我现在的状态，我现在正体验着很强的工作疏离感。造成这种感觉的产生有很多原因。我在银行从事销售工作，这份工作的性质和我之前的想象很不一样，就觉得这份工作不是自己想要做的（a74）。我现在所做的工作不仅经常在外面出差，还要面对一些很有经济实力的客户，而我自己刚工作没几年，经济实力较弱，社会地位也不高，和他们差距较大。因此，在与他们进行业务谈判时，我需要给自己虚构一个社会地位，要在穿衣打扮、谈吐方面表现具有一定的经济基础，形成一个强烈的反差（a75）。这个虚构的社会在外面是可行的，但回到现实就形成一个强烈的反差（a76）。	a74 工作现实不符合自己的预期 a75 有很强的客户压力 a76 自我角色认知出现失衡
自己所期望的工作、环境、实质性的内容和现实存在很大差距（a74）。另外，我感觉自己的付出没有得到相匹配的回报，劳动付出和实际收入不对等（a20）。更令人感到悲观的是，我的职业晋升前景比较暗淡，在银行业没有特殊背景不好晋升，看不到希望（a77）。	a77 晋升希望渺茫
一方面，我感觉自己有好多上级，谁都可以给我下达命令，一会儿这个领导叫我出差，一会儿那个领导叫我见客户，我不知	

续表

访谈资料	贴标签
道自己到底该做什么，该听谁的（a78）；另一方面，又觉得无法和上级交流，我甚至没有权利了解领导的风格，我可以接触他们，但他们给我的感觉就是我们有权利理解他们（a79）。这应该与组织结构有关，我们单位的层级现象特别严重，一层一层的，特别官僚（a80）。	a78 多重领导 a79 没有跟领导沟通的渠道或机制 a80 组织层级过多，结构官僚化
我们同一批进入公司的人关系还好，经常聚聚，聊聊单位的事情（a81），但和老员工就没什么交集，也无法融入他们的圈子，有种无法破冰的感觉（a82）。	a81 同级别员工相处比较顺畅正常 a82 无法和老员工融洽相处，无法融入已有的圈子
我感觉不同岗位上的人感觉也不同。银行柜员的工作任务烦琐（a83），工作压力大，工作比较机械简单化（a84），要接触形形色色的客户，有时不仅会被储户故意刁难，还会碰到一些委屈的事情（a85）。组织上一层一层地往下压任务，大老板压迫小老板，小老板压迫员工（a86）。只受上级压迫也就算了，可是和你同一级也经常给你分配不属于你的任务，因为他们进公司早，资历老（a87）。感觉不是制度在管人，而是人管人，没有规章制度可依循（a88）。	a83 工作任务繁重且琐碎 a84 工作内容只是简单的重复 a85 客户难以应付 a86 领导专制 a87 资历老的员工压迫资历低的同事 a88 公司的管理没有规范的制度
和我同一时期进入公司的同事，有的已经离职了（a89）。而我还在坚持，但我内心也发生了变化，和刚入职时不一样。我现在想的是只要我不出错就 OK，单位是单位，有好的机会我会考虑离开（a90）。还有的同事比较虚伪，当别人能看到时，就会约束自己的行为，符合公司条例（a91）；但当别人看不到、没有人监督时，就会刻意做损害公司利益的行为进而获得自己的利益（a92）。他们私下里经常说，公司待我不咋地，我凭什么为公司拼死拼活，公司好坏和我没关系（a93）。但是当面对领导时，又会显示出对公司很忠诚，很关心公司的发展（a94），表面各方面都挺符合公司规章制度，做的业绩表面也不错，但实际上存在很大漏洞，会给公司带来很大的危害（a95）。	a89 离职 a90 对组织的忠诚度下降 a91 虚假敬业 a92 采取破坏组织利益的行为报复组织 a93 不关心组织的利益 a94 对组织虚假忠诚 a95 采取隐形的破坏组织利益行为
现在这种对工作的疏离感已经对我的生活产生了很大的负面影响，例如，我年龄也不小了，应该成家了，但我现在根本不愿意找女朋友，觉得自己这么不好的状态不适合考虑婚姻问题（a96）。	a96 影响到家庭生活方面
……	

表 4-4 现象摘要的概念化

标签（现象/事件）	概念化
a1：不能掌控自己的工作 a125：工作中自己不能做主，缺乏控制力	aa1：工作控制力
a2：公司和自己分得很清楚 a29：对组织漠不关心	aa2：组织认同度
a3：只是机械地执行上级命令 a8：迫于无奈执行领导命令 a14：被动地去完成工作任务	aa3：工作主动性
a4：不会给公司提建议 a146：在组织内保持沉默，少说话 a167：不再积极地给组织提供更好的建议和方案	aa4：建言行为
a5：尽量减少工作中的投入 a64：不再努力工作 a121：工作应付了事 a222：工作投入度降低	aa5：工作投入度
a6：不认可领导的决定，期望证明自己 a108：领导不能以身作则 a130：领导不具备专业技术能力	aa6：对领导力的认同
a8：迫于无奈执行领导命令 a31：做出违心行为—强制性行为	aa7：强制行为/被迫行为
a8：迫于无奈执行领导命令 a98：宿命 a132：坚信自己的专业能力，不听从领导命令	aa8：尊崇权威
a9：饮酒排遣内心的压抑	aa9：酗酒
a10：明知同事犯错却不提醒	aa10：利他行为
a145：不跟同事分享信息	aa11：助人行为
a11：远程工作导致没有组织归属感	aa12：远程工作
a12：公司的内在文化氛围和规章制度并不一致 a191：公司真正的氛围和所宣扬的文化不一致	aa13：内隐文化与外显文化的一致性
a13：无法参与到决策中 a50：缺乏参与感，不能参与组织制度制定	aa14：决策参与
a16：组织没有提供员工参与的环境	aa15：员工参与

续表

标签（现象/事件）	概念化
a20：工资和付出不匹配 a68：薪酬提高会激励工作付出度 a137：收入低于自己预期 a140：福利待遇不符合自己预期	aa16：薪酬满意度
a28：不会做对组织有利的事情 a194：不再会做锦上添花的事情	aa17：奉献行为
a30：有选择地和同事进行合作 a157：与同事合作意愿降低 a103：同事不配合自己的工作	aa18：同事合作
a32：向组织妥协	aa19：遵从组织
a33：专业素养会影响知识员工行为 a99：自身的能力会影响知识员工对组织采取何种行为 a223：知识结构会影响其行为	aa20：专业素质与技能
a34：工作承诺度下降 a93：不关心组织的利益	aa21：留职意愿组织承诺
a35：工作得过且过 a36：毫无目标的工作 a37：对工作不再怀有热情	aa22：工作努力程度
a39：无法融入组织中 a82：无法和老员工融洽相处，无法融入已有的圈子 a105：地域方言差异，无法融入本地人的圈子	aa23：人际不和谐
a40：性格乐观会影响疏离感的感知	aa24：乐观
a41：自我调整会降低疏离感	aa25：自我调节
a42：与比自己还差的人比较获取心理平衡	aa26：攀比
a43：转移工作重心，到组织外部寻求发展	aa27：谋取组织外利益
a44：放弃职业晋升的努力	aa28：放弃职业发展
a46：工作完成的质量不高 a168：工作拖延 a183：工作任务的完成不符合绩效要求	aa29：任务时效与质量
a47：职业晋升渠道遇阻 a77：晋升希望渺茫 a102：职位晋升遇到天花板	aa30：职业天花板

续表

标签（现象/事件）	概念化
a48：组织内存在小利益团体 a49：不认同组织内的小利益团体	aa31：非正式组织
a51：缺乏员工表达意愿诉求的机制 a79：没有跟领导沟通的渠道或机制	aa32：沟通机制
a51：缺乏员工表达意愿诉求的机制 a55：制度的更改没有征询员工的意见	aa33：员工意愿表达受阻
a52：职称评定标准经常改变 a54：组织制度不稳定，经常变动	aa34：政策稳定性
a53：晋升制度不公平	aa35：制度不公平
a56：没有提供相应的支持政策以应对制度的变动	aa36：政策支持
a57：感知到薪酬不公平 a147：公司薪酬发放不透明	aa37：薪酬公平感知
a59：不会将自己的知识传授给他人	aa38：知识共享
a60：工作责任感是导致知识员工行为差异	aa39：工作责任感
a61：对组织采取报复行为，破坏组织绩效 a92：采取破坏组织利益的行为报复组织	aa40：破坏组织利益
……	……

2. 发掘范畴

尽管在定义现象步骤中已获得上百个概念，但过多的杂乱的概念并不利于理论的形成。因此，在本环节中研究者借助范畴化（Categorizing）方法缩减概念的数量。指涉同一现象的概念聚拢成为同一组概念，而由一个层次较高也较抽象的概念统摄，这种概念即为范畴（Category）。一个范畴代表某一个特定的现象，以该范畴为中心，其他种类的概念或副范畴聚拢成为概念群，或可揭示某种内在的关系，从而利于理论的构建。对概念进行范畴发掘的过程实际上就是对语意关系的分析过程，通过建立概念中主题词之间的关联关系，对不同概念之间的相关关系进行研究。本书主要基于三种类型处理概念间的关系（见表4－5）：

（1）同义关系。所谓同义关系也即为等同关系，是指两个或多个词的概念相同或相似，它们之间可以进行互换。在进行译码的过程中，若发现概念或现象标签表述的是同一现象或事件，则判定这些概念为同意关系。本书在访谈资料中存在具有同意关系的概念，尽管这些概念或主题词的表述方式或具体词语存在不同，但表达的属于相同现象，因此，将其归于同一个范畴。

表 4－5　语意关系示例

关系类别	存在语意关系的概念
同义关系	aa10～aa11，aa5～aa22～aa59，aa30～aa117，aa58～aa94，aa63～aa106，aa23～aa96，aa14～aa15～aa97，aa79～aa105，aa139～aa141……
相关关系	aa8～aa7～aa32～aa97～aa142，aa13～a116，aa3～aa5～aa22～aa29～aa118，aa16～aa37，aa18～aa65，aa55～aa104～aa59～aa104，aa46～aa102，aa52～aa122，aa87～aa61，aa119～aa121～aa76，aa32～aa132～aa133，aa138～aa139，aa134～aa135～aa137……
属分关系	aa2～aa6，aa17～aa4 \ aa10 \ aa11，aa25～aa127，aa38～aa69 \ aa85，aa42～aa39 \ aa109，aa41～aa40 \ aa111 \ aa9 \ aa64 \ aa124 \ aa72 \ aa125 \ aa126，aa50～aa119，aa66～aa36，aa71～aa76，aa93～aa92，aa106～aa8 \ aa19 \ aa58 \ aa78 \ aa162，aa120～aa89……

（2）相关关系。所谓相关关系又称联想关系或类缘关系，是指两个或多个词之间存在并列、因果、对立等关系，具有关联性。在开放性译码中形成的概念，有的概念产生于同一背景，或是从不同的时间阐述或解释了同一个现象，这些概念在路径、过程或结果上具有一定的相关性，对于存在相关关系的概念本书也归于同一范畴。

（3）属分关系。所谓属分关系又称等级关系，是指两个词之间存在上下位关系、整体与部分关系或包含与被包含的关系。在开放性译码中，有些主题词所揭示的含义存在范围上的差异，有的主题词概念外延包含了某个主题词的概念，则两者之间存在从属关系。属分关系的确定不仅可以用于范畴的发掘，更重要的是有利于识别概念间的关系，为下一步的主轴译码奠定基础。

参照同义关系、相关关系、属分关系，对 147 个概念进行范畴的挖掘，具体的语意关系示例如表 4－5 所示。

3. *范畴命名*

概念是赋予现象以名称，而命名范畴是针对类似的概念群赋予名称，因此，为范畴所命之名比初步概念化的名字要更抽象、层次更高，能够涵盖其所包含的所有概念。为范畴所取的名字既有来自学科或专业已有的概念，也有自创的概念。经过范畴发掘，本书共获得 37 个范畴。将这 37 个范畴以“A＋序号”的形式进行编号，结合各个范畴所涵盖概念的本质给予命名。各范畴的名称及其构成概念如表4-6所示。

表4-6 范畴名称及概念构成

范畴名称	构成范畴的概念类别
A1 职业高原	aa30 职业天花板、aa117 职业发展瓶颈
A2 性格	aa24 乐观、aa90 内控型人格、aa91 偏好挑战、aa90 外控型人格
A3 领导风格	aa56 领导专制、aa68 中庸型领导、aa81 领导不公平对待下属、aa82 领导不关注下属、aa103 权威型领导
A4 适配度	aa75 工作—专业契合度、aa123 人员—岗位适配度
A5 职业价值观	aa39 工作责任感、aa43 职业道德、aa42 工作价值观、aa89 职业生涯意识、aa109 工具性工作价值观、aa120 职业价值观
A6 工作疏离感	aa1 工作无力感、aa23 人际不和谐、aa44 疏远同事、aa83 归属感低、aa109 工具性工作价值观、aa142 任务疏离、aa131 职业疏离
A7 组织结构	aa31 非正式组织、aa52 多重领导、aa54 组织结构官僚化
A8 组织规范性	aa33 员工意愿表达受阻、aa34 政策稳定性、aa53 组织规范化、aa67 信息获得渠道
A9 组织公民行为	aa4 建言行为、aa10 利他行为、aa11 助人行为、aa17 奉献行为
A10 工作家庭冲突	aa61 工作影响家庭生活、aa87 家庭压力
A11 工作性质	aa12 远程工作、aa55 工作内容
A12 角色压力	aa51 角色定位偏差、aa76 角色冲突、aa119 角色期望、aa121 角色模糊
A13 专业能力	aa20 专业技能与素质
A14 组织不公正	aa35 制度不公平、aa37 薪酬公平感知、aa57 同级压迫、aa80 上级压迫、aa100 晋升不公平、aa130 信息不透明
A15 知识共享	aa38 知识传授、aa69 信息收集、aa85 信息分享
A16 工作投入度	aa3 工作主动性、aa5 工作付出、aa22 工作努力度、aa59 敬业、aa118 消极怠工
A17 组织承诺	aa21 留职意愿、aa27 谋取组织外利益、aa60 组织忠诚度、aa115 情感承诺
A18 组织支持	aa36 政策支持、aa66 资源支持、aa112 领导支持
A19 企业文化	aa13 内隐文化与外显文化的一致性、aa49 尊重、aa99 企业荣誉、aa116 以人为本
A20 竞争行为	aa70 争利行为、aa95 竞争
A21 组织氛围	aa73 团队士气下降、aa88 组织氛围、aa108 职场排斥
A22 传统文化	aa63 儒家传统文化
A23 中国人传统性	aa8 遵从权威、aa19 遵从组织、aa58 宿命、aa62 自保、aa78 敬亲孝祖、aa106 中国人传统特点

续表

范畴名称	构成范畴的概念类别
A24 工作成就	aa79 工作不被组织认可、aa105 工作不被领导认可、aa101 意见不被采纳
A25 反生产行为	aa9 酗酒、aa40 破坏组织利益、aa41 破坏生产行为、aa64 散布谣言、aa72 抱怨、aa111 违反组织制度、aa124 虐辱行为、aa125 揩油行为、aa126 群体事件
A26 组织变革	aa113 公司重组或被收购、aa114 公司经营模式改变
A27 职业承诺	aa28 放弃职业发展、aa45 兼职、aa47 提高职业技能自我发展
A28 自我管理	aa25 自我调节、aa127 自我激励
A29 合作行为	aa18 同事合作、aa65 部门间合作
A30 冲突	aa71 人际冲突
A31 家庭需求	aa134 照顾子女、aa135 照顾父母、aa136 经济来源、aa137 家庭和睦
A32 工作需求	aa138 工作时间长度、aa139 工作强度、aa138 精力投入
A33 任务绩效	aa29 任务时效与质量
A34 沟通	aa32 沟通机制、aa132 沟通方式、aa133 沟通有效性
A35 社会背景	aa139 社会价值观、aa140 社会对知识员工的期望、aa141 社会主流文化
A36 信任	aa77 信任
A37 离职	aa89 离职、aa102 被离职

三、主轴译码

在完成开放性译码之后，本书展开了第二步译码工作——主轴译码。主轴译码的目的是发现主范畴和副范畴间的关系、主范畴的属性及维度上的关联，比开放性译码更加具有指向性和选择性。在开放性译码中，访谈资料被打乱以利于识别出事件或对象，而在主轴译码中，通过将开放译码中所获得的各个范畴联系起来，被打散的资料被重新组合到一起，以便于理论的构建。Stauss 和 Corbin（1990）指出，研究者可以通过分析现象的因果条件、脉络、中介、行动/互动策略、结果等元素，了解范畴间的逻辑关联[164]。因果条件是指事物间引起与被引起的关系；脉络是一组特定的事件在它们特征面向上的综合；中介条件①是现象背后更广泛的环境、结构、社会背景等，作为特定情境缓和或改变因果条件对现象的影响；行动/互动策略则是针对现象而采取的行动；结果是指行动/互动策略

① 这里的中介条件不等同于中介作用，所谓中介条件是指现象背后更广泛的环境、结构、社会背景等，作为特定情境影响行动/互动策略的选择；而中介作用是指某个变量在自变量和因变量之间的因果传导作用，能够解释自变量与因变量间的关系。

所产生的结果，它作为一个事件可以影响到研究对象下一步的行为[164]。

本书采用“起因—现象—脉络—中介条件—行为/互动策略—结果”的逻辑线，理清各范畴间的联系，并分清主范畴与副范畴，从而揭示扎根资料各部分之间存在的逻辑关联。主范畴是指在资料中频繁出现的、和其他资料具有重要关联的范畴，是在开放性译码中自然涌现的，提取依据两个指标：关联的重要程度及出现频次。虽然主范畴产生的条件、策略和结果等要素也是范畴，但是这些范畴是用来帮助解释主范畴的，实则为副范畴。在 Strauss 和 Corbin 的编码典范模型的指导下，本书对 37 个范畴进行整理与分析，共得到除工作疏离感以外的 9 个主范畴：A1——职业高原、A3——领导风格、A9——组织公民行为、A10——工作家庭冲突、A14——组织不公正、A12——角色压力、A18——组织支持、A23——中国人传统性、A25——反生产行为。

1. 主范畴一：角色压力

通过对访谈资料的整理与分析，形成了主范畴一的典范模型，如表 4 – 7 所示。

表 4 – 7 主范畴一“角色压力”的典范模型

<table>
<tr><th>因果条件</th><th colspan="2">现象</th></tr>
<tr><td>A4 适配度</td><td colspan="2" rowspan="3">A12 角色压力</td></tr>
<tr><td>A8 组织规范性</td></tr>
<tr><td>A11 工作性质</td></tr>
<tr><td>因果条件的性质</td><td colspan="2">“角色压力”的特征面向</td></tr>
<tr><td>知识员工与岗位不匹配、其专业与所从事工作不一致</td><td>角色模糊程度</td><td>高</td></tr>
<tr><td>组织结构官僚化、多重领导</td><td rowspan="2">角色冲突程度</td><td rowspan="2">高</td></tr>
<tr><td>工作任务繁重、枯燥</td></tr>
<tr><td colspan="3">角色压力的行动脉络</td></tr>
<tr><td colspan="3">当知识员工感知到自己与所在岗位不匹配，或自己所从事工作内容与所学专业不符时，工作的现实情境与其角色期望不一致，个体无法获得清晰的角色定位，因此，会出现角色模糊；组织结构官僚化，政出多头；当多种角色要求不一致时，使知识员工无法协调自己的角色行为，角色冲突就此产生；繁重而重复单调的工作任务，角色负荷必然加大个体的工作压力</td></tr>
<tr><td>中介条件</td><td colspan="2">行动/互动策略</td></tr>
<tr><td>A21 组织氛围</td><td colspan="2">A33 任务绩效</td></tr>
<tr><td colspan="3">结果</td></tr>
<tr><td colspan="3">任务绩效的降低增加了个体对任务的疏离程度，不利于组织绩效的实现</td></tr>
</table>

本书通过表4-7中的典范模型，构想了“角色压力”主范畴与其他副范畴之间的假设关系。而这些假设关系需要运用扎根理论资料中的事件、现象等来进行验证。通过对访谈资料的进一步整理，形成了可以验证主范畴—“角色压力”的典范模型的证据链，如图4-1所示。

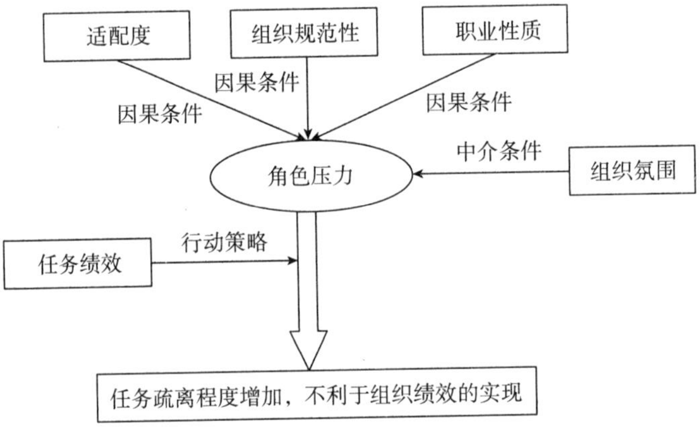

图4-1 主范畴—“角色压力”的证据链

在这条“角色压力”的证据链中，适配度、组织规范性、职业性质是形成知识员工角色压力的重要原因，面对角色压力个体常常采取降低任务绩效作为行动策略，从而增加了个体任务疏离的程度，不利于组织绩效的实现。但组织氛围会作为特定情境影响个体行动策略的选择。在访谈资料中，一些访谈记录验证了以上的证据链。例如，一位高校教师谈道：“我所教授的课程与我的专业不符，不是我所研究的方向，我自己的研究方向是创业管理，但学校安排我给学生上资产评估的课程（a120）。所以每次上课前，我都有很大的备课压力，恐怕自己哪里没准备好；有时还会在讲课时产生怀疑自己的状态，内心在问自己还是搞创业研究的吗？（a201）。时间久了，自己劝自己，有课就上，上完课什么也不管，上课质量也不太在乎了，勉勉强强地完成任务就OK了（a121）。”另一位银行工作人员提到：“作为银行柜台工作人员，工作任务十分烦琐（a83），每天的工作就是给别人存钱、取钱，长时间对着电脑操作，根本不需要思考，工作比较机械简单化（a84）。我每天要接触形形色色的客户，什么样的都有，有的人就是故意刁难你，态度很横，让你没办法和他沟通（a85）。这些因素都导致我工作压力特别大（a122）。随着压力的增大，自己对这份工作实在提不起兴趣，每天都想着要是能不去工作就好了（a248），要不就是幻想换个岗位也行（a249）。每当我有这种想法时，我就会不自觉地拖延工作，不到最后一刻就不想动（a168）。不过，如果周围的同事都很正能量，有个很好的工作氛围，大家都很积极地完成自己的工作，我也会努力克服自己的负能量，尽量保证把工作质量完成得更好，也再不好意思放任自己破罐子破摔了（a149）。”

2. 主范畴二：领导风格

通过对访谈资料的整理与分析，形成了主范畴二的典范模型，如表 4－8 所示。

表 4－8　主范畴二“领导风格”的典范模型

<table>
<tr><td>因果条件</td><td colspan="2">现象</td></tr>
<tr><td>A2 性格</td><td colspan="2" rowspan="2">A3 领导风格</td></tr>
<tr><td>A19 企业文化</td></tr>
<tr><td>因果条件的性质</td><td colspan="2">“领导风格”的特征面向</td></tr>
<tr><td>领导的性格多样，性格决定了上级对待下属的行为方式</td><td>对下属的关注度</td><td>低</td></tr>
<tr><td rowspan="2">企业的文化氛围是否尊重员工、是否以人为本会影响领导、上级的行为风格</td><td>对工作的关注度</td><td>高</td></tr>
<tr><td>对关系的关注度</td><td>低</td></tr>
<tr><td colspan="3">领导风格的行动脉络</td></tr>
<tr><td colspan="3">领导个体的性格特征、企业文化氛围影响了领导风格的形成，例如，权威型领导、交易型领导、变革型领导、中庸型领导；而上级的领导风格直接影响到上下级关系，从而使个体根据自我对关系的感知而采取对组织、对上级的行动</td></tr>
<tr><td>中介条件</td><td colspan="2">行动/互动策略</td></tr>
<tr><td>A22 传统文化</td><td colspan="2">A30 冲突</td></tr>
<tr><td colspan="3">结果</td></tr>
<tr><td colspan="3">上下级冲突的增加导致员工关系疏离感的增加</td></tr>
</table>

本书通过表 4－8 中的典范模型，构想了“领导风格”主范畴与其他副范畴之间的假设关系，通过对访谈资料的进一步整理，形成了可以验证主范畴二“领导风格”的典范模型的证据链，如图 4－2 所示。

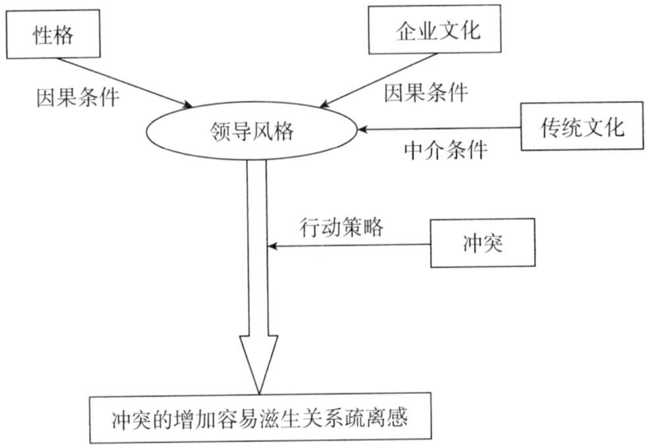

图4-2　主范畴二“领导风格”的证据链

在这条领导风格的证据链中，领导的性格、企业文化是领导风格形成的因果条件，冲突的爆发或规避是知识员工采取的行动。例如，在访谈中，一位受访者提到：“我的上级属于比较多疑类型，他对我们所有的工作人员都不信任，你给他汇报计划方案，他总是问这问那，有时意见不同，你给他解释他也不信（a126）。到了下班时间，我们一个小组人员从办公室往外走，在楼道上碰到他，他第一反应不是打招呼，而是看手表，看我们是否早退（a131）……他对我也有很多不满，因为我有很多事情没有按他的意愿去做。后来我和他矛盾爆发，在办公室里争执起来（a133）。”另外一位工程师受访者谈道：“我的上司是一个非常仔细、认真的人，有时认真得不可理喻。他可能对现场工艺不了解，但对总体的概念还是很清楚的，我们给了他 plan，他会问你为什么提出这个 plan，你的 plan2、plan3 在哪？你给他一个解决方案，他说这不是他想要的，让我拿回去重新做，你问他到底要什么样的东西，他说这是你的问题（a171）。……时间久了，了解了他这种风格，我就对工作应付了事，凑好几个计划给他，但都是没什么意义的备案，尽量避免和他产生冲突（a121）。”以上访谈记录均证明了上级的性格特质会影响其对待下属的风格、行为，而下属会以爆发冲突或规避冲突的方式作为应对策略。一名职位为财务总监的受访者还提到：“虽然我的老板性格很好，很和蔼，但我们单位的企业文化是比较严谨、比较严肃的，所以有时他不得不拉下脸来批评下属，他为了维持公司整体的文化氛围必须要这样做（a149）。”可见，企业文化也是影响上级领导风格的重要因素之一。

同时，在对访谈资料的整理分析中发现，“传统文化”作为更广泛的社会背景影响知识员工应对上级领导风格行动策略的选择。例如，受访者提到上级很苛刻（a123），但考虑到要讲求和谐（a100），就没有和领导面对面冲突，而是采取以沉默的方式对抗（a146）。可见，传统文化在影响知识员工行为方面起着不容忽视的调节作用。

在这条关于领导风格的证据链中显示，不同型领导风格对知识员工的影响结果不同。专制型领导（a86）、苛刻型领导（a123）、爱发号施令型领导（a171）等破坏型领导风格导致知识员工疏远上级（a144），工作疏离感增加；而支持型领导风格使员工乐于和上级沟通交流，工作疏离感降低。例如，上文中提到的那名工程师在访谈中提到："后来总部调整领导班子，给我们换了一位老板。这个老板属于英国绅士类型，会和我们一起加班，给我们提供完成工作的各种资源（a176）。我们整个团队都很感激他，原来的那种疏离感也没有了（a177）。"

3. 主范畴三：组织不公正

通过对访谈资料的整理与分析，形成了主范畴三组织不公正的典范模型，如表4－9所示。

表4－9　主范畴三"组织不公正"的典范模型

<table>
<tr><th>因果条件</th><th colspan="2">现象</th></tr>
<tr><td>A7 组织结构</td><td colspan="2" rowspan="2">A14 组织不公正</td></tr>
<tr><td>A8 组织规范性</td></tr>
<tr><td>因果条件的性质</td><td colspan="2">"组织不公正"的特征面向</td></tr>
<tr><td>非正式组织、小部分利益团体、小群体控制组织资源</td><td>薪酬公平性</td><td>差</td></tr>
<tr><td rowspan="2">组织制度、组织规范、政策稳定性</td><td>晋升透明性</td><td>低</td></tr>
<tr><td>程序规范性</td><td>弱</td></tr>
<tr><td colspan="3">组织不公平的行动脉络</td></tr>
<tr><td colspan="3">组织中存在拉帮结派现象，这些人以非正式组织形式形成利益团体。当小部分利益团体掌控组织资源时，其他员工由于无法平等享受组织资源，不公平感产生；工资和福利待遇的不公平、晋升提拔的不公平等也会使个体产生组织不公正的认知</td></tr>
<tr><td>中介条件</td><td colspan="2">行动/互动策略</td></tr>
<tr><td>A21 企业文化</td><td colspan="2">A16 工作投入度</td></tr>
<tr><td>A34 沟通</td><td colspan="2">A20 竞争行为</td></tr>
<tr><td colspan="3">结果</td></tr>
<tr><td colspan="3">工作投入度降低、恶性竞争行为增加会引致关系疏离、组织疏离、任务疏离的增加</td></tr>
</table>

本书通过表4－9中的典范模型，构想了“组织不公正”主范畴与其他副范畴之间的假设关系，通过对访谈资料的进一步整理，形成了可以验证主范畴三“组织不公正”的典范模型的证据链，如图4－3所示。

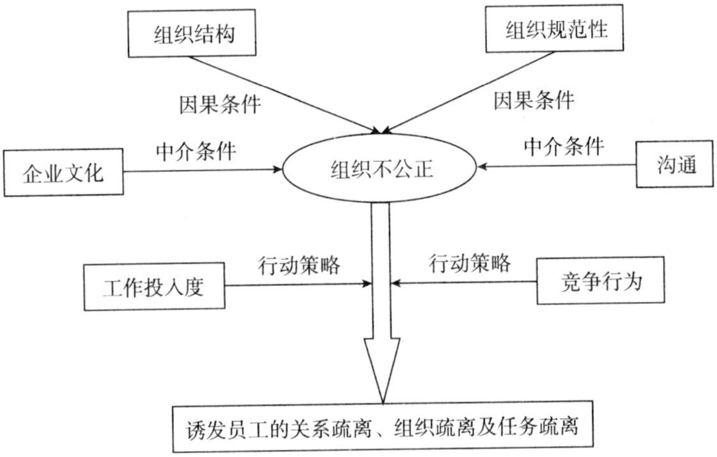

图4－3 主范畴三“组织不公正”的证据链

在这条组织不公正的证据链中，组织结构、组织规范性是形成组织不公正的前提，即因果条件；降低工作投入度、竞争行为是知识员工采取的行动策略，而工作疏离感则是组织不公正导致知识员工产生的状态。例如，在访谈中，一位人力资源经理提到：“我经常有这种感觉，就是你周遭发生的事情你没有被通知，早知道这样我问问你不就行了吗，我做的这些工作不是白做了吗（a15）？实际上在企业里面，这是你的事情，每个人都要承担自己的责任，但问题是公司并没有提供这样一个机构或渠道（a16），让我可以获得这些信息（a17）。而最后当工作没完成后，或出了差错，这个责任需要我承担，这让我感觉不公平。”另一位人力资源部门经理提到：“大家都是正常上下班，我会加加班，做些额外工作，我感觉我的业绩考核应该要比其他同事好，按理我的工资要比这个人多，但实际上我们并没有什么差别，就会感觉不值得（a20），所以我在工作上不再特别主动，只做好分内的事（a194），跟同事的关系也只是客客气气的，只是停于表面，不会有更深的交流（a195）。”还有的受访者表示，因为公司制度不公平，导致同事间出现恶性竞争行为。一位房地产公司的营销人员提到：“我有个同事经常和我一起出差，我做什么她和领导都说是她自己做的，后来我就不和她一起出差，她通过各种渠道从我这获取信息，甚至欺骗我，说领导让她问我活动来了、多少人等信息（a112），其实领导并没有让她问我，我知道她是这样的人以后，她可以骗我，那我也可以骗她，我说领导已经打电话问过了，我还不能明面得罪她（a113）。”

同时，在对访谈资料的整理分析中发现，“企业文化”和“沟通”作为中介调节影响知识员工应对组织不公正的行动策略的选择。当知识员工能够很好地和上级就薪酬不公平、信息不透明、晋升不公平等问题进行沟通时，个体可能会放弃恶性竞争或降低投入度行为；但当公司企业内在的文化氛围和外显的规章制度并不一致时（a12），或企业根本不以人文本甚至不尊重员工（a73）时，个体可能会采取更激进的行为来表达对公司的不满。

4. 主范畴四：工作家庭冲突

通过对访谈资料的整理与分析，形成了主范畴四的典范模型，如表 4－10 所示。

表 4－10 主范畴四“工作家庭冲突”的典范模型

<table>
<tr><th>因果条件</th><th colspan="2">现象</th></tr>
<tr><td>A31 家庭需求</td><td colspan="2" rowspan="2">A10 工作家庭冲突</td></tr>
<tr><td>A32 工作需求</td></tr>
<tr><td>因果条件的性质</td><td colspan="2">“工作家庭冲突”的特征面向</td></tr>
<tr><td>知识员工具有较强的家庭需求：照顾子女、照顾父母、维护家庭和睦、供房供车</td><td>工作家庭冲突程度</td><td>强</td></tr>
<tr><td>知识员工的职业性质使工作—家庭界限模糊，常常需要加班、出差、远程工作</td><td>工作家庭冲突频率</td><td>高</td></tr>
<tr><td colspan="3">工作家庭冲突的行动脉络</td></tr>
<tr><td colspan="3">知识员工的时间、精力有限，既要满足照顾子女、父母等家庭需求，又要保证完成工作任务。当为了满足家庭需求而占用工作时间时，就会产生基于时间的家庭—工作冲突；当为了完成工作任务而牺牲与家庭成员相处时间时，就会产生基于时间的工作—家庭冲突</td></tr>
<tr><td>中介条件</td><td colspan="2">行动/互动策略</td></tr>
<tr><td>A22 传统文化</td><td colspan="2">A12 角色压力</td></tr>
<tr><td>A18 组织支持</td><td colspan="2">A37 离职</td></tr>
<tr><td colspan="3">结果</td></tr>
<tr><td colspan="3">角色压力的增加、离职均导致员工疏远工作，不利于组织的有效运行</td></tr>
</table>

本书通过表 4-10 中的典范模型，构想了“工作家庭冲突”主范畴与其他副范畴之间的假设关系，通过对访谈资料的进一步整理，形成了可以验证主范畴四“工作家庭冲突”的典范模型的证据链，如图 4-4 所示。

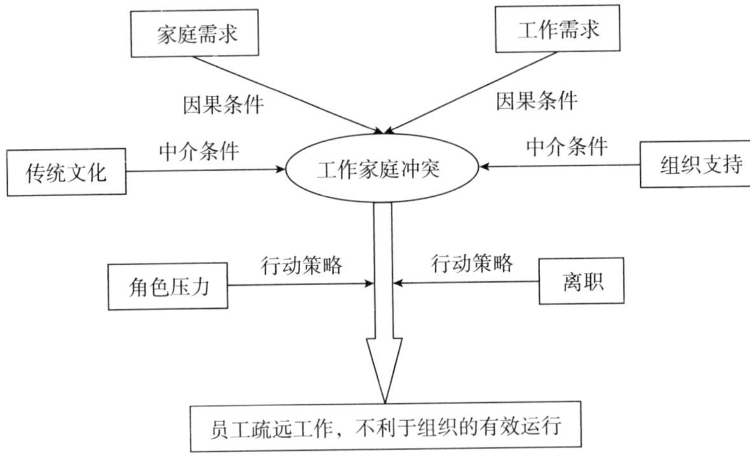

图 4-4 主范畴四“工作家庭冲突”的证据链

在这条工作家庭冲突的证据链中，工作需求、家庭需求是形成工作家庭冲突的前提，即因果条件；离职、角色压力的增加是知识员工采取的行动策略，而这些行动策略导致员工疏远工作，不利于组织的有效运行；但传统文化、组织支持会影响到知识员工因为工作家庭冲突而做出的行动策略选择。例如，在访谈中，一位行政经理提到：“我有个女儿，每天都要接送她上学放学（a230），晚上还要辅导她功课，我女儿身体不太好，经常生病（a231），需要我比其他父母多付出很多精力来照顾她。另外，我和我先生都是独生子女，双方的父母加起来四个老人都需要我们去照顾（a234）。而我是做行政的，本身工作就很繁杂，常常需要我加班处理一些突发的后勤工作，有时还要出差（a237），这就使我有时根本照顾不到家人，心情不好时更是把坏情绪带到家里（a124）。有时也想干脆辞职在家（a89），但经济压力又太大（235）。因此，工作是我养活家庭的重要经济来源，但又让我无法兼顾家庭，想不干又不得不干（a178）。我要是个男性就会容易很多，因为没有那么大的压力来照顾子女、照顾父母的责任。你也知道，我们国家就这样一个文化传统（a100），男主外女主内，作为女性照顾家庭是理所当然、天经地义的事情（a239）。而如果我是男的话，我可以把更多的精力放在事业的经营上、职业的发展上。所以，我感觉我最后的选择还只能是家庭，迫不得已放弃工作（a89）。但是如果公司能够提供给我更多的支持，我想我还是能坚持下去的。例如，制定一些帮助全职妈妈平衡工作与家庭的政策（a250），或公司可以允许我们远程工作，就是在家通过电脑办公，也能缓解一下我的压力。”

还有一位受访者提到：“有一次公司加班到晚上 11 点多，我看手下的人工作实在太累了，就让大家回家休息了。可在我回家的路上，领导竟然给我家里打电话。当时是半夜，家里人觉得工作上的事情你在单位跟他沟通，为什么要给我们家里打电话，家里人很不爽（a124）。那段时间，我大概天天都晚上 11 点以后才回家，回家后很累，真是身心疲劳（a243）。即使是周六周日也没机会待在家，所有的工作都压在我身上，根本不能兼顾家庭（a127）。在做工作时不愿去做，做得越多心情越烦，抵触心理越来越强（a248）。后来我累病了，在家里休息，休息了一段时间后，家里人觉得还是不要做这份工作了，而我是比较传统的人，比较孝顺父母，尊重父母的意见（a100），我也就离职了（a89）。”

5. 主范畴五：职业高原

通过对访谈资料的整理与分析，形成了主范畴五的典范模型，如表 4－11 所示。

表 4－11 主范畴五“职业高原”的典范模型

<table>
<tr><th>因果条件</th><th colspan="2">现象</th></tr>
<tr><td>A13 专业能力</td><td colspan="2" rowspan="2">A1 职业高原</td></tr>
<tr><td>A7 组织结构</td></tr>
<tr><th>因果条件的性质</th><th colspan="2">“职业高原”的特征面向</th></tr>
<tr><td>知识员工不具备进一步发展职业生涯的能力、知识结构和动机</td><td>晋升难度</td><td>大</td></tr>
<tr><td>组织结构的设计、管理层级等条件的限制</td><td>职位调换可能性</td><td>低</td></tr>
<tr><th colspan="3">职业高原的行动脉络</th></tr>
<tr><td colspan="3">当知识员工的专业能力、知识结构不符合晋升需求时，面临着职业发展触及天花板的困境；当组织环境和条件受限、无法提供给知识员工晋升的机会时，知识员工个体的才能和职责将无法得到进一步的发挥，从而达到职业生涯高原期</td></tr>
<tr><th>中介条件</th><th colspan="2">行动/互动策略</th></tr>
<tr><td>A5 职业价值观</td><td colspan="2" rowspan="2">A27 职业承诺</td></tr>
<tr><td>A26 组织变革</td></tr>
<tr><th colspan="3">结果</th></tr>
<tr><td colspan="3">职业高原导致知识员工产生工作疏离感</td></tr>
</table>

本书通过表4-11中的典范模型，构想了“职业高原”主范畴与其他副范畴之间的假设关系，通过对访谈资料的进一步整理，形成了可以验证主范畴五“职业高原”的典范模型的证据链，如图4-5所示。

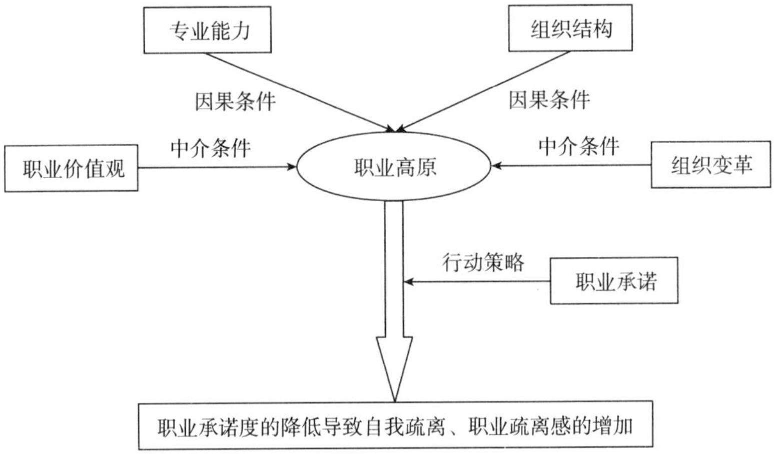

图4-5 主范畴五“职业高原”的证据链

在这条职业高原的证据链中，专业能力、组织结构是形成职业高原的因果条件；降低职业承诺是知识员工采取的行动策略，而职业疏离、自我疏离则是职业承诺度降低所导致知识员工产生的状态；但职业价值观、组织变革影响到知识员工因为职业高原而做出的行动策略选择。访谈资料中有受访者提到自己或自己身边的同事因为自身专业技能不过关（a99）、组织结构官僚化（a80）而面临晋升希望渺茫（a77）、晋升渠道遇阻（a47）等的困境。当这种职业天花板现象出现时，他们出现了自我疏离、职业疏离的状态，例如，对自我价值意义的否定、对所从事的职业感到疑惑，不明白其意义所在（a225），以及对职业发展的无力感（a251），这些都是工作疏离感的体现。在职业高原困境下，有的知识员工选择放弃晋升的努力（a44），不再努力去迎合职位提升或评职称的标准；也有的知识员工选择在外面兼职，到组织外部去寻求经济利益（a66）。但当个体有很清晰的职业发展规划、有较强的职业发展意识时，反而会更努力地提高自身专业能力，为跨越职业高原积蓄能量（a69）。此外，还有受访者表示：“当我听说我所在的部门要取消掉，我整个人就傻掉了，这就意味着我在这家公司不可能再有什么发展，连部门都被取消了，还能有什么晋升的希望呢？我首先想的就是要找下家了，要赶快找份新的工作（a89）。反正我专业素质过硬，有能力，凭本事吃饭，换家公司肯定不成问题。”这个受访者的例子表明，组织变革并没有降低知识员工的职业承诺，只是加速了个体离开公司谋求新工作的步伐。因此，职业价值观、组织变革会影响知识员工应对职业高原而采取的行动策略。

6. 主范畴六：中国人传统性

通过对访谈资料的整理与分析，形成了主范畴六的典范模型，如表 4－12 所示。

表 4－12　主范畴六“中国人传统性”的典范模型

<table>
<tr><th>因果条件</th><th colspan="2">现象</th></tr>
<tr><td>A22 传统文化</td><td colspan="2">A23 中国人传统性</td></tr>
<tr><th>因果条件的性质</th><th colspan="2">“中国人传统性”的特征面向</th></tr>
<tr><td rowspan="3">儒家传统文化讲求“仁”“义”“礼”“智”“信”“恕”“忠”“孝”“悌”，并以仁爱为指导原则，强调权利的威严性与家庭的重要性</td><td>传统性程度</td><td>高</td></tr>
<tr><td>现代性程度</td><td>低</td></tr>
<tr><td colspan="2"></td></tr>
<tr><th colspan="3">中国人传统性的行动脉络</th></tr>
<tr><td colspan="3">儒家传统文化依然影响着现代人，儒家之伦、中庸之道使中国人在社会取向、价值观等方面形成了特有范式。具有较强的儒家传统价值的知识员工，往往对工作本身、工作环境、工作报偿、人际关系等抱有较高期望</td></tr>
<tr><th>中介条件</th><th colspan="2">行动/互动策略</th></tr>
<tr><td>A35 社会背景</td><td colspan="2">A28 自我管理</td></tr>
<tr><th colspan="3">结果</th></tr>
<tr><td colspan="3">中国人传统性会影响知识员工对工作疏离感的感知</td></tr>
</table>

本书通过表 4－12 中的典范模型，构想了“中国人传统性”主范畴与其他副范畴之间的假设关系，通过对访谈资料的进一步整理，形成了可以验证主范畴六“中国人传统性”的典范模型的证据链，如图 4－6 所示。

在这条中国人传统性的证据链中，传统文化是形成中国人传统性的因果条件；自我管理是知识员工采取的行动策略，而自我管理的状态是调节知识员工对工作疏离感的感知；但社会背景会影响知识员工因为传统性而做出的行动策略选择。例如，一位受访者提到：“虽然我是硕士学历，受了很多年的高等教育，但

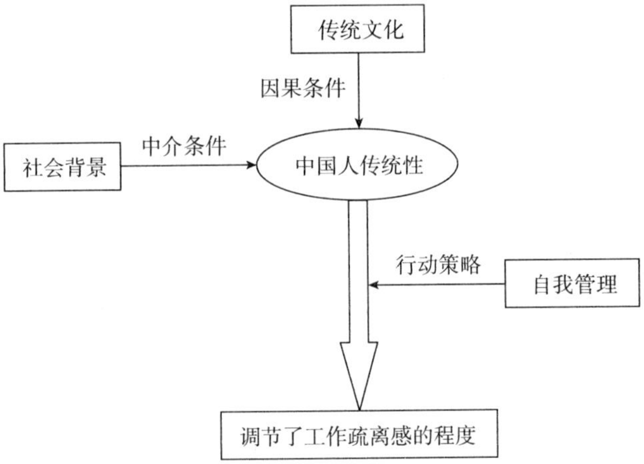

图4－6　主范畴六“中国人传统性”的证据链

我感觉自己还是比较偏传统的那一类（a98）。例如，我比较相信命由天定，有些事情不是你努力就能实现的，有些时候只能尽人事听天命，我的专业能力并不能帮助我得到我想要的（a99）。常言说‘三十而立’，我现在都32岁了，事业没什么进展，也还没结婚生子（a100），每想到这就越怀疑自己存在的意义。可是我也知道这种状态继续下去肯定不好，就只能自我调节（a41）。方法也无非是发扬阿Q精神（a97），拿身边比自己还差的人寻求点心理安慰（a42）。”在这个例子中，传统文化对受访者的价值观产生了一定的影响，当面对工作无法满足其期望时，这种传统的价值观反而增加了其工作疏离感的感知，而他采取的行动策略则是通过与比自己差的人比较来缓解内心的自我疏离感。还有一位受访者提到：“我们是一家外资公司，老板是外国人，管理风格是西方化的，他希望能跟下属沟通。但有些同事，不会明说自己的不满，反馈比较中庸，会顾忌比较多，觉得如果我反映问题会不会遭报复啊什么的（a182）。但也有的同事认为，都什么社会了，现在是21世纪，人人平等，沟通是最重要的解决问题的方式，这是当今社会的主流价值观（a245），所以他们就会不太有保留地、积极地和上级进行沟通，明确地告诉领导我的期望是什么。”在这个例子中，现代社会的价值观和传统文化产生冲击，现代性较强的知识员工采取了不同于传统性强的员工的行动策略方式，可见，社会背景作为中介条件会影响个体的行动策略。

7. 主范畴七：组织公民行为

通过对访谈资料的整理与分析，形成了主范畴七的典范模型，如表4－13所示。

表 4－13 主范畴七“组织公民行为”的典范模型

<table>
<tr><th>因果条件</th><th colspan="2">现象</th></tr>
<tr><td>A6 工作疏离感</td><td colspan="2" rowspan="3">A9 组织公民行为</td></tr>
<tr><td>A12 角色压力</td></tr>
<tr><td>A14 组织不公正</td></tr>
<tr><td>因果条件的性质</td><td colspan="2">“组织公民行为”的特征面向</td></tr>
<tr><td>知识员工对工作任务、同事、组织、职业以及自我的疏远、远离状态</td><td>组织公民行为意愿</td><td>低</td></tr>
<tr><td>角色模糊与角色冲突导致工作压力产生</td><td rowspan="2">组织公民行为频率</td><td rowspan="2">低</td></tr>
<tr><td>薪酬、福利、晋升、过程、信息等方面的公平性</td></tr>
<tr><td colspan="3">组织公民行为的行动脉络</td></tr>
<tr><td colspan="3">知识员工对任务、同事、职业、组织、职业自我的疏离，以及因角色压力和组织不公正而产生的不满意，会导致员工减少利他、奉献、助人等对组织有利的行为</td></tr>
<tr><td>中介条件</td><td colspan="2">行动/互动策略</td></tr>
<tr><td>A18 组织支持</td><td colspan="2">A15 知识共享</td></tr>
<tr><td>A23 中国人传统性</td><td colspan="2">A29 合作行为</td></tr>
<tr><td colspan="3">结果</td></tr>
<tr><td colspan="3">知识员工组织公民行为的减少对组织不利</td></tr>
</table>

本书通过表 4－13 中的典范模型，构想了“组织公民行为”主范畴与其他副范畴之间的假设关系，通过对访谈资料的进一步整理，形成了可以验证主范畴七“组织公民行为”的典范模型的证据链，如图 4－7 所示。

在这条组织公民行为的证据链中，工作疏离感、角色压力、组织不公正是降低知识员工组织公民行为意愿的因果条件；减少知识共享、减少合作行为是知识员工采取的行动策略，而最终导致的状态将是组织氛围遭到破坏，不利于组织的有效运行。但中国人传统性、组织支持两个变量会影响知识员工的行动策略选择。从访谈资料的进一步整理中，发现知识员工不能掌控自己工作（a1）、被同事孤立（a105）、对工作任务抵触、排斥（a248）、对职业疏离（a225）时，个体不会再给公司积极提建议（a4），尽量在组织内保持沉默（a146），有些知识员工尽管能够凭借自己的专业知识或经验去帮助同事规避错误，但也不会主动提醒（a10），不主动跟同事分享工作相关的信息（a145）。还有受访者表示，当自己产生工作疏离感后，不会再耗费自己额外的精力做对组织有利的事情（a28），

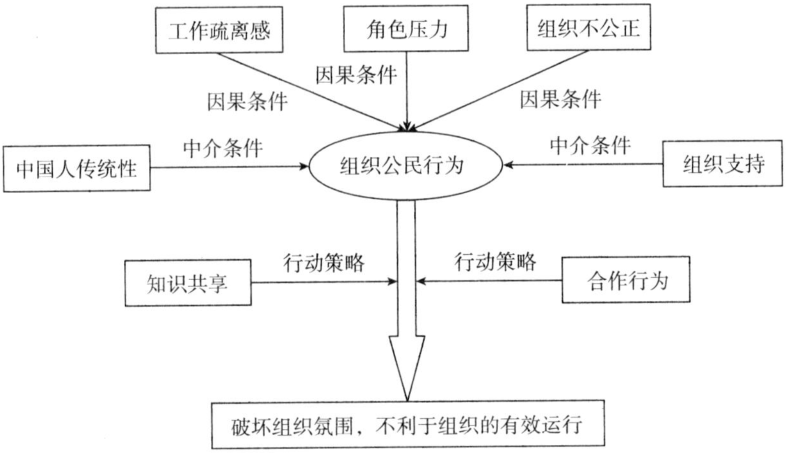

图 4－7　主范畴七“组织公民行为”的证据链

不再乐于去做“锦上添花”的事情（a194）。这些都证明了工作疏离感会降低知识员工履行组织公民行为的意愿，而在行动策略上则体现为减少知识共享。这样的最终状态会导致组织氛围较差，长此以往会失去组织的活力。但也有受访者表示，为了维持人际和谐（a162），出于维护面子的心理（a174），也会和同事进行知识的分享；也有受访者认为，如果组织提供了良好的信息收集与分享机制、构建了良好的沟通渠道（a56），即使自己有降低组织公民行为的意愿，在这些组织支持资源具备的情况下，也会与同事进行知识共享。由此证明，中国人传统性以及组织支持会影响知识员工的行动策略选择。

8. 主范畴八：反生产行为

通过对访谈资料的整理与分析，形成了主范畴八的典范模型，如表 4－14 所示。

表 4－14　主范畴八“反生产行为”的典范模型

因果条件	现象
A6 工作疏离感	A25 反生产行为
A12 角色压力	
A14 组织不公正	
因果条件的性质	“反生产行为”的特征面向

续表

因果条件	现象	
知识员工对工作任务、同事、组织、职业以及自我的疏远、远离状态	反生产行为的种类	多
角色模糊与角色冲突导致工作压力产生	反生产行为的危害性	大
薪酬、福利、晋升、过程、信息等方面的公平性		
反生产行为的行动脉络		
知识员工对任务、同事、职业、组织、职业以及自我的疏离，会导致个体采取迟到、早退、消极怠工、散布谣言、揩油等负面行为；由角色模糊和角色冲突所引致的工作压力，会导致知识员工产生负面情绪，例如，焦虑、愤怒、疏离感等，从而会采取抱怨、报复组织等反生产行为；组织内各种不公平的制度阻碍了知识员工的能力的发挥，进而无视这些制度，甚至通过故意违反制度来表达不满或寻求心理平衡		
中介条件	行动/互动策略	
A18 组织支持	A34 沟通	
A23 中国人传统性		
结果		
知识员工的反生产行为对组织不利		

本书通过表4－14中的典范模型，构想了“反生产行为”主范畴与其他副范畴之间的假设关系，通过对访谈资料的进一步整理，形成了可以验证主范畴八“反生产行为”的典范模型的证据链，如图4－8所示。

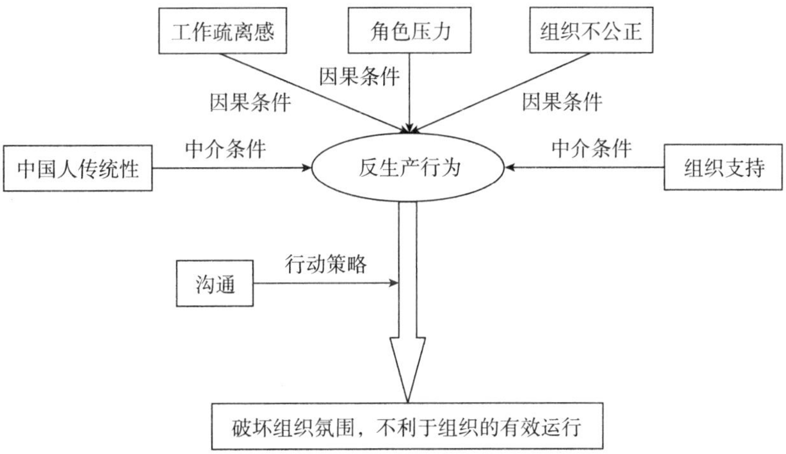

图4－8　主范畴八“反生产行为”的证据链

在这条反生产行为的证据链中，工作疏离感、角色压力、组织不公正是导致知识员工发生反生产行为的因果条件，减少沟通或拒绝沟通是知识员工采取的行动策略，该行动结果是破坏组织氛围，不利于组织的有效运行。例如，一名人力资源总监在提到自己公司知识员工现状时说：“我们部门有个员工，他是我的下属，他给自己的定位和我对他的判断不一致，他总觉得我给他的任务太容易，体现不了他的价值（a76）。我让他整理有价值的课程，去思考怎么更好地整合我们的培训计划，但他总是很想去外面学人力发展，他认为他出去学了回来就能做个很好的企划，但我认为他的想法不现实，模型不是说抄别人的就能抄成功的。他觉得我给他的任务很 Low Level，他自己希望想接受一下 High Level 的东西（a106）。我个人的管理风格不会明确地说不行，不是很严厉的那种，不会直接否定他，我会给他分析哪里不可行，哪里难度大，但似乎他理解不了，慢慢地他也没有热情了，虽然我给他布置工作他都接受，但内心已经开始排斥、抵触工作（a248）。渐渐地，他不再和我沟通，也不再向我表达他的想法（a144）。后来我从侧面了解到，他经常私底下和部门同事抱怨（a115），情绪也很不稳定，经常把对我的不满发泄到其他同事身上，使其他人的情绪也受到影响（a208）。整个办公室的氛围都不是太好。”还有一位访谈者提到：“我们公司原来是国有企业，后来被收购，企业制度变了，成了私企。但原来的老员工认为他们的利益被损害了，没有得到和新员工一样的待遇（a213），于是采取各种不好的行为。例如，在开大会时，他会站出来提出各种负面的问题，把这种负面信息提出来，从而影响到别人（a214）。该上班时不上班，跑到别的部门，听听这个，听听那个，收集各种小道消息（a215）。会为别人出风头，搞点事情，给组织捣乱，给组织找麻烦，一点小事搞大，搞成群体事件，自己在一边看热闹（a216）。老板找他们沟通，想和他们协商解决问题，但他们拒绝沟通（a189）”。以上的两个例子体现了角色压力、工作疏离感、组织不公正感会导致知识员工采取反生产行为（抱怨、散布谣言、迟到、早退、违反组织规章制度等），而减少沟通（上下级沟通、同事沟通）是个体所采取的比较常见的应对策略。此外，在访谈资料中也包含这样的信息：当知识员工比较遵从权威（a8）、遵从组织（a32）时，或组织能够给提供较好的沟通机制时，他们会尽量与上级、同事沟通。可见中国人传统性、组织支持两个变量会影响知识员工的行动策略选择。

9. 主范畴九：组织支持

通过对访谈资料的整理与分析，形成了主范畴九的典范模型，如表4－15所示。

表4－15 主范畴九“组织支持”的典范模型

<table>
<tr><td colspan="1">因果条件</td><td colspan="2">现象</td></tr>
<tr><td>A3 领导风格</td><td colspan="2" rowspan="2">A18 组织支持</td></tr>
<tr><td>A34 沟通</td></tr>
<tr><td>因果条件的性质</td><td colspan="2">“组织支持”的特征面向</td></tr>
<tr><td>领导对知识员工工作资源的支持、对下属的重视与关注会令员工感觉到组织的认可与支持</td><td>组织支持的种类</td><td>多</td></tr>
<tr><td>沟通机制规范化、沟通方式多样化有助于知识员工获得信息、表达意愿</td><td>组织支持契合度</td><td>好</td></tr>
<tr><td colspan="3">组织支持的行动脉络</td></tr>
<tr><td colspan="3">上级对待员工的方式是员工感知到组织支持的重要元素。上级关心和重视员工的贡献，认可员工的工作方式，关注员工所提建议与意见，给予员工提供完成任务所需的资源，会提高员工的组织支持感。知识员工格外重视沟通，追求自我意愿的表达，因此完善的沟通机制、多样的沟通方式提高了员工的组织支持感</td></tr>
<tr><td>中介调节</td><td colspan="2">行动/互动策略</td></tr>
<tr><td rowspan="2">A36 信任</td><td colspan="2">A17 组织承诺</td></tr>
<tr><td colspan="2">A33 任务绩效</td></tr>
<tr><td colspan="3">结果</td></tr>
<tr><td colspan="3">有利于降低因工作疏离感而导致的负面影响</td></tr>
</table>

本书通过表4－15中的典范模型，构想了“组织支持”主范畴与其他副范畴之间的假设关系，通过对访谈资料的进一步整理，形成了可以验证主范畴九“组织支持”的典范模型的证据链，如图4－9所示。

在这条组织支持的证据链中，领导风格、沟通是组织支持形成的因果条件，在感受到组织支持的状态下，知识员工会采取提高任务绩效、提高组织承诺两种方式作为行动策略，最终的状态是减少知识员工因工作疏离感而产生的负面影响。例如，一位受访者在访谈中这样表述到：“……后来那个领导走了，现在换了个英国人做我们上级。他做的就比之前的那个领导好，因为他会给下属提供很

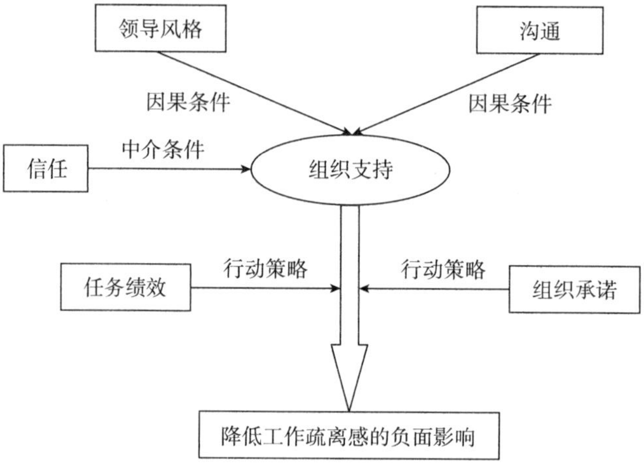

图4－9　主范畴九“组织支持”的证据链

多帮助。如果有的项目难度较大，他会提前开项目会议，让我们把想法、难题都说出来，为我们创造了一个比较好的沟通过程（a257）。如果我们有不会做的地方，他会给我们提供指导（a260）。不像原来那个领导，只是一味地压迫你出成果，却不给提供任何支持。现在这个领导就会帮我们联系资源，和其他厂，甚至在其他国家的分工厂寻找资源（a261）。重要的是现在的领导也会参与到项目中来，也有自己的分工，让我们感觉他和我们一起在奋斗（a262）。我们中国人利用资源比较费力些，尤其是语言问题，打电话是比较痛苦的事情（a175），在这点上他帮助我们很多。这样我们也很乐意地好好工作，努力把工作做好，尽量把工作做得更漂亮些（a265）。当项目成功结束后，在项目总结会上，他还会表扬我做了很多工作，但不会提到他自己的功劳，这样我的内心就很感激，原来对公司的一些不满也少了，反而有继续留下来好好工作的意愿了（a267）。”这个受访者所提供的事件案例恰恰证明了“组织支持”的证据链。此外，上级对下级的信任、下级对上级的信任、同事间的信任作为特定情境也会影响知识员工的行动策略选择。例如，有的受访者表示即使组织提供了各种政策支持（a56），一旦感觉上级并不是真的信任自己的能力时（a126），就会在工作中没有太大的主动性，更不太在意任务的完成情况，更不会关心组织的利益（a29）。

四、选择性译码

在上面的主轴译码过程中，开发了九个主范畴，发展了范畴性质及维度面向，并借由访谈资料中所呈现的因果条件、脉络、行动策略和结果等逻辑关系，建立了主范畴与副范畴之间的关系，这就为第三步的选择性译码奠定了基础。本部分译码的主要目的是在众多的范畴中，找出其中起着关键作用的一个或几个核心范畴。这个或这几个核心范畴具有较强的概括能力和较强的关联能力，能够将相关的范畴囊括其中，同时也是研究结果中所要报告的主题，从而构建关于这个主题的清晰而又有根据的理论框架。要实现这个目的，需要以下三个步骤：

1. 故事线

故事线的梳理主要是为了发展出核心范畴。操作原则是从纷杂的访谈资料中，找出一条思路清晰的故事线，并顺着这条故事线，将现象中的重要故事予以概念化，从而萃取核心范畴。针对本书的扎根资料，可整理出以下一条故事线：故事主要是关于导致中国知识员工工作疏离感产生的影响因素和这种负向情感对知识员工行为的影响结果，以及在何种因素会调节工作疏离感的产生与影响作用。

知识员工由于受教育程度较高，掌握一定的知识与技术，在企业中也主要从事管理与技术工作，因此，对工作内容、职业发展、人际关系交往、工作家庭平衡方面等持有不同于普通员工的期望。当知识员工感知自己与所在岗位不匹配，或自己所从事工作内容与所学专业不符时，工作的现实情境与其角色期望不一致，个体无法获得清晰的角色定位，因此，会出现角色模糊，组织结构官僚化，政出多头，当多种角色要求不一致时，使知识员工无法协调自己的角色行为，角色冲突就此产生；繁重而重复单调的工作任务，角色负荷必然加大个体的工作压力。在角色压力的作用下，知识员工会产生工作疏离感。和普通员工相比，知识员工更看重领导的尊重与认可，看重是否能够充分自由地发挥自己的能力，因此，上级的领导风格会影响到知识员工的心理状态。当上级不信任、不尊重下属，无法为员工及时提供其所需的支持时，此种破坏性领导风格会导致知识员工的工作疏离感的产生。知识员工讲求公平公正。当组织中存在拉帮结派、工资和福利待遇的不公平、晋升提拔的不公平等时，会导致个体对组织、职业、人际相处等方面的疏离感。职业发展对于知识员工而言尤为重要，但当知识员工意识到职业发展遇到"瓶颈"、晋升无望时，会产生质疑职业意义的疏离感。由于接受现代教育较多，知识员工更加重视家庭与工作的平衡。他们既有享受家庭生活的美好愿望，又有努力工作实现自我价值的期望，当工作与家庭产生冲突时，个体会产生工作疏离感。

工作疏离感是一种负向情感，影响到知识员工对组织、工作的态度与行为。体验着工作疏离感的知识员工有的会采取比较显性的行为来达到心理平衡，例如，迟到、早退、违反规章制度、破坏生产、报复组织、散布谣言等；也有的知识员工会采取相对而言比较隐性的行为，例如，利用专业技能在工作中制造不易被发现的纰漏，利用绩效考核的模糊性降低工作标准等。但无论是显性的还是隐性的，这些行为都是对组织不利的，是工作场所中的偏差行为。工作疏离感除了会增加知识员工的反生产行为之外，还会导致其减少组织公民行为。例如，个体不再积极关心组织的发展，不再从事对同事、对组织有利的利他行为、助人行为等。虽然组织公民行为的减少不像偏离行为那样，对组织的破坏性那么明显，但本质上也不利于良好组织氛围的形成。

虽然角色压力、破坏性领导风格、组织不公正、职业高原、工作家庭冲突会导致工作疏离感的产生，但中国人传统性这一变量会调节它们之间的关系。在扎根资料中，很多案例显示，受中国传统文化的影响，个体在对权威、归因、家庭等方面的价值观会影响到其对角色、领导、公平、冲突等的判断与评价，从而在工作疏离感的感知方面产生差异。同样，在工作疏离感对知识员工行为的影响过程中，组织支持也起着调节作用。组织对知识员工的支持会降低其采取偏离行为的意愿，增加组织公民行为的可能性；而组织支持的缺失反而会加强工作疏离感的负面影响效果。

2. *发展核心范畴*

通过对扎根资料的再次确认，以上故事线涵盖了资料中所呈现的事件或现象。在故事线的引导下，将现象与资料转化为概念，并用分析式、说明式语言阐明整个故事。整个故事是对访谈资料的有序再现，也是对后续研究的理论识别。本书本着识别知识员工工作疏离感的成因、影响结果的目的，在主轴译码中提炼出九个主范畴。虽然每一个主范畴都有其自身的典范模型和证据链，但每一个主范畴代表了不同特征和面向，均不能完成描述整条故事线。因此，基于以上考虑，本书将全部现象归结为“工作疏离感的起因及效应”，并将其作为核心范畴。

这个核心范畴在所有范畴中占据中心位置，比其他所有的范畴都更加集中，与大多数范畴之间存在意义关联，成为资料的核心，且这个核心范畴是资料中反复出现的、比较稳定的现象。本书在对访谈资料的扎根过程中，发现所有范畴都是围绕知识员工工作疏离感展开的。这些范畴或是工作疏离感产生的原因，或是工作疏离感的影响结果，或是调节以上两者作用方向，因此，“工作疏离感的起因及效应”作为本书的核心范畴是合理的、准确的。

3. 建立核心范畴与其他范畴的关系

在确定了核心范畴之后，主轴译码过程中所识别出来的主范畴也就变为附属范畴，所以必须将核心范畴和现在已成为附属范畴的其他范畴予以联结。在将核心范畴与其他范畴建立联系的过程中，依然采取译码的典范模型，即条件、脉络、策略和结果等条件。工作疏离感作为核心范畴，其与其他范畴的具体关系如表4－16所示。

表4－16 工作疏离感的典范模型

因果条件	现象	
A1 职业高原	A6 工作疏离感	
A3 领导风格		
A10 工作家庭冲突		
A12 角色压力		
A14 组织不公正		
因果条件的性质	“工作疏离感”的特征面向	
角色压力、工作家庭冲突、职业高原具有个体层面特征，是个体通过对工作情境的感知而做出的认知判断	工作疏离感的程度	高
领导风格具有人际层面特征，是个体对上级在工作中体现出的具有稳定性特质的感知	工作疏离感的持续时间	长
组织不公平具有组织层面特征，是个体无法改变的环境因素	工作疏离感的破坏性	大
工作疏离感的行动脉络		
知识员工对工作具有原始期望，包括对职业发展、人际关系、薪酬水平、工作家庭平衡等各方面的期望。当职业高原、破坏型领导风格、工作与家庭间的冲突、角色模糊、角色冲突、组织不公正等现象出现时，现实与个体的期望之间产生差距，这种差距的存在导致知识员工产生工作疏离感		
中介条件	行动/互动策略	
A18 组织支持	A9 组织公民行为	
A23 中国人传统性	A25 反生产行为	
结果		
组织公民行为的减少、反生产行为的增加不利于组织的生存与发展		

通过联结核心范畴与附属范畴之间的关系，本书发现角色压力、领导风格、组织不公正、职业高原、工作家庭冲突是知识员工工作疏离感形成的因果条件，而减少组织公民行为、增加反生产行为是知识员工面对工作疏离感采取的行动策略，最终的结果状态是不利于组织的生存与发展。而中国人传统性、组织支持是工作疏离感因果条件、结果状态发生过程中的中介条件，即作为特殊的情境状态，影响着工作疏离感与因果条件、行动策略、结果状态之间的作用关系。

在主轴译码中，关于角色压力、领导风格、组织不公正、工作家庭冲突、职业高原、中国人传统性、组织公民行为、反生产行为、组织支持这九个主范畴的证据链，研究者已经就各个范畴的因果条件、中介条件、行动策略、结果进行了详细的阐释，并以访谈资料中具体的事件、案例加以验证。而这些逻辑关系的阐释中，都与工作疏离感有密切的关联度，因此关于“工作疏离感起因与效应”证据链的证明材料，已经在其他九个主范畴的阐释中涉及，不再赘述，如图4-10所示。

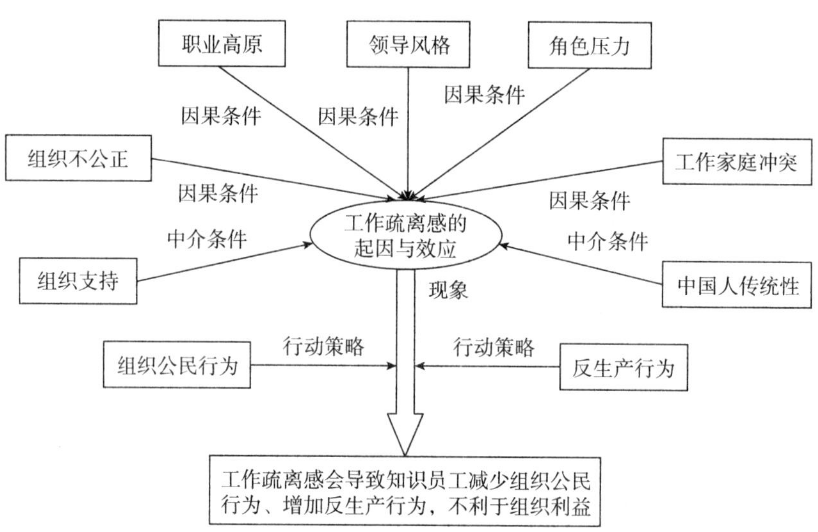

图4-10 工作疏离感起因与效应的证据链

第五节　扎根理论饱和度检验

基于扎根理论的开放式译码、主轴译码、选择性译码，本书得到中国知识员工工作疏离感的影响因素、行为效果及调节变量。为验证扎根理论是否达到饱和状态，本书进行第二轮访谈，并从访谈资料里挖掘是否有新的范畴。

为能够以有限的访谈次数获得较为丰富的资料数据，本书特选取工作经验丰富的人力资源总监为访谈对象。人力资源总监统筹公司的招聘、培训、绩效考评、选拔等工作，对员工的心理与行为有更深入的了解，能够提供较为丰富的案例。访谈对象的基本信息汇总如表 4－17 所示：

表 4－17　访谈对象基本信息

编号	学历	工作年限	工作单位	访谈时间
1	博士	12	宁波银行	30 分钟
2	博士	23	中银证券	40 分钟
3	硕士	20	山东钢铁	45 分钟
4	硕士	10	美的集团	50 分钟
5	硕士	16	鲁抗制药	45 分钟

经以上五名人力资源总监的同意，访谈者对访谈全程进行录音，获得了总共长达 210 分钟的访谈录音。将收集的访谈资料以文本形式导入 ATLAS. ti. 7.0 软件，并利用该软件对访谈资料进行整理与分析。依据扎根理论的开放式译码、主轴译码、选择性译码三个步骤对新收集的访谈资料进行分析，未发现新的范畴，并且在之前所得出的九个范畴中均找得到相对应的范畴。

第六节 本章小结

本章运用扎根理论的质性研究方法，对知识员工工作疏离感形成的影响因素及其行为效果进行识别与归纳。首先，通过对20位知识员工的深度访谈，获得原始的访谈录音，并将录音转化为文字资料；其次，经过开放式译码、主轴译码、选择性译码三个步骤，对质性资料进行分析。在开放式译码中，经过现象标签化、概念化、范畴化共得到147个概念和37个范畴；在主轴译码过程中，应用扎根理论中的典范模型对各范畴进行聚类，共形成了9个主范畴（角色压力、领导风格、组织不公正、职业高原、工作家庭冲突、中国人传统性、组织公民行为、反生产行为、组织支持）以及各主范畴的证据链；在选择性译码中，勾勒一个既可以完整地说明又能简要概括质性资料中所涉及现象的故事线，并发展本书中的核心范畴——“工作疏离感的起因及效应”。研究发现该核心范畴的形成脉络也具有一条特有的证据链，即由因果条件（角色压力、领导风格、组织不公正、职业高原、工作家庭冲突）出发，经由中介条件作用（中国人传统性）而导致知识员工工作疏离感的产生，再经由中介条件作用（组织支持）而影响知识员工面对工作疏离感而采取的行动策略（反生产行为、组织公民行为），最终形成反生产行为增多、组织公民行为减少的不利于组织长期利益的状态。

本章中的扎根理论研究，形成了诸多概念、范畴、主范畴的典范模型，最重要的是挖掘了核心范畴工作疏离感的起因及效应的故事线与典范模型。以上成果将为后续第五章的实证研究提供支撑。

第五章　知识员工工作疏离感影响因素及行为效果的实证分析

第一节　研究目的

在第四章中，本书已指出，已有关于工作疏离感的研究假设的提出多源于文献基础或逻辑推导，并缺乏关于工作疏离感影响因素与行为效果的系统性研究。因此，第四章的研究致力于利用扎根理论的研究方法，从深度访谈中探究导致知识员工工作疏离感产生的原因有哪些，以及工作疏离感会对知识员工的行为产生何种影响，并构建出基于扎根理论的知识员工工作疏离感影响因素及行为效果的探索性理论模型。在这个探索性理论模型中，职业高原、角色压力、工作家庭冲突、领导风格及组织不公正会影响知识员工工作疏离感的产生，而拥有不同程度中国人传统性的知识员工会在工作疏离感的感知程度上存在差别；尽管工作疏离感作为负向情感会对知识员工的反生产行为、组织公民行为产生影响，但个体对组织支持的感知会对这种影响作用有一定的调节作用。需要思考的是，基于扎根理论的探索性理论模型的假设是否能够得到已有文献的支持？这个理论模型来源于小样本的访谈研究，在大样本的实证研究中是否能够得到验证？

此外，基于扎根理论的探索模型仅是定性地描述了知识员工工作疏离感的影响因素及行为效果，至于各种影响因素对工作疏离感的影响程度有多大？工作疏离感对知识员工的反生产行为、组织公民行为的影响作用有多大？中国人传统性及组织支持所起的调节作用方向如何？这些问题都促使必须对知识员工工作疏离感影响因素及作用机制展开进一步的定量研究。

因此，本章研究旨在通过实证分析检验知识员工工作疏离感的影响因素与行为效果模型。本章将通过细致的文献研究，结合第四章的探索性理论模型，提出各个变量之间的关系假设，将各假设汇总，对探索性理论模型进行修正，构建出实证研究的理论模型；利用问卷调查法获取大样本调研数据，并采用层级回归分析方法对数据进行统计分析，进而获取变量间的作用关系。

第二节　理论基础与研究假设

一、工作疏离感影响因素的理论与假设

1. 职业高原对工作疏离感的影响

职业高原最早由美国职业心理学家 Ference 于 1977 年提出，是指员工在职业生涯发展中的某个阶段，面临着较小的可能性获得进一步晋升[172]。Bardwick（1986）认为，职业高原是个体对职业发展的一种感知状态，是由于知觉到其所面临的职业发展现状与其职业生涯期望存在差距时而产生的一种心理状态，并将职业高原划分为层级高原（也称结构高原）、内容高原和生活高原三种类型[173]。层级高原是由于组织结构扁平化或组织设计不合理而导致的个体职业发展受到限制；内容高原则是由于员工个人的知识更新停滞、工作能力提高有限、工作积极主动性下降而导致的职业晋升困难；而生活高原则是由个人生活静止而对工作和生活失去方向和热情[174]。知识员工受教育程度较高，具有较强的独立性与自主性，对职业发展关注程度也高于非知识员工。由于知识员工具有一定的职业目标，对事业成功的期望值也较高，因此，当这种期望得不到实现时，也更容易感知到职业高原。

国内外研究对导致职业高原产生的影响因素进行了较为深入的探讨。Feldman 和 Weit（1988）的研究发现，个体的能力和技术、压力、组织成长、内部动力、外部奖励、个体的需要和价值观这六个因素会引起个体的职业高原[175]；Tremblay 和 Roger（1993）则更为系统地总结出影响个体职业高原的三大因素：个人因素、组织因素及家庭因素[176]。

相较于对职业高原影响因素的研究而言，职业高原影响作用的研究比较零散，未形成系统化的理论框架，且较多地关注职业高原对工作绩效、离职、组织

承诺、工作满意度、工作卷入、工作压力、工作倦怠等变量的影响效果[153]。Hall（1985）[177]、Stout（1988）[178]和Burke（1989）[179]的研究证明，遭受职业高原体验的员工更容易产生心理困扰，更容易进行消极的行为：降低工作卷入度、降低工作绩效及离职等。Near（1985）研究表明，处于职业高原的企业员工比非职业高原员工面临着更大的工作压力和健康问题，更多地出现缺勤行为[180]；Chao（1990）发现，职业高原会显著负向影响员工的工作满意度[181]；Wolf（1983）[182]、Appelbaum和Finestone（1994）[183]均发现，职业高原会导致员工产生工作倦怠，对工作倦怠起着正向影响作用。处于职业高原状态的知识员工，可能会因为晋升机会的渺茫，而疏于为职业发展做出努力，或因对职业发展的不满意而产生对工作、对同事、对组织的疏远，甚至会否定自我价值而产生自我疏离。基于以上分析，本书提出下列假设：

H1：职业高原对工作疏离感具有正向影响作用。

2. 角色压力对工作疏离感的影响

Kahn等（1964）在角色情节理论模型中（Role Episode Model）指出，角色接受者在与角色赋予者的互动中，了解到角色赋予者对自身的角色期望，并通过对角色的理解和认识，做出角色行为[184]。但当个体面临角色期望不清、角色期望冲突或自身工作能力不足的困境时，角色压力随之产生，即角色压力源主要来自角色模糊、角色冲突与角色超载[184]，并且角色压力会影响到个体的行为反应。角色模糊是指员工不清楚组织或上级对自己的角色期望是什么，或不清楚如何实现组织或上级对自己的角色期望；角色冲突则是由于员工同时面对两种或两种以上相互矛盾的角色期望时所产生左右为难的情况；角色超载是当员工面对过多的角色要求时，这些角色期望超出了个体的能力和资源限制，导致员工无法按时保质地完成任务[185]。大量的实证研究显示：角色压力会引致许多负面影响，包括工作满意度下降、工作绩效下降、工作倦怠、组织承诺降低等[185]。由此可见，角色压力会引致员工的负面心理与行为。

Blauner（1964）作为最早研究工作疏离感的学者之一，在探讨组织规范化对工作疏离感的影响时，发现组织不规范、规章制度不明晰，会导致员工对自身角色期望模糊，从而导致工作疏离感增加[14]。这一观点得到大多数研究者的认同。Michaels（1988）通过研究证明，角色冲突感越强的员工，工作疏离感程度就越高[8]。Agarwal（1993）则发现，在美国个人主义文化背景下，虽然角色冲突对工作疏离感无显著影响，但在印度的集体主义文化背景下，角色冲突会增加工作疏离感[112]。

当将视野由组织范围扩展到生活方面时，会发现个体除了承担工作单位对自己的角色期望之外，还在生活中扮演着多重角色。例如，许多已婚女性同时扮演着母亲、妻子、女儿的角色。个体的时间、精力有限，当面对来自工作、家庭的多重角色期望时，会不可避免地产生冲突，工作家庭冲突也成为角色压力的重要来源之一[186]。在工作家庭冲突所带来的压力下，个体需要在家庭与工作两者之间做出选择。知识员工受教育水平较高，对家庭和谐的需求也较高，为了满足家庭角色需要，可能会减少对工作的时间投入、精力投入，疏远工作任务、疏远组织与同事，而将更多的时间与精力投放到家庭中。因此，基于以上分析，本书提出以下假设：

H2：角色压力对工作疏离感具有正向影响作用。

3. 领导风格对工作疏离感的影响

领导是工作情境中的重要构成要素之一，领导者在工作时所体现出的思想与行为特质即为领导风格。员工在工作中需要与上级、主管进行交流与沟通，会对领导的风格有一定的认知与判断。Lewin（1957）认为，不同的领导者具有不同的领导风格，主要体现为独裁型、民主型、放任型三种，但不同的领导风格对员工的绩效、工作满意度会产生不同的影响[187]。随着越来越多的学者关注领导风格的研究，更多的领导风格类型被发掘，其中交易型与变革型领导理论成为学术界的主导理论。Bass（1985）在领导—成员交换理论、途径—目标理论、需要、层次理论的基础上，界定了交易型领导与变革型领导的内涵[188]。交易型领导与下属间的交往是建立在奖酬基础上的，领导者明确指出员工的工作方向，并通过满足员工的需要作为交换条件来激励下属；变革型领导则是着眼于员工更高层次的成就需要，通过赋予员工所要完成任务以重要意义，以此激发下属为了完成组织目标而努力甚至牺牲自己利益[189]。

Kanungo（1998）在以往研究的基础上，发现领导的行为风格对工作疏离感具有直接的影响[43]。Sarros 等（2002）通过研究发现，变革型领导因为是以实现员工自我价值的更高层次需求来激励下属，使员工在进行工作时或完成任务后有自豪感和成就感，并且有利于形成上级与下属间相互信任的组织氛围，会起到减少员工工作疏离感的积极作用；而交易型领导与下属的关系是建立在相互利用、互换交易的基础上，上级更加关注的是任务的实现结果，容易增加员工的工作疏离感[72]。

尽管领导作为一种普遍的社会现象得到各个国家学者的关注，但 Hofstede（1993）认为，由于国家文化差异，不同国家的领导内涵与构成会存在不同[190]。中国作为东方文化的代表，与西方价值体系存在较大差异，而家长式领导就是基于中国文化背景而探索出的本土领导风格。家长式领导在组织中充当着家长的角色，如父亲般关心员工的工作、生活和成长，并具有严明的纪律和权威，是儒家文化背景下所特有的领导行为模式[191]。

郑伯埙、樊景立和周立芳（2000）将家长式领导划分为威权领导、仁慈领导、德行领导三种[192]。威权领导者强调权威的绝对性，不允许下属挑战自己的权威，下属必须无条件地、严格地服从领导的指示。威权领导严密控制、监督下属，使下属在工作中缺乏自主性，产生逃避工作、尽量减少与上级沟通等行为，这正是工作疏离感的体现。仁慈领导者对下属的幸福和利益做持续的、长久的、全面的关怀，对下属的生活给予关怀与帮助，并在下属出现困难和危机时，给予家长般的教诲和帮助，以帮助下属更好地成长和发展[193]。领导如家人般的关怀，可以满足员工高层次的情感需求，例如，友情、安全感、归属感等。这种情感需求的满足可以降低员工来自生活、工作上的焦虑，使员工更好地融入组织集体中，从而降低工作疏离感。德行领导者自身具备良好的个人修养和敬业精神，正直、无私、尽职尽责，能够为下属树立良好的榜样。当员工认可甚至钦佩、敬仰上级时，能够更积极地承担工作任务、更融洽地与上级相处；但如若上级德行欠缺，虽然员工不认可领导的为人处世方式，但又迫于上级权威而不得接受上级的领导风格时，容易产生工作疏离感[194]。

龙立荣等（2014）通过研究发现，家长式领导会对工作疏离感产生影响，仁慈领导会降低员工的工作疏离感，而威权领导会增加员工的工作疏离感[195]。尽管家长式领导中的威权领导会有可能导致员工产生负面心理或行为，但仁慈领导和德行领导的积极影响是不可忽视的。综合而言，仁慈领导与德行领导的积极影响作用会抵消威权领导的消极影响作用。基于此，本书提出以下假设：

H3：家长式领导对工作疏离感具有负向影响作用。

4. 破坏性领导对工作疏离感的影响

Einarsen 等（2007）将领导者在工作中所表现的一些负面行为归纳总结为破坏性领导风格，即领导者持续表现出来的侵害组织正当利益的系统化行为，包括侵害组织目标、妨害组织任务达成、损害组织资源、降低组合效能的行为，也包括破坏下属的工作动机、降低下属的工作满意度和幸福感的行为[196-197]。破坏性领导不仅影响下属的工作态度、行为，而且会给员工带来很多的负向心理反应。Tepper（2007）的研究发现，破坏性领导会引起下属的焦虑、抑郁、倦怠等负面情感体验[198]；Erickson 等（2007）也证明了破坏性领导会对员工的心理造成负面影响，例如，恼怒、自尊下降、挫折感、无助感、痛苦等[199]。Ashforth（1994）通过研究发现，领导的暴君行为（领导将自己视为下属的君主，任意批评、辱虐，贬低下属，以强硬的方式解决冲突等）会使员工产生高工作疏离感[137]。基于此，本书提出以下假设：

H4：破坏性领导对工作疏离感具有正向影响作用。

5. 组织不公正对工作疏离感的影响

组织公正的本质是组织资源分配是否公平合理，而组织是否公正更多的是个体的一种主观的判断和感受，即组织公正感[200]。Adams（1965）最早对组织科学中的公正进行探讨，主要关注的是分配公正，并认为个体的分配公平感不仅仅来自收入的绝对值，还取决于与参照对象比较的相对值的大小；之后 Leventhal（1980）提出在分配过程中的公平也是组织公正的重要体现，即程序公平；Bies 和 Moag 于 1986 年开始关注分配结果反馈执行时的人际互动方式，认为互动方式也会影响个体对组织公正的感知[200]。当个体认为分配的结果、程序和人际互动不公平时，就会产生组织不公正感。在国内外的研究中，组织不公正及其效果的研究大多与组织公正的研究相对应，因此，组织不公正的内容也主要体现在分配不公正、程序不公正、互动不公正等方面[201-202]。

分配不公正是指员工对组织的收入、福利等分配的结果不满意，这种不公正感可能来自员工与同事或社会上其他人的比较，也可能来自自己的期望；程序不公正则是员工对组织进行利益分配时的政策一致性、准确性、达标性、可修正性、伦理性、客观性产生质疑。分配不公正与程序不公正是国内外学者讨论最广泛的两种类型。组织不公正会对员工的心理和行为产生负面影响，包括隐蔽的攻击行为、退缩行为和公开攻击行为[203]；此外，组织不公正会影响员工的心理健康，导致员工心理压抑、自我价值感降低，对工作意义产生质疑等[204-205]，而对工作的无意义感恰恰是工作疏离感的体现[9]。

Ceylan 和 Sulu（2011）通过实证研究发现，当员工认为组织不公正时，会因此感到被同事、组织孤立在外，工作疏离感因此产生[92]。基于此，本书提出以下假设：

H5：组织不公正对工作疏离感具有正向影响作用。

二、工作疏离感行为效果的理论与假设

1. 工作疏离感对组织公民行为的影响

Batsman 和 Organ（1983）在之前学者关于公民行为的研究基础上，正式提出了组织公民行为（Organizational Citizenship Behaviors，OCBs）这一概念，并将组织公民行为定义为员工角色外的有利于组织运作成效的自发行为，包含利他、尽职、运动员精神、谦恭和公民美德五个维度[206-207]。但一些学者却对组织公民行为是否角色内外行为产生争议。有些学者认为，组织公民行为并不完全是角色外行为，其所包含的一些行为会被员工视为工作分内的行为。因此，Organ（1997）对组织公民行为进行了重新定义：能够对有利于任务绩效的组织社会和心理环境提供支持和增强作用的行为[208]。而该定义与 Borman 和 Motowidlo（1993）所提出的关系绩效类似[209]，从中可看出，组织公民行为与关系绩效的内涵一致[210]。

在不同的文化因素背景下，组织公民行为的内涵与结构可能存在差异[211]。樊景立（1997）在针对以中国台湾员工为样本的研究中，发现中国情境下组织公民行为包含组织认同、协助同事、责任意识、人际和谐和保护公司资源五个维度，并指出中国文化情境下的组织公民行为与西方文化情境下的组织公民行为存在差异，人际和谐与保护公司资源是中国情境下所特有的组织公民行为维度[212]。在将调查样本范围扩大到中国后，樊景立（2004）更加细致地归纳出十类中国文化情境下的组织公民行为：责任意识（也称为积极主动）、帮助同事、建言、参与团体活动、树立企业形象、自我学习、参与公益活动、维护/节约组织资源、保持工作环境干净整洁、人际和谐[154]。其中自我学习、参与公益活动和保持工作场所整洁是中国大陆情境下的特有组织公民行为维度，而前五个内容与西方的研究一致。在西方研究中，助人行为（员工自发地帮助同事预防和解决与工作相关问题）被认为是组织公民行为中最重要的维度，这与中国情境下的帮助同事维度内涵一致；知识员工拥有专业知识、技能，他们是否具备责任意识、是否能够为组织提出建议，将会影响到组织的成长与发展。因此，本书主要选取组织公民行为中的助人行为、建言行为、责任意识三个维度进行分析。

在关于组织公民行为影响因素的研究中，学者发现个人特征、工作特征、组织特征、领导行为是四大重要前因变量，而个体的态度、情感变量是个体特征变量研究中受关注最多的。已有文献证明，个体的积极情感会激发员工的利他行

为，而消极情绪会减少组织公民行为[210]。Hui 等（2000）的研究表明，虽然组织的正规化、员工的空间距离等组织特征与 OCB 关系不显著，但组织凝聚力与利他行为、责任心、任劳任怨及公民道德显著相关[213]。遭受工作疏离感的员工，与同事、组织脱离，体验不到组织的凝聚力，在工作中实施组织公民行为的可能性会减小。基于此，本书提出以下假设：

H6：工作疏离感对组织公民行为具有负向影响作用。

2. 工作疏离感对工作反生产行为的影响

早在反生产行为概念被提出之前，一些学者就已对员工的怠工、酗酒、偷窃等行为进行了探讨，但属于比较零散的研究，缺乏系统的理论概括[214]。直到 Mangione 和 Quinn（1975）对以往的研究进行总结，将雇员在工作中所表现出的迫害雇主财产、估计降低生产质量和产量等损害雇主利益的行为统称为反生产行为[215]。之后 Spector 和 Fox（2006）将反生产行为①定义为一系列单独的行为，这些行为的共同特征是员工故意发起的侵害组织或组织相关利益者的行为，包括人际冲突、攻击、偷窃和怠工等[216]。但随着知识经济的到来，知识员工在企业中所发挥的角色越来越重要，其对工作的期望、自我诉求的表达方式不同于蓝领工人，而且工作的环境和工作内容性质也和蓝领工人存在很大不同，这就使知识员工的反生产行为表现形式、影响后果等具有新的特点。彭贺（2011）通过本土化的探索性研究，发现中国知识员工的反生产行为主要体现在六大类，按严重程度由高到低排列为：失德行为、抵制行为、保守知识行为、撒谎行为、钻空子行为、消极服从行为[217]。考虑到知识员工的知识特性及这六类行为的严重程度，本书仅选取失德行为、保守知识行为、钻空子行为三种类型进行探讨。这三个维度与知识员工的特点相契合：首先，知识员工利用自己的专业知识、技能赖以生存，因此，知识行为很重要；其次，知识员工的工作内容具有模糊性，绩效考核难以界定，不像计件生产那么容易绩效考评，因此，钻空子行为可以体现知识员工在绩效方面的特点；失德行为涉及知识员工的职业道德水平，属于比较严重的

① 与反生产行为相近的概念为工作场所偏离行为。工作场所偏离行为（Workplace Deviance Behavior，WDB）是指组织成员自发性的行为，而此行为违反了组织的规范、政策或制度，并且威胁到组织或组织内部成员的福利，具体表现为：怠工、偷窃、贪污、迟到、对同事的辱骂、诽谤、散布谣言、性骚扰、盗窃公司资产等。反生产行为研究的权威专家 Spector 本人也承认，反生产性工作行为与工作场所偏离行为是指同一个概念。但 Spector 等认为，使用“反生产行为”这一术语比工作场所偏离行为更具有管理学“色彩”，因而更值得推广。

反生产行为。

无论是知识员工还是非知识型员工，反生产行为对组织的破坏力都是极大的，会产生一系列的恶性后果，例如，降低员工的工作绩效、导致组织生产率下降、企业整体绩效受到损害、组织成员利益受到影响等[218]。因此，一批学者致力于探索产生反生产行为产生的原因。Martinko 和 Shulerz 等（2002）将反生产行为的前因变量分为个人差异因素和情境因素变量两类：个人的性格差异、负面情绪等人格特征变量会导致员工在反生产行为方面的差异；而组织环境中出现的不公平事件、突发事件等也会导致员工出现反生产行为[219]。

消极情感、负面情绪是导致反生产行为的重要因素。Kaplan 和 Bradley（2009）通过元分析证明消极情感与反生产行为显著正相关[220]；Kanungo（1979）通过研究证明工作疏离感会影响员工对工作及工作场所的反应，而消极抵抗则是工作疏离感的最普遍的反应，例如，把工作当儿戏、转移对任务的注意力、阻碍同事完成任务等[6]。基于此，本书提出以下假设：

H7：工作疏离感对反生产行为具有正向影响作用。

三、工作疏离感中介作用的理论与假设

职业的发展与进步是激励员工的重要因素，包括对个体在组织中的角色内行为与角色外行为的激励。Hui 等（2000）通过研究发现，晋升与组织公民行为显著相关，个体会为了获得晋升机会而增加组织公民行为以获取上级的好印象[213]。因此可推断，处于职业高原的知识员工会因为晋升无望，而无意采取组织公民行为。此外，知识员工拥有较为明确的职业发展目标，期望通过职位晋升、职业能力的提高来证明自我价值。但处于职业高原的个体，在组织内获得职位晋升的希望较小，获得相关专业知识与经验的机会较少，职业期望无法实现的落差会导致知识员工产生挫败、沮丧等消极情绪体验，对组织的承诺与认同度下降，从而使组织公民行为的内在驱动力不足，或当个体将职业高原归咎于组织晋升标准不规范、提拔不公平时，可能会出于不满而采取反生产行为。

1. 角色压力作为重要的环境因素对个体的心理与行为具有重要的影响作用

已有研究证明，角色压力会引致工作不满意、情绪耗竭[185]，而这种负面情绪均会降低个体采取组织公民行为的可能性。此外，面对角色模糊、角色冲突、角色超载的压力，个体必然会将更多的精力或时间投入任务绩效的完成，首先，

满足角色内行为，而无暇采取具有角色外行为属性的组织公民行为。Eatough 等（2011）的研究就证明了角色压力与组织公民行为显著负相关，即员工角色压力越大，组织公民行为就越少[221]。角色压力不仅会抑制组织公民行为，还容易诱发破坏组织利益的行为。压力—情绪模型（the Stressor - emotion Model，S - EM）认为，个体在实现自我目标的过程中所遭受的挫折容易引发个体的攻击性反应，角色模糊、角色冲突、角色超载都是个体无法实现自我角色目标的体现，在压力情境下，个体倾向于采取反生产行为以释放压力[222]。

2. 家长式领导具有人治特点，强调领导的权威、仁慈与德行

当领导对下属施行仁慈领导行为时，下属会倾向于采取组织公民行为来回报领导；而面对德行领导，下属发自内心地认同领导者，工作动机得到增强，更加乐意从事组织希望的行为。已有研究证明家长式领导与组织公民行为关系密切，其中仁慈领导与德行领导会增加下属的组织公民行为，但威权领导会导致下属减少组织公民行为；仁慈领导与德行领导有利于提高员工的工作满意度，更多地感受来自领导与组织的支持，从而减少反生产行为[193]。尽管威权领导会导致下属的消极行为，但综合整体而言，家长式领导对下属的态度和行为更多地起着积极的影响作用。

3. 员工对上下属关系的感知会影响到其工作态度与行为

破坏性领导是一种负向的、消极的领导方式，具有这种风格的领导会在公开场合否定、贬低、嘲笑甚至辱骂员工[197]，这种管理方式会使下属认为自己受到不公平待遇、自尊受到伤害，并且容易将上级视为组织的代言人，从而降低对组织的认同度。根据社会交换理论判定，遭受了上级的破坏性领导行为的下属，会采取减少对组织的有益行为或对组织采取有害的行为来应对上级的辱虐管理。Zeller（2002）证实了破坏性领导与组织公民行为负相关[223]，Mitchell 等（2007）[224]及 Thau 等（2009）[225]均通过研究证明破坏性领导会导致员工采取反生产行为报复上级或组织。

4. 组织在收入分配方面是否做到公平公正直接影响到员工的态度与行为

组织公民行为是员工自发的角色外行为，组织公正是个体产生组织公民行为动机的重要影响因素[208]。当员工感知到组织在分配结果或分配程序方面存在不公正时，对组织的认同度降低，工作满意度也增加，会通过降低工作投入以平衡不公平感，甚至会采取报复组织的行为以宣泄对组织不公正的不满意。Fassina 等（2008）通过实证研究证明了组织公正与组织公民行为显著相关[226]，Nasurdin 等（2014）也进一步证明了组织不公正与反生产行为显著正相关[227]。

通过以上分析，可推断职业高原、角色压力、家长式领导、破坏性领导、组织不公正对组织公民行为、反生产行为均存在直接影响作用，并且在本章第二节中通过理论分析已推断职业高原、角色压力、家长式领导、破坏性领导、组织不公正对工作疏离感具有影响作用。此外，在分析中，本书推断工作疏离感对组织公民行为和反生产行为也存在预测作用。综上所述，可知工作疏离感既受职业、角色、领导、组织因素等前因变量的影响，又因为自身对员工的行为产生作用，该变量起着一定的中介作用。已有文献证明了工作疏离感作为情感变量的中介作用。例如，林钲棽和陈威菖（1992）通过对中国台湾金融业从业人员的研究，发现工作疏离感在工作满意度、组织承诺与组织公民行为中起中介作用[228]；Mendoza 和 Lara（2007）对西班牙加那利群岛的中学老师进行调研，发现工作疏离感对个人—组织价值观匹配与组织公民行为间的关系起着中介作用[73]。基于此，本书提出下列假设：

H8：工作疏离感在职业高原、角色压力、家长式领导、破坏性领导、组织不公正与组织公民行为、反生产行为间均起着中介作用。

假设 H8 可分解为以下子假设：

H8a：工作疏离感在职业高原和组织公民行为间起中介作用。

H8b：工作疏离感在职业高原和反生产行为间起中介作用。

H8c：工作疏离感在角色压力和组织公民行为间起中介作用。

H8d：工作疏离感在角色压力和反生产行为行为间起中介作用。

H8e：工作疏离感在家长式领导与组织公民行为间起中介作用。

H8f：工作疏离感在家长式领导与反生产行为间起中介作用。

H8g：工作疏离感在破坏性领导与组织公民行为间起中介作用。

H8h：工作疏离感在破坏性领导与反生产行为间起中介作用。

H8i：工作疏离感在组织不公正与组织公民行为间起中介作用。

H8j：工作疏离感在组织不公正与反生产行为间起中介作用。

四、中国人传统性调节作用的理论与假设

1. 社会、文化及历史因素会影响或决定个体的心理与行为

中国社会不同于西方社会，中国人不同于西方人，因而适用于西方人的理论与方法未必适用于中国人，这是因为中国传统文化（儒家五伦思想）决定了中

国人具备不同于西方个体的心理、行为特点[229]。杨国枢是致力于本土化心理学研究的著名学者，他认为，现代社会含有不少传统社会的文化特征，受传统文化的影响，中国人在社会取向、价值观等方面所体现的心理特征即中国人传统性[229]。

2. 个人传统性不是一种单纯的心理特质，而是包含多种因素或成分

杨国枢通过罗列中国人在家庭生活、职业与工作、教育与学习、法律与政治、经济与消费、社交与休闲、宗教与信仰、性与两性关系八个内容范畴中的特点，编制了包含299条题项的个人传统性测量量表。利用因素分析方法，提取出了中国人传统性的五个主成分：遵从权威、孝亲敬祖、安分守成、男性优势、宿命自保[201]。遵从权威由于权力距离（Power Distance）内涵相似，成为最受关注、讨论最多的维度，而宿命自保维度与疏离感关系最强[230]，因此，本书选取遵从权威和宿命自保两个维度作为中国人传统性的衡量指标。遵从权威是指个体在各种角色关系与社会情境中应遵守、顾从、尊重及信赖权威。权威的种类很多，在不同的关系与情境下，可有不同类型的权威。在工作情境下，则体现为遵从上级、领导，遵守组织规范等；宿命自保包括宿命与自保两个方面。前者强调的是对命运与运气的相信，对外在环境因素的无奈，是一种外控的信念（External - Control Belief），后者强调的是因为这种外控信念的无力感而采取的明哲保身、少管闲事的行为。

樊景立通过实证研究发现，中国人传统性在组织公正与员工组织公民行为之间[212]、组织支持感与员工工作绩效之间均具有调节作用[231]；Hui（2004）指出，中国人传统性在领导部署关系与员工组织公民行为间起调节作用[232]；吴隆增等（2009）发现，当面对上级的破坏性领导行为时，高传统性员工较之低传统性员工而言，不太容易会降低对上级的信任，即传统性越高的员工，越较少因为上级的虐辱管理而产生负面心理[233]。彭正龙（2011）发现，中国人传统性对上下级交换关系与员工反生产行为具有调节作用[234]。由此可见，在中国情境的研究中，中国人传统性的强度会调节员工的心理感知和行为表现。

对于同一组织内的员工，由于传统性程度不同，在心理与行为的表现上会存在差异。高传统性的员工由于崇尚权威，信奉“上尊下卑”的角色关系与义务，对上级的命令、决策更易接受与服从；此外，中国传统文化讲求“谋事在人，成事在天”，这种相信命由天定的外控信念，使个体面对组织的不公正或现实与期望间的巨大差距时只会选择接受现实，很少流露不满或反抗。基于此，本书提出

以下假设：

H9：中国人传统性对职业高原、角色压力、家长式领导、破坏性领导、组织不公正等影响因素与工作疏离感间的关系起调节作用。

假设 H9 具体可分解为以下子假设：

H9a：中国人传统性在职业高原与工作疏离感的关系中起调节作用，即对于传统性高的知识员工而言，职业高原对工作疏离感的正向影响作用弱于传统性低的知识员工。

H9b：中国人传统性在角色压力与工作疏离感的关系中起调节作用，即对于传统性高的知识员工而言，角色压力对工作疏离感的正向影响作用弱于传统性低的知识员工。

H9c：中国人传统性在家长式领导与工作疏离感的关系中起调节作用，即对于传统性高的知识员工而言，家长式领导对工作疏离感的负向影响作用强于传统性低的知识员工。

H9d：中国人传统性在破坏性领导与工作疏离感的关系中起调节作用，即对于传统性高的知识员工而言，破坏性领导对工作疏离感的正向影响作用弱于传统性低的知识员工。

H9e：中国人传统性在组织不公正与工作疏离感的关系中起调节作用，即对于传统性高的知识员工而言，组织不公正对工作疏离感的正向影响作用弱于传统性低的知识员工。

五、组织支持调节作用的理论与假设

美国社会心理和组织行为学家罗伯特·艾森伯格（Robert Eisenberger，1986）最早提出了组织支持的概念，并将其定义为员工对组织是否重视其贡献、是否关注其幸福或利益的知觉与感受（Perceived Organizational Support，POS）[235]。Eisenberger 关注的是情感性支持（尊敬、认可、关注等），McMillin（1997）认为，还应考虑组织对员工的工具性支持，即组织对员工所提供的信息、物质和人员等方面的功能性支持[236]。工具性支持满足的是员工执行工作相关功能的低层次需求，情感支持有助于满足个体社会和心理的较高层次需求。

组织支持感的理论基础是社会交换理论，即人与人之间的关系本质上是一种物质或非物质的交换。当人们得到他人积极的、有利的对待时，也会以积极的对待回报给对方。中国传统文化讲究“投之以李，报之以桃”，其本质上就是一种人际交换的关系。当员工感受到组织重视自己的价值，愿意而且能够通过制度规范、薪酬待遇等给予员工努力工作的肯定，员工的物质和情感需求得到满足，因此，会产生以更加努力的工作回报组织的情感责任[237]。George 和 Brief（1992）发现，组织支持感可以激发员工的角色外行为，例如，建言行为、帮助组织规避风险、自我学习以获得有益于组织的知识和技能[238]；Moorman 等（1998）的研究进一步证明，员工对组织支持的感知会影响到其组织公民行为，感受到组织支持的员工更倾向于从事超越工作职责范围的、与正式奖惩没有直接联系的自发行为[239]。Eisenberge（1990）发现，组织支持感与缺勤率呈负向相关关系[240]，Aleen 等（2003）则发现，组织支持感会减少员工离职倾向及消极行为[241]。由此可以推断，组织支持感受水平不同的员工在组织公民行为、反生产行为方面的表现存在差异。本书已通过第三章研究明确了工作疏离感包含任务疏离、关系疏离、组织疏离、自我疏离和职业疏离，对于具有工作疏离感的员工而言，当他们感知到来自上级和同事的支持、感知到来自组织的关怀与帮助时，那么这种对工作的疏离感会在一定程度上得到缓解，因工作疏离感而产生的减少组织公民行为、增加反生产行为的可能性也会降低。基于此，本书提出以下假设：

H10：组织支持感对工作疏离感与组织公民行为、反生产行为间的关系起调节作用。

假设 H10 可分解为以下子假设：

H10a：组织支持感在工作疏离感与组织公民行为的关系中起调节作用，即对于组织支持感高的知识员工而言，工作疏离感对组织公民行为的负向影响作用弱于组织支持感低的知识员工。

H10b：组织支持感在工作疏离感与反生产行为的关系中起调节作用，即对于组织支持感高的知识员工而言，工作疏离感对反生产行为的正向影响作用弱于组织支持感低的知识员工。

通过本章第二节的分析与假设，职业高原、角色压力、领导风格与组织不公正是工作疏离感产生的前因变量，组织公民行为和反生产行为是工作疏离感的后果变量。职业高原与角色压力是个体面临的职业发展、角色平衡方面的困境，是个体对自我处境的感知；而领导风格与组织不公正是员工对上级、组织等客体特征的感知。因此，本书将职业高原、角色压力归为主体困境，领导风格和组织不公正归为客体特征。考虑到中国情境因素，主要探讨家长式领导与破坏性领导两种领导风格类型。基于以上分析与研究假设，本书构建出知识员工工作疏离感影响因素与行为效果的实证理论模型（见图5－1）。与通过扎根理论所得到的模型比较，变量间的关系更加明确，例如，工作家庭冲突归类至角色压力，工作疏离感的中介作用、中国人传统性和组织支持的调节作用也更直观。

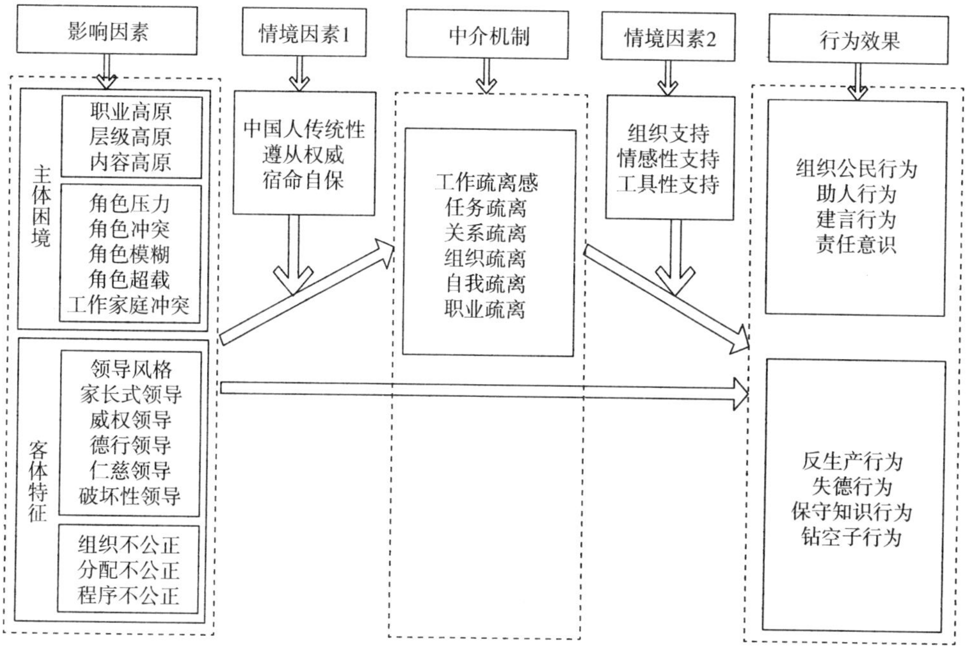

图5－1　知识员工工作疏离感的实证分析模型

第三节　测量工具与对象

从上一节所构建的理论模型中可以看出，本章研究共涉及十个变量。对这十个变量的测量是否科学，直接影响到实证研究的结果。除了知识员工工作疏离感的测量采用自编量表以外，其他九个变量的测量均采用权威文献中公开发表的成熟量表。凡为西方学者开发的量表，一律采用翻译—回译法，以保证测试情景的合理性与测试题目的准确性。具体操作步骤如下：

（1）通过广泛的文献阅读及比较研究，确定要使用的量表或量表中的某些题目，形成每个变量的原始量表。

（2）由一位企业管理专业的博士生将原始量表由英文翻译成中文，在翻译过程中可借鉴国内已被广泛认可的译文。

（3）由一位英语专业的博士生将翻译后的中文量表重新翻译为英文。

（4）汇总英文版原始量表、翻译后的中文量表及回译后的英文量表，由三名人力资源管理专业的博士生进行比较研究，对表述模糊或有歧义的题目进行讨论，并将讨论结果呈递给人力资源管理方向的资深教授，以确定最终的中文量表。

十个变量的测量题项均采用李克特五点量表，由1～5分别代表“完全不同意”“不太同意”“不确定”“比较同意”“完全同意”，对题项的表述认可程度由低到高递增。在十个变量中，有较多构念是负向的，例如，职业高原、角色压力、工作疏离感、组织不公正、反生产行为等。为避免被试者对这些负面情感或情绪的测量产生抵触、厌烦心理，在编写题项时尽量采用宜为接受的表述方式，规避过于偏激、夸张的言辞。由于整体问卷既包含被试者基本信息题目，还有十个变量的测试题目，若问卷过长、题目过多，会使被试者产生疲劳感和厌恶感，而影响其作答的真实度。所以在量表信度效度差别不大的情况下，本书尽量选择短型量表。

一、变量的操作性定义与测量

1. 角色压力

本书将角色压力的测量分为四个维度：角色冲突、角色模糊、角色超载及工作家庭冲突。其中角色冲突与角色模糊的测量采用Rizzo（1970）所编制的量表[242]。Rizzo（1970）最初编制的测量角色冲突与角色模糊的量表共包含30个题项，随着越来越多的学者关注角色压力的研究，该量表不断得到修正与精简，形成简化版的量表。本书从简化版量表中选取常用的7条，其中3条用来测量角色冲突，四条用来测量角色模糊。角色超载的测量采用Ivancevich和Matteson（1980）所编制量表中的角色负荷分量表，选取其中被广泛使用的3条题项[243]。工作家庭冲突的测量则采用Netemeyer（1996）所编制的量表，选取其中的4条题项，主要测量的是因工作所引致的对家庭的冲突[244]。

2. 职业高原

本书采用知觉测量方式对知识员工职业高原程度进行测量，将职业高原分为层级高原和内容高原两个维度。Milliman（1992）所编制的职业高原测量量表是最为广泛使用的量表，并在国内研究中也得到很好的验证[245-246]。因此，本书选用 Milliman（1992）量表中的 4 条题项，其中 2 条用来测量层级高原，2 条用来测量内容高原。

3. 工作疏离感

工作疏离感的测量采用本书自编的量表，共包含五个维度 20 条题项，任务疏离、关系疏离、组织疏离、自我疏离、职业疏离每个维度各包含 4 条题项。在第四章中，通过探索性因素分析及验证性因素分析，已证明了该量表的可靠性与一致性，信度与效度均良好。

4. 组织不公正

西方文献对组织公正的研究较多，也具有比较成熟的测量组织公正的量表，但并没有专门的测量组织不公正的量表。但从心理学和组织行为学的角度考虑，组织不公正和组织公正被视为一个问题的两极，因此，对组织公正的测量也就是对组织不公正的测量[201]。当个体对组织公正的感知程度较高时，也就意味着组织不公正程度低。基于以上分析，采用 Colquitt（2001）所编制的组织公正量表对组织不公正进行测量[247]。该量表中包含分配公正、程序公正、人际公正、信息公正四个维度，但分配公正与程序公正是信度和效度最高的两个维度，且在国内外研究中得到广泛应用，因此，本书分别从分配公正与程序公正两个维度中各选取 3 条题项，形成本书组织不公正测量量表。需要注意的是，在进行数据统计分析时，该量表的所有题项均需反向计分，因为题项是测量组织公正感知的正向题目，只有将这些题目反向计分方能测量出个体对组织不公正的感知程度。

5. 组织支持

组织支持的测量也采用知觉测量方式，以知识员工对来自组织的支持的感知达到测量组织支持的目的。该量表包含工具性支持与情感性支持两个维度。Eisenberger（1986）开发了组织支持感的单维量表，共包含 36 条题项[235]。由于该量表题项过多，学者常采用该量表的短型量表作为测量工作，并且短型量表的信度也得到了很好的证明[237]。本书选取 Eisenberger（1986）所编制量表中因子负荷较高且被广泛使用的 3 条题项，以测量情感性支持维度；选取 McMillin（1997）所编制量表中因子负荷较高的 3 条题项，用来测量工具性支持维度，整体量表共包含6个题项[236]。

6. 家长式领导

家长式领导的测量采用郑伯埙等（2000）开发的本土量表，包括威权领导、仁慈领导、德行领导三个维度[192]。从每个维度中各选取5条题项，形成包含15条题项的简短型家长式领导量表。

7. 破坏性领导

关于破坏性领导的测量，国内外大多数学者倾向于采用Tepper（2000）所编制的量表来实现[248]。该量表共包含15条题项，也被成功地实测于中国样本，并被证明具有很好的信度。考虑到题项数目过多，Mitchell和Ambrose（2007）对Tepper（2000）所编制的量表进行修订与完善，最终形成一个包含5个题项的简短型量表，内部一致性系数达到0.92，信度效果非常好[249]。鉴于整体问卷所涉及的构念数目较多，为避免被试者因题项过多而产生厌烦感或疲劳感，因此，采用Mitchell和Ambrose（2007）所修订的包含5条题项的简短型量表。

8. 中国人传统性

对中国人传统性的测量大多研究均采用杨国枢（1989）所编制的中国传统性量表，且信度与效度得到良好的验证[230]。该量表包含对中国人传统性的遵从权威、孝亲敬祖、安分守成、男性优势、宿命自保五个维度，每个维度各包含15条题项。杨国枢指出，在样本调查研究中，研究者可从简短式量表中自行抽取若干题目，作为问卷中的部分题目，形成自助餐式的超小型量表。因此，本书选取中国人传统性的遵从权威与宿命自保两个维度进行测量，并从各分量表中选取因子负荷较高的题项，其中遵从权威维度5条题项，宿命自保维度5条题项，整体量表共包含10个题项。

9. 组织公民行为

本书对组织公民行为的测量采用樊景立等（2007）所编制的量表，将组织公民行为划分为助人行为、建言行为与责任意识。该量表已被证明可以成功地应用于中国情境下的实证研究[231]。本书选取原始量表中助人行为的3条题项、建言行为的2条题项、责任意识的2条题项，汇总为包含3个维度7条题项的组织公民行为测量量表。

10. 反生产行为

知识员工的反生产行为区别于蓝领工人，而中国情境下的知识员工反生产行为更具有本土化特点。因此，对反生产行为的测量，采用彭贺（2011）所编制的量表[217]。该量表探索了中国情境下知识员工的反生产行为具体表现，共包含6个维度22条项目。出于本书的考虑，只选取失德行为、保守知识行为、钻空子行为三个维度，其中，失德行为选取因子负荷最高的3条，保守行为和钻空子行为各3条，整体量表共包含9条题项。

二、研究对象

本章研究的对象依然为知识员工，并通过学历与职业性质两个指标来进行知识员工与非知识员工的判定。个体必须同时满足学历和职业性质两个标准方可划定为知识员工，其所答问卷可作为样本数据。具体操作标准为：学历为专科及专科以上，从事职业性质为技术或管理类（即企事业管理人员、专业技术人员、业务人员、科研人员等）。

三、问卷的设计与发放

在确定变量的测量量表后，编制知识员工工作疏离感影响因素与作用机制的问卷。该问卷由六部分构成：第一部分为基本信息，主要考察被试者的性别、年龄、学历、工龄、单位类型、职业性质等人口统计学特征；第二部分为工作中的体验和感受，主要是考察被试者对角色压力、职业高原、工作疏离感的感知程度；第三部分是组织感知，考察被试者对组织公正性、组织支持的真实感受；第四部分为领导风格感知，考察被试者对直接上级主管的真实感受；第五部分为价值观，主要用于测量被试者的价值观、是非判断标准，考察被试者的中国人传统性程度；第六部分为行为或行为意愿，主要考察知识员工在工作中的组织公民行为和反生产行为情况。

问卷为匿名作答，仅作为学术研究使用，不会对被试者造成任何影响。问卷的发放主要采取两种方式：

1. 现场发放

现场发放主要通过两种渠道。一是依托学校资源，向在校的MBA、EMBA学生现场发放问卷。MBA、EMBA学员均具有较好的从业经验及学历水平，符合知识员工的标准；二是依托人脉资源，联系上海、江苏的3家企业的人力资源经理，向其企业中的管理人员、技术人员投放问卷。被试者被要求在15分钟内答完问卷，研究者当场回收。对于漏答题项超过3个、答案超过连续9个一样、作答时间超过15分钟的判为无效问卷。

2. 网络调查

依托互联网平台，在网站页面上设计好问卷，获取问卷的链接地址。将问卷链接地址通过 E－mail、微信、微博、腾讯等交流软件进行扩散，研究者可随时在管理后台观测到被试者的作答时间长度、IP 地址等信息，并下载问卷进行数据分析。从作答时间来看，被试者平均花费 5～8 分钟完成问卷，少于现场问卷的作答时间。由于在线平台会自动识别被试者有无漏答题项，当有漏答题项时被试者无法成功提交问卷。考虑到正常的阅读速度，将作答时间少于 3 分钟的问卷予以剔除，而作答时间超过 10 分钟的问卷，被试者有过于斟酌粉饰之嫌，也予以剔除。从 IP 地址信息来看，被试者分布面非常广泛，但以上海、北京、深圳、杭州等经济发达地区为主。通过实践证明，网络问卷调查覆盖面更广、回收率更高，也更利于数据资料的分析。

通过现场与网络调查两种方式，共回收了 880 份问卷。针对不同回收方式的无效问卷判别标准，对问卷进行筛选，共获得有效问卷 825 份。

四、数据处理分析技术

采用 SPSS 20.0 软件和 AMOS 20.0 对样本数据进行处理与统计分析。首先，采用 SPSS 20.0 软件对样本进行描述性统计分析，并检验各分量表的信度；其次，利用 AMOS 20.0 检验各量表的效度；最后，利用 SPSS 20.0 软件分析职业高原、角色压力、领导风格和组织不公正对工作疏离感的影响作用，工作疏离感对组织公民行为和反生产行为的影响作用，以及工作疏离感的中介作用；再检验中国人传统性对影响因素与工作疏离感间关系的调节作用、组织支持对工作疏离感和行为效果间的调节作用。

第四节　研究结果

一、样本描述

经过 SPSS 20.0 软件对 825 份有效样本进行处理后，其人口统计学特征如表 5－1 所示。

表 5 - 1 调查问卷的样本描述

基本信息	分类	人数（个）	百分比（%）
性别	男	424	51.39
	女	401	48.61
婚姻状况	未婚	403	48.85
	已婚	422	51.15
年龄	25 岁以下	145	17.57
	25 ~ 35 岁	418	50.67
	36 ~ 45 岁	178	21.58
	45 岁以上	84	10.18
最高学历	大专	46	5.58
	本科	421	51.03
	硕士	250	30.30
	博士	108	13.09
工龄	1 ~ 5 年	207	25.09
	6 ~ 10 年	244	29.58
	11 ~ 15 年	163	19.76
	16 ~ 20 年	136	16.48
	20 年以上	75	9.09
单位类型	国企	172	20.85
	私企	225	27.27
	三资企业	161	19.51
	政府及事业单位	130	15.76
	高校、科研机构	97	11.76
	其他	40	4.85
职业性质	管理人员	274	33.21
	技术人员	206	24.97
	教师、科研人员	110	13.33
	业务人员	177	21.46
	其他	58	7.03

在调查样本中，在性别方面，男性占 51.39%，女性占 48.61%，女性比例略低于男性；在婚姻状况方面，未婚人士占 48.85%，已婚人士占 51.15%，已

婚人士略高于未婚人士；在年龄方面，25 岁以下占 17.57%，25～35 岁占 50.67%，36～45 岁占 21.58%，45 岁以上占 10.18%，25～45 岁的员工比例最高，合计达到调查样本的 72.25%；在学历方面，大专占 5.58%，本科占 51.03%，硕士占 30.30%，博士占 13.09%，具有本科及本科以上学历员工占总数的 94.42%，说明测试对象的受教育程度较高，符合研究对象所界定的知识员工条件；从工作年限来看，74.91% 的员工工作时间超过了 5 年，能够保证测试对象对研究所涉及的组织行为领域相关概念有一定程度的感知；从工作单位性质来看，在国企单位工作的占 20.85%，私企员工占 27.27%，三资企业员工占 19.51%，政府、事业单位员工占 15.76%，高校、科研单位员工占 11.76%，其他类型的占 4.85%；在职业性质方面，管理人员占 33.21%，技术人员占 24.97%，教师、科研人员占 13.33%，业务人员占 21.46%，其他人员占 7.03%。

二、量表信度与效度检验

整体问卷共包含 10 个分量表，除了工作疏离感量表为自编以外，其他 9 个变量的量表（职业高原、角色压力、家长式领导、破坏性领导、组织不公正、中国人传统性、组织支持、组织公民行为、反生产行为）均来源于国内外成熟的、得到广泛使用的量表。但这些量表中有的开发于西方情境的组织中，在中国本土的文化情境中，这些量表是否仍具有可靠性与一致性？此外，对有些构念的测量并未采用原始的完整量表，而是节选重要维度进行测量，修订后的量表是否具有良好的建构效度？所估计的模型是否能够与抽样数据得到很好的契合？这些问题都需要通过信度与效度检验来进行判断。

1. 信度分析

采用内部一致性系数来检验各量表的信度，并选用 Cronbach's α 系数进行判断。陈晓萍、徐淑英和樊景立（2012）指出，在研究初期，由于测量的目的只是检验研究模型的可行性，出于时间和精力的考虑，量表信度达到 0.70 即可，但当进行具有应用性质的研究中，信度要求应该是 0.80 以上[141]。由于本书以推断变量因果关系为目的，为保证统计结论的效度，因此，对信度系数的要求是 0.80，而不是探索性研究中的 0.70。

经过 SPSS 20.0 软件的统计分析后，得出各量表的 Cronbach's α 均大于 0.8，表明在知识员工工作疏离感影响因素及行为效果的实证研究中，各量表的均具有良好的内部一致性，能够稳定地、精确地测量各构念，可以在后续的实证研究中继续使用。各量表的 Cronbach's α 如表 5－2 所示。

表 5－2　各量表的 Cronbach's α 系数

量表名称	职业高原	角色压力	家长式领导	破坏性领导	组织不公正	工作疏离感	组织公民行为	反生产行为	中国人传统性	组织支持
Cronbach's α	0.805	0.819	0.854	0.899	0.922	0.893	0.865	0.915	0.821	0.923

2. 效度分析

采用验证性因子分析，通过八种模型适配度检核指标来检验各量表模型的拟合优度。这八个指标分别为：GFI 值、AGFI 值、RMSEA 值、NFI 值、IFI 值、CFI 值、NC 值、PNFI 值，各量表的模型适配度指标汇总值如表 5－3 所示。

表 5－3　各量表的适配度检核指标值

类别 \ 指标	GFI 值	AGFI 值	RMSEA 值	NFI 值	IFI 值	CFI 值	NC 值	PNFI 值
职业高原	0.978	0.986	0.021	0.985	0.983	0.983	1.06	0.507
角色压力	0.931	0.907	0.052	0.904	0.915	0.914	3.083	0.686
家长式领导	0.919	0.902	0.044	0.919	0.939	0.938	3.840	0.761
破坏性领导	0.995	0.976	0.040	0.996	0.998	0.996	1.660	0.569
组织不公正	0.954	0.928	0.062	0.944	0.968	0.967	2.530	0.514
工作疏离感	0.909	0.906	0.061	0.905	0.921	0.920	2.528	0.709
组织公民行为	0.981	0.946	0.047	0.980	0.987	0.987	2.840	0.667
反生产行为	0.978	0.957	0.045	0.975	0.989	0.989	1.824	0.623
中国人传统性	0.965	0.934	0.051	0.932	0.957	0.956	2.561	0.061
组织支持	0.980	0.939	0.052	0.972	0.988	0.988	3.076	0.524

由表 5－3 内数值可知，职业高原、破坏性领导、组织不公正、工作疏离感、组织公民行为、反生产行为、中国人传统性七个量表的卡方自由度比值均小于 3，RMSEA 值均小于 0.05，PNFI 值均大于 0.5 以上，各个拟合指数均大于 0.9，证明这七个模型均具有非常高的外在质量。角色压力量表、家长式领导、组织支持的卡方自由度比值均介于 3～5，RMSEA 值均小于 0.05，PNFI 值均大于 0.5 以

上，各个拟合指数均大于0.9，证明这三个模型也均具有良好的外在质量。

3. 社会赞许性偏差的处理

由社会主流文化或社会价值规范所包含的，并被社会中绝大多数人称赞的意识或行为被称为社会赞许性（Social Desirability）[250]。在社会学科领域，当用问卷调查与量表测量方法收集个体的态度、行为等数据时，人们受社会赞许性影响，为了维护自尊、给人以好的印象，或为了避免惩罚与批评，而在答题时肯定自己拥有正向的特质，否认自己拥有不被赞许的态度或行为，这种现象会降低调研数据的真实性，从而出现社会赞许性偏差[251]。

由于涉及领导风格、组织不公正、角色压力、职业高原、反生产行为等负面的敏感话题，为了降低社会赞许性偏差并提高测量数据质量，本书采取如下方法：

（1）在问卷的指导语处说明本次问卷调查仅作学术使用，问卷为匿名作答，不会对被试者产生任何影响。

（2）对于现场发放的问卷，答题时间为15分钟，答题时间一到当场回收；对于通过网络在线填答的问卷，为避免答题者思考时间过长而更改自己真实感受，特将答题时间作为判断指标，答题时间超过10分钟的判为无效问卷。

（3）在测量题项的设计方面，尽量选择已经被相关研究证实有效的成熟量表，并在此基础上进行修改。在题项的语言描述上，力求使用客观词语来表达，避免明显的主观态度倾向对被访者造成影响。

（4）在测量题项的结构编排上，尽量将敏感性题目放在问卷的后面部分，并通过设计反向计分问题来判断和验证数据的真实性，以筛选有效的作答问卷。

4. 共同方法偏差的处理

共同方法偏差（Commen Method Biase）是指由于同样的数据来源或评分者、同样的测量环境、项目语境以及题项本身的特征所造成的预测变量与校标变量之间人为的共变[252]。这种共变是一种系统误差，可能会对研究结果造成影响并对结论有潜在的误导。由于被试者均为员工一方个体填写的问卷，因此，可能存在同源误差的问题，需要从统计方法进行同源误差的检验。

采用Harman单因子分析法对共同方法偏差进行检验。该方法的具体思路是，将所有变量加载到一起进行探索性因子分析，并检验未进行旋转的因子载荷，从而判断能够解释变量方差的因子数量[253]。如果因子分析产生单一的因子或者一个因子解释了测量题项之间协方差的大部分，那么就证明存在共同方法偏差。本书将问卷中的所有题项放在一起做因子分析，其中不进行旋转的第一个主成分就是共同方法偏差的量，如果这个量不占大多数，则共同方法偏差不足以影响研究结论。按照上述方法进行操作后，得出第一个主成分是12.23%，所占比例并不大，因此，证明本书的共同方法偏差不会对研究结论造成影响。

三、数据描述性统计分析

1. 知识员工工作疏离感的特征

（1）整体概况。使用SPSS 20.0软件计算知识员工工作疏离感的五个维度的最大值、最小值、平均值和标准差，数据如表5－4所示。

表5－4 知识员工工作疏离感的分值

	最小值	最大值	平均值	标准差
任务疏离	1	5	2.8079	0.95389
关系疏离	1	4	2.2094	0.75167
组织疏离	1	5	3.2081	0.75037
自我疏离	1	5	2.8516	0.97087
职业疏离	1	5	2.5573	0.78584
工作疏离感整体水平	1.1	4.8	2.7268	0.65197

根据李克特五点量表的标准判断，分数越高表示工作疏离感水平越高，而由表5－4内数据可知，中国知识员工的工作疏离感平均值为2.7268，得分超过3分的知识员工占总人数的38.25%，说明目前我国知识员工有接近2/5的员工具有较高的工作疏离感。而在工作疏离感的五个维度中，知识员工的组织疏离、自我疏离、任务疏离、职业疏离水平均高于中间值2.5，唯有关系疏离值低于中间值，且处于最低水平。也就是说，对于知识员工而言，组织疏离感最高，关系疏离感最低。这一现象产生的原因可能是：由于知识员工拥有知识资本，在组织中有很强的独立性和自主性，对组织的依赖度较之于蓝领工人而言较低，且随着网络技术的发展，越来越多的知识员工可以采用远程工作的方式完成任务，与组织的互动行为较少，因而对组织的归属感较低；但中国基于儒家文化的集体主义要求人们维持圈内人的和谐关系，人际关系的维护在人们工作、生活中占据着重要地位，员工对同事间关系、上下级关系的重视与维护使关系疏离感并不高。

（2）中国知识员工工作疏离感的人口统计学特征。在了解了中国知识员工工作疏离感的整体水平后，本书使用 SPSS 20.0 软件中的平均数差异检验（t 检验）与方差分析（ANOVA）技术，对知识员工的个人基本属性与工作疏离感的关系进行检验。性别、婚姻两个类别变量的分组水平数值小于3，因此，采用平均数差异检验法，而年龄、工龄、学历、工作单位类型及工作类型五个类别变量的分组水平数值大于3，则不能采用独立样本 t 检验，需用方差分析进行检验。

表5-5 显示，男性知识员工和女性知识员工的工作疏离感不存在显著差异，在任务疏离、关系疏离、组织疏离、自我疏离和职业疏离五个维度上均不存在显著差异。

表5-5　性别与知识员工工作疏离感关系的独立样本 t 检验

	男（均值）	女（均值）	p 值
工作疏离感	2.7100	2.7417	0.764
任务疏离	2.7153	2.8576	0.139
关系疏离	2.1855	2.2303	0.511
组织疏离	3.2316	3.1875	0.412
自我疏离	2.8592	2.8449	0.282
职业疏离	2.5224	2.5880	0.291

表5-6 显示，未婚知识员工与已婚知识员工的工作疏离感不存在显著差异，在任务疏离、关系疏离、组织疏离、自我疏离和职业疏离五个维度上也均不存在显著差异。

表5-6　婚姻与知识员工工作疏离感关系的独立样本 t 检验

	未婚（均值）	已婚（均值）	p 值
工作疏离感	2.7259	2.7277	0.850
任务疏离	2.7801	2.8326	0.198
关系疏离	2.2435	2.1791	0.337
组织疏离	3.1571	3.2535	0.906
自我疏离	2.8482	2.8547	0.117
职业疏离	2.6008	2.5186	0.327

表5－7显示，年龄不同的知识员工对工作疏离感的感知不存在显著差异，在任务疏离、关系疏离、组织疏离、自我疏离和职业疏离五个维度方面也均不存在显著差异。

表5－7　年龄与知识员工工作疏离感关系的独立样本t检验

	25岁以下（均值）	25～35岁（均值）	36～45岁（均值）	45岁以上（均值）	p值
工作疏离感	2.7571	2.7139	2.7530	2.7261	0.754
任务疏离	2.8464	2.7728	2.9200	2.8478	0.754
关系疏离	2.3071	2.1787	2.2700	2.1304	0.533
组织疏离	3.1071	3.1958	3.3550	3.3370	0.269
自我疏离	2.8571	2.8622	2.8540	2.7283	0.939
职业疏离	2.6679	2.5599	2.3750	2.5870	0.250

表5－8显示，不同学历程度的知识员工对工作疏离感的感知不存在显著差异，在关系疏离、组织疏离、自我疏离及职业疏离四个维度方面也均不存在显著差异，但在任务疏离方面存在显著差异。专科学历的知识员工的任务疏离程度显著高于本科、硕士及博士学历的知识员工，这可能与专科学历员工的知识结构、技术能力相关。

表5－8　学历与知识员工工作疏离感关系的独立样本t检验

	专科（均值）	本科（均值）	硕士（均值）	博士（均值）	p值
工作疏离感	2.7951	2.7172	2.6683	2.7921	0.504
任务疏离	4.0833	2.9139	2.7815	2.6889	0.009
关系疏离	2.2025	2.1837	2.2778	2.3553	0.161
组织疏离	3.2500	3.1880	3.2083	3.4211	0.548
自我疏离	3.0451	2.8685	2.6583	2.8684	0.171
职业疏离	2.5417	2.5641	2.5083	2.3684	0.631

表5－9显示，工作年限不同的知识员工对工作疏离感的感知不存在显著差异，在任务疏离、关系疏离、自我疏离及职业疏离四个维度方面也均不存在显著

差异，但在组织疏离方面存在显著差异。工作20年以上的知识员工的组织疏离程度显著高于1~5年、6~10年、11~15年、16~20年的知识员工。

表5-9　工龄与知识员工工作疏离感关系的独立样本t检验

	1~5年（均值）	6~10年（均值）	11~15年（均值）	16~20年（均值）	20年以上	p值
工作疏离感	2.6678	2.8283	2.6342	2.7268	2.8065	0.100
任务疏离	2.7404	2.8750	2.7534	2.7589	2.9077	0.495
关系疏离	2.0582	2.2173	2.2094	2.2153	2.2173	0.248
组织疏离	3.0589	3.2560	3.1199	3.1211	3.4018	0.001
自我疏离	2.7564	2.9402	2.8014	2.8691	2.9762	0.278
职业疏离	2.5557	2.6793	2.5083	2.5573	2.5298	0.263

表5-10显示，在不同类型单位工作的知识员工对工作疏离感的感知存在显著差异，在高校、科研机构工作的知识员工工作疏离感程度最高，在三资企业工作的知识员工工作疏离感程度最低。其中，高校、科研机构的知识员工对关系疏离的感知显著高于国企、私企、三资企业等单位的知识员工。

表5-10　单位类型与知识员工工作疏离感关系的独立样本t检验

	国企（均值）	私企（均值）	三资企业（均值）	政府及事业单位（均值）	高校、科研机构（均值）	其他（均值）	p值
工作疏离感	2.8491	2.6574	2.6028	2.7808	2.8522	2.5194	0.047
任务疏离	2.9042	2.7556	2.5764	2.8500	3.0938	2.5887	0.142
关系疏离	2.1425	2.2000	2.1181	2.3577	2.4141	2.0645	0.189
组织疏离	3.3832	3.0222	3.1042	3.3308	3.3516	3.1290	0.003
自我疏离	3.0841	2.7796	2.7639	2.8346	2.8203	2.5323	0.059
职业疏离	2.7313	2.5296	2.4514	2.5308	2.5313	2.2823	0.075

表5-11显示，职业性质不同的知识员工对工作疏离感的感知存在显著差异。业务人员的工作疏离感显著高于管理人员、技术人员和教师、科研人员。其中，业务人员对任务疏离和组织疏离的感知均显著高于其他类型知识员工。

表5-11　职业性质与知识员工工作疏离感关系的独立样本t检验

	管理人员（均值）	业务人员（均值）	教师、科研人员（均值）	业务人员（均值）	其他	p值
工作疏离感	2.6396	2.6953	2.7161	2.8590	2.6833	0.043
任务疏离	2.7339	2.7500	2.8059	2.9253	2.8504	0.015
关系疏离	2.1125	2.1655	2.2188	2.3435	2.2373	0.132
组织疏离	3.1482	3.1419	3.2321	3.4623	3.2581	0.003
自我疏离	2.7286	2.8986	2.8080	2.9383	2.8333	0.203
职业疏离	2.4750	2.5203	2.4955	2.6249	2.4583	0.133

由以上人口统计学特征的描述性分析可知，中国知识员工对工作疏离感的体验程度在性别、婚姻状态、年龄、学历、工龄方面均不存在显著差异，但在工作单位类型、职业性质方面存在显著差异。

2. 各变量描述统计分析与相关分析

表5-12中的数据显示了各变量的均值、方差及相关系数。

从均值来看，知识员工感受到的家长式领导较为普遍，但破坏性领导较少，且在工作中表现出了较高的组织公民行为和较低的反生产行为。另外，知识员工的工作疏离感、职业高原、角色压力、组织不公正感、组织支持感均高于中间值2.5，角色压力和组织不公正感尤为严重。值得注意的是，尽管知识员工受教育程度较高，但仍然具有较高的中国人传统性，传统文化对知识员工的影响同样存在。

从相关系数来看，各研究变量之间的相关系数绝对值均小于0.75，可以初步判断变量间不存在多重共线性问题①。工作疏离感与职业高原、角色压力、破坏性领导、组织不公正、反生产行为、中国人传统性、组织支持均存在显著正相关关系，与家长式领导、组织公民行为间存在显著的负相关关系。此外，职业高原、角色压力、破坏性领导、组织不公正均与组织公民行为显著正相关，与反生产行为显著负相关，家长式领导、组织支持均与组织公民行为显著正相关，与反

① 目前学术界关于多重共线性的判断值还未形成统一定论，本书采用学者Tsui（1995）所提出的建议值，即当变量间相关系数超过0.75时则多元变量间存在共线性问题。Tsui，A. S.，Ashford，S. J.. Clair. l. &Xin，K. R. Dealing with Discrepant Expectations：Respone Strategies and Managerial Dffectiveness［J］. Academy of Management Journal，1995（38）：1515-1543.

表 5 – 12　各变量的均值、方差及相关系数

变量名称	均值	标准差	1	2	3	4	5	6	7	8	9	10
1. 工作疏离感	2.7268	0.65197	1									
2. 职业高原	2.8055	0.81619	0.579**	1								
3. 角色压力	3.8093	0.53252	0.160**	−0.025	1							
4. 家长式领导	3.3325	0.53532	−0.207**	−0.244**	0.123*	1						
5. 破坏性领导	2.4655	0.97825	0.385**	0.207**	0.152**	−0.069	1					
6. 组织不公正	3.4076	0.93135	0.483**	0.381**	0.050	−0.384**	0.198**	1				
7. 组织公民行为	3.8737	0.64240	−0.334**	−0.163**	−0.195**	0.195**	−0.140**	−0.231**	1			
8. 反生产行为	2.3981	0.71243	0.346**	0.199**	0.130*	−0.160**	0.372**	0.113**	−0.286**	1		
9. 中国人传统性	3.4565	0.62858	0.403**	0.189**	0.205**	0.089	0.279**	0.178**	−0.069	0.302**	1	
10. 组织支持	3.0242	0.89306	0.601**	−0.476**	−0.170**	0.489**	−0.284**	−0.708**	0.240**	−0.169**	−0.207**	1

注：* 表示 $p<0.05$，** 表示 $p<0.01$，*** 表示 $p<0.001$。

生产行为显著负相关。

将各变量的相关关系与本书所构建的假设理论模型进行比较，符合变量间的关系假设，表明变量之间的同步变化具有统计学意义，适合做进一步的回归检验。但相关分析只能表明变量间是否存在关联，并不能揭示变量之间是否存在因果关系以及关系的强弱，仅仅是为研究变量间的因果关系夯实基础。因此，为了进一步验证变量之间的因果关系，需要对变量进行多元回归分析。

四、直接效应与中介效应的检验

本书在检验工作疏离感的直接效应和中介效应时，将性别、婚姻、年龄、学历、工龄、单位类型、职业性质等人口统计学特征变量作为控制变量，以避免以上变量对主要变量之间的直接效应与中介效应产生干扰作用。

1. 影响因素对工作疏离感的直接作用

通过表 5-13 回归分析的结果显示：职业高原、角色压力、破坏性领导和组织不公正对工作疏离感均存在显著的正向影响作用，回归系数分别为 0.470（$p<0.001$）、0.198（$p<0.001$）、0.245（$p<0.001$）、0.332（$p<0.001$），F 值均达到显著水平。家长式领导对工作疏离感具有显著的负向影响作用，回归系数为 -0.240（$p<0.001$），F 值达到显著水平。根据 ΔR^2 值判断可知，职业高原、角色压力、家长式领导、破坏性领导、组织不公正对工作疏离感的方差解释量分别为 31.9%、2.5%、3.7%、13%、21.7%，且均达到显著水平。由此可以判定，研究假设 H1、H2、H3、H4、H5 均得到验证。即职业高原、角色压力、家长式领导、破坏性领导、组织不公正均对工作疏离感存在显著的预测作用，具体来讲：当知识员工面临职业高原、角色压力等主体困境时会产生工作疏离感。当知识员工对客体领导和组织特征的感知也会影响到工作疏离感：当知识员工上级主管是破坏性领导风格时会导致下属产生工作疏离感，而上级主管的家长式领导风格会降低知识员工的工作疏离感；当知识员工感知到组织不公正时也会产生工作疏离感。从方差解释量的大小可知，职业高原、组织不公正是导致工作疏离感产生的最重要的两大因素，角色压力对工作疏离感的影响作用最小。

2. 工作疏离感对行为效果的直接作用

通过表 5-14 回归分析的结果显示：工作疏离感对知识员工的组织公民行为具有显著的负向影响作用，回归系数为 -0.344（$p<0.001$）；工作疏离感对知识员工的反生产行为具有显著的正向作用，回归系数为 0.415（$p<0.001$）。由此

可知，假设 H6 与假设 H7 均得到验证。具体来讲：工作疏离感作为负向情感状态，对知识员工在组织中的行为具有预测作用，即工作疏离感会抑制知识员工的组织公民行为，诱发反生产行为。

表 5-13　影响因素对工作疏离感的回归分析结果（N = 825）

变量	工作疏离感		
	β 系数	F	ΔR^2
自变量			
职业高原	0.470***	27.315***	0.319***
角色压力	0.198***	3.227***	0.025***
家长式领导	-0.240***	3.934***	0.037***
破坏性领导	0.245***	9.854***	0.130***
组织不公正	0.332***	16.820***	0.217***

注：* 表示 $p < 0.05$，** 表示 $p < 0.01$，*** 表示 $p < 0.001$。

表 5-14　工作疏离感对组织公民行为及反生产行为的回归分析结果（N = 825）

变量	组织公民行为		反生产行为	
	M_1	M_2	M_1	M_2
控制变量				
性别	0.002	0.005	-0.188	-0.192
婚姻	-0.046	-0.060	-0.068	-0.052
年龄	0.123**	0.100	-0.185	-0.157
学历	-0.118**	-0.118	0.004	0.004
工龄	0.071	0.101	0.034	-0.002
单位类型	0.006	-0.005	-0.028	-0.014
职业性质	-0.030**	-0.008	0.013	-0.013
自变量				
工作疏离感		-0.344***		0.415***
F	5.176***	12.464***	2.692***	9.713***
R^2	0.083	0.201	0.045	0.164
ΔR^2	0.083***	0.117***	0.045***	0.118***

注：* 表示 $p < 0.05$，** 表示 $p < 0.01$，*** 表示 $p < 0.001$。

3. 工作疏离感的中介作用检验

依据 Baron 与 Kenny（1986）的中介检验标准，中介作用存在必须满足以下四个条件：一是自变量对因变量存在显著影响；二是自变量对中介变量存在显著影响；三是中介变量对因变量存在显著影响；四是自变量与中介变量同时代入回归方程解释因变量时，若中介变量的作用显著而自变量的作用变得不显著，则为完全中介作用；若中介变量的作用显著而自变量的作用仍然显著，但自变量的作用减弱，则为部分中介作用[254]。

在中介作用的检验中，自变量和中介变量均为因变量的解释变量，因此，需进行多重共线性的检验。本书采用容忍度作为多重共线性的检验标准，容忍度值介于 0～1，当该值越接近 0 时越有共线性问题，越接近 1 时越证明不存在共线性问题[157]。

（1）工作疏离感对职业高原与组织公民行为、反生产行为的中介作用。当组织公民行为、反生产行为分别作为因变量时，职业高原与工作疏离感的多重共线性容忍度值分别为 0.921、0.964，表明职业高原与工作疏离感之间不存在多重共线性问题。

职业高原对工作疏离感的直接影响作用已在本章第四节的分析中得到验证，符合中介作用需满足的条件二，因此，还需要检验第一个、第三个和第四个条件。从表 5－15 中数据可知，职业高原对组织公民行为存在显著的负向影响作用（$\beta = -0.147$，$p < 0.001$），满足条件一。在引入工作疏离感作为中介变量后，职业高原对组织公民行为的影响作用明显下降，且不再显著（$\beta = -0.022$，$p > 0.05$），满足条件四的第一种情况。此外，工作疏离感对组织公民行为的影响系数为 -0.359（$p < 0.001$），达到显著水平，满足条件三。因此，可判定工作疏离感对职业高原和组织公民行为的中介作用为完全中介，假设 H8a 得到验证，假设 H8a 成立。

表 5－15 数据还显示，职业高原对反生产行为存在显著正向影响作用（$\beta = 0.145$，$p < 0.01$），满足条件一。当引入中介变量工作疏离感后，职业高原对反生产行为的影响作用下降（$\beta = 0.098$，$p < 0.01$），但影响作用仍然显著，满足条件四的第二种情况。工作疏离感对反生产行为的影响系数为 0.517（$p < 0.001$），达到显著水平，满足条件三。因此，我们可以判定职业高原对工作疏离感与反生产行为间起部分中介作用，假设 H8b 得到验证，假设 H8b 成立。

表 5-15 工作疏离感对职业高原和组织公民行为、反生产行为的中介作用检验结果（N=825）

变量	组织公民行为			反生产行为		
	M_1	M_2	M_3	M_1	M_2	M_3
控制变量						
性别	0.002	0.030	0.001	-0.188*	-0.207**	-0.165*
婚姻	-0.046	-0.073	-0.056	-0.068	-0.050	-0.074
年龄	0.123	0.135*	0.097	-0.185*	-0.193*	-0.139
学历	-0.118**	-0.124**	-0.117**	0.004	0.008	-0.002
工龄	0.071	0.096*	0.099*	0.034	0.018	0.013
单位类型	0.006	0.001	-0.005	-0.028	-0.025	-0.016
职业性质	-0.030	-0.022	-0.009	0.013	0.008	-0.011
自变量						
职业高原		-0.147***	-0.022		0.145**	0.098**
中介变量						
工作疏离感			-0.359***			0.517***
F	5.176***	6.474***	11.085***	2.692**	2.897**	9.535***
R^2	0.083	0.115	0.201	0.045	0.055	0.178
ΔR^2	0.083***	0.032***	0.086***	0.045**	0.010**	0.123***

注：*表示 $p<0.05$，**表示 $p<0.01$，***表示 $p<0.001$。

（2）工作疏离感对角色压力与组织公民行为、反生产行为的中介作用。当组织公民行为、反生产行为分别作为因变量时，角色压力与工作疏离感的多重共线性容忍度值分别为 0.961、0.964，表明角色压力与工作疏离感之间不存在多重共线性问题。

角色压力对工作疏离感的直接影响作用也已在本章第四节的分析中得到验证，符合中介作用需满足的条件二。从表 5-16 的数据可知，角色压力对组织公民行为存在显著负向影响作用（$\beta=-0.167$，$p<0.01$），对反生产行为存在显著正向影响作用（$\beta=0.153$，$p<0.01$），满足条件一。工作疏离感对组织公民行为的影响系数为 -0.366（$p<0.001$），对反生产行为的影响系数为 0.422（$p<0.001$），均达到显著水平，满足条件三。当引入中介变量工作疏离感后，角色压力对组织公民行为的负向影响作用减弱至 -0.094（$p<0.01$），对反生产行为的

正向影响也减弱至 0.101（$p<0.01$），但影响作用仍然显著，符合条件四的第二种情况。因此，可知工作疏离感在角色压力与组织公民、反生产行为间的关系中均起着部分中介作用。据此判定假设 H8c 和假设 H8d 得到验证，假设 H8c 和假设 H8d 均成立。

表 5－16　工作疏离感对角色压力和组织公民行为、反生产行为的中介作用检验结果（N＝825）

变量	组织公民行为			反生产行为		
	M_1	M_2	M_3	M_1	M_2	M_3
控制变量						
性别	0.002	－0.118*	0.034	－0.188*	－0.183*	－0.201**
婚姻	－0.046	0.071	－0.067	－0.068	－0.070	－0.049
年龄	0.123	0.006	0.108	－0.185*	－0.184*	－0.160*
学历	－0.118**	－0.030	－0.114**	0.004	0.005	0.002
工龄	0.071	3.617	0.094*	0.034	0.032	0.000
单位类型	0.006	0.019	－0.010	－0.028	－0.029	－0.013
职业性质	－0.030	－0.050	－0.009	0.013	0.013	－0.013
自变量						
角色压力		－0.167**	－0.094**		0.153**	0.101**
中介变量						
工作疏离感			－0.366***			0.422***
F	5.176***	4.868***	12.309***	2.692**	2.373**	8.689***
R^2	0.083	0.129	0.189	0.045	0.096	0.165
ΔR^2	0.083***	0.046***	0.060***	0.045**	0.051**	0.069***

注：* 表示 $p<0.05$，** 表示 $p<0.01$，*** 表示 $p<0.001$。

（3）工作疏离感对家长式领导与组织公民行为、反生产行为的中介作用。当组织公民行为、反生产行为分别作为因变量时，家长式领导与工作疏离感的多重共线性容忍度值分别为 0.965、0.964，表明家长式领导与工作疏离感之间不存在多重共线性问题。

在本章第四节的直接效应检验中，结果显示家长式领导对工作疏离感具有显著的负向影响作用，即自变量对中介变量存在显著影响，满足条件二。表 5－17

数据显示，家长式领导对组织公民行为具有显著的正向影响作用（β =0.257，$p<0.001$），对反生产行为具有显著的负向影响作用（β = -0.253，$p<0.001$），满足中介作用的条件一。工作疏离感对组织公民行为存在显著的负向影响作用（β = -0.314，$p<0.001$），对反生产行为存在显著的正向影响作用（β =0.456，$p<0.001$），满足条件三。在引入工作疏离感作为中介变量进入回归方程后，家长式领导对组织公民行为的正向影响作用下降至0.182（$p<0.001$），对反生产行为的负向影响作用减弱至 -0.143（$p<0.05$），但影响作用仍然显著，满足条件四的第二种情况。因此，工作疏离感对家长式领导与组织公民行为、反生产行为间均起着部分中介作用。据此，我们判定假设 H8e 和假设 H8f 均得到验证，假设 H8e 和假设 H8f 成立。

表 5-17　工作疏离感对家长式领导和组织公民行为、反生产行为的中介作用检验结果（N =825）

变量	组织公民行为			反生产行为		
	M_1	M_2	M_3	M_1	M_2	M_3
控制变量						
性别	0.002	0.026	0.022	-0.188*	-0.175*	-0.169*
婚姻	-0.046	-0.065	-0.072	-0.068	-0.079	-0.069
年龄	0.123	0.138*	0.112	-0.185*	-0.177*	-0.140*
学历	-0.118**	-0.104	-0.108**	0.004	0.012	0.018
工龄	0.071	0.085*	0.108**	0.034	0.042	0.008
单位类型	0.006	0.006	-0.005	-0.028	-0.028	-0.014
职业性质	-0.030	-0.022	-0.005	0.013	0.017	-0.008
自变量						
家长式领导		0.257***	0.182***		-0.253***	-0.143*
中介变量						
工作疏离感			-0.314***			0.456***
F	5.176***	7.275***	12.563***	2.692**	2.873**	10.465***
R^2	0.083	0.128	0.222	0.045	0.055	0.010
ΔR^2	0.083***	0.044***	0.094***	0.045**	0.192**	0.137***

注：*表示 $p<0.05$，**表示 $p<0.01$，***表示 $p<0.001$。

（4）工作疏离感对破坏性领导与组织公民行为、反生产行为的中介作用。当组织公民行为、反生产行为分别作为因变量时，破坏性领导与工作疏离感的多重共线性容忍度值分别为0.957、0.964，表明破坏性领导与工作疏离感之间不存在多重共线性问题。

在本章第四节的直接效应检验中，破坏性领导对工作疏离感的正向影响作用已得到验证，符合中介作用的条件二。从表5－18中可知，破坏性领导作为自变量，对组织公民行为和反生产行为两个因变量均存在显著的影响作用，其中，破坏性领导显著负向影响组织公民行为（$\beta=-0.145$，$p<0.01$），破坏性领导显著正向影响反生产行为（$\beta=0.300$，$p<0.001$），满足条件一。从工作疏离感对组织公民行为（$\beta=-0.368$，$p<0.001$）和反生产行为（$\beta=0.290$，$p<0.001$）的影响系数来看，中介变量对因变量的显著作用也成立，满足条件三。当引入工作疏离感进入回归方程后，破坏性领导对组织公民行为的影响作用被减弱（$\beta=-0.085$，$p<0.01$）、对反生产行为的影响作用也被减弱（$\beta=0.229$，$p<0.001$），但自变量对因变量的影响作用仍然显著，满足条件四的第二种情况。因此，工作疏离感对破坏性领导与组织公民、反生产行为间的关系均存在部分中介作用。据此，可以判定研究假设H8g和假设H8h得到验证，假设H8g和假设H8h均成立。

表5－18　工作疏离感对破坏性领导和组织公民行为、反生产行为的中介作用结果（N＝825）

变量	组织公民行为			反生产行为		
	M_1	M_2	M_3	M_1	M_2	M_3
控制变量						
性别	0.002	－0.003	0.010	－0.188*	－0.156*	－0.166*
婚姻	－0.046	－0.050	－0.057	－0.068	－0.043	－0.038
年龄	0.123	0.122	0.100	－0.185*	－0.176*	－0.158*
学历	－0.118**	－0.120**	－0.116	0.004	0.017	0.014
工龄	0.071	0.078	0.097*	0.034	－0.009	－0.024
单位类型	0.006	0.003	－0.003	－0.028	－0.008	－0.003
职业性质	－0.030	－0.027	－0.010	0.013	－0.007	－0.021

续表

变量	组织公民行为			反生产行为		
	M_1	M_2	M_3	M_1	M_2	M_3
自变量						
破坏性领导		-0.145**	-0.085**		0.300***	0.229***
中介变量						
工作疏离感			-0.368***			0.290***
F	5.176***	4.790***	11.319***	2.692**	11.170***	13.410***
R^2	0.083	0.168	0.245	0.045	0.184	0.234
ΔR^2	0.083***	0.085***	0.77***	0.045**	0.139***	0.050***

注：*表示 $p<0.05$，**表示 $p<0.01$，***表示 $p<0.001$。

（5）工作疏离感对组织不公正与组织公民行为、反生产行为的中介作用。当组织公民行为、反生产行为分别作为因变量时，组织不公正与工作疏离感的多重共线性容忍度值分别为0.966、0.964，表明组织不公正与工作疏离感之间不存在多重共线性问题。

根据表5-19显示，组织不公正对组织公民行为存在显著负向作用（$\beta=-0.165$，$p<0.001$），对反生产行为存在显著正向作用（$\beta=0.253$，$p<0.001$），满足自变量对因变量作用显著的条件一。组织不公正对中介变量工作疏离感的显著正向作用也已在上一小节中得到验证，条件二成立。从工作疏离感对组织公民行为（$\beta=-0.299$，$p<0.001$）、反生产行为（$\beta=0.516$，$p<0.001$）的影响系数来看，中介作用对因变量的显著作用也存在，条件三成立。当引入工作疏离感作为中介变量后，组织不公正对组织公民行为（$\beta=-0.086$，$p<0.01$）、反生产行为（$\beta=0.149$，$p<0.001$）的影响均下降，但影响作用仍然显著，满足条件四的第二种情况。据此，可以判定工作疏离感对组织不公正与组织公民行为、反生产行为之间起着部分中介作用，假设H8i和假设H8j得到验证，假设H8i和假设H8j均成立。

通过以上中介效应的检验，工作疏离感在职业高原与组织公民行为间起完全中介作用，在职业高原与反生产行为间起部分中介作用；工作疏离感在角色压力与组织公民行为、反生产行为间均起部分中介作用；工作疏离感在家长式领导与组织公民行为、反生产行为间均起部分中介作用；工作疏离感在破坏性领导与组织公民行为、反生产行为间均起部分中介作用；工作疏离感在组织不公正与组织公民行为、反生产行为间均起部分中介作用。由此可知，关于工作疏离感的中介作用假设均成立，假设 H8 成立。

表 5-19 工作疏离感对组织不公正和组织公民行为、反生产行为的中介作用结果（N=825）

变量	组织公民行为			反生产行为		
	M_1	M_2	M_3	M_1	M_2	M_3
控制变量						
性别	0.002	0.032	0.017	-0.188*	-0.192*	-0.166*
婚姻	-0.046	-0.045	-0.057	-0.068	-0.068	-0.047
年龄	0.123	0.117	0.101	-0.185*	-0.184*	-0.156*
学历	-0.118**	-0.102*	-0.112*	0.004	0.002	0.018
工龄	0.071	0.088*	0.104*	0.034	0.032	0.004
单位类型	0.006	-005	-0.006	-0.028	-0.027	-0.017
职业性质	-0.030	-0.019	-0.007	0.013	0.011	-0.009
自变量						
组织不公正		-0.165***	-0.086**		0.253***	0.149***
中介变量						
工作疏离感			-0.299***			0.516***
F	5.176***	7.992***	11.523***	2.692**	2.389**	10.168***
R^2	0.083	0.139	0.208	0.045	0.106	0.188
ΔR^2	0.083***	0.055***	0.069***	0.045**	0.061**	0.82***

注：*表示 $p<0.05$，**表示 $p<0.01$，***表示 $p<0.001$。

五、调节效应的检验

调节变量 M 是影响自变量 X 与因变量 Y 的作用关系的方向和大小的变量，即 X 与 Y 的关系受到第三个变量 M 的影响。其中，M 与 X、Y 的关系可以显著或不显著[255]。调节作用可分为增强型和干扰型两种，所谓增强型调节作用是指随着 M 的增大，X 对 Y 的影响越来越强，而干扰型调节作用是指随着 M 的增大，X 对 Y 的影响逐渐减弱[255]。

本书在考察中国人传统性的调节效应前，为减小回归方程中变量的多重共线性问题，首先，对所有变量进行中心化处理（Aiken & West，1991）[256]。具体操作步骤参考刘军（2008）的检验调节效应的方法[257]：第一步，将控制变量引入回归方程构建模型1（M_1）；第二步，将自变量引入回归方程构建模型2（M_2）；第三步，将调节变量引入回归方程构建模型3（M_3）；第四步，将自变量和调节变量的交互项引入回归方程构建模型4（M_4）。在每一步骤中，分别对回归系数、R^2 和 F 值进行检验，判断其显著性。中国人传统性的调节作用是否显著通过交互项的回归系数来判断，当交互项的回归系数显著不为0时，则表明中国人传统性的调节作用存在，而调节作用的类型则通过主效应和交互效应的系数值进行判断。

此外，在调节效应的检验中，自变量、调节变量、自变量与调节变量的交互项都是因变量的解释变量，因此，需要对多重共线性问题进行检验。

1. 中国人传统性的调节作用

（1）中国人传统性对职业高原与工作疏离感关系的调节作用。由层级回归模型运算结果可知，职业高原、中国人传统性、职业高原与中国人传统性交互项的多重共线性容忍度值分别为0.921、0.938、0.971，表明它们之间不存在多重共线性问题。

由表5-20中可以看出，模型1（M_1）和模型2（M_2）为共有模型，分别检验控制变量与自变量职业高原对工作疏离感的影响；模型3（M_3）增加了调节变量中国人传统性，模型4（M_4）增加了调节变量与自变量的交互项，以检验中国人传统性的调节作用。由模型3（M_3）可以看出，中国人传统性对工作疏离感起显著的正向影响作用（$\beta=0.324$，$p<0.001$），$\Delta R^2=0.091$，表明当中国人传统性被引入回归方程时，比职业高原增加了9.1%的方差解释量；模型4中的回归系数则显示中国人传统性与角色压力的交互项作用并不显著（$\beta=-0.031$，$p>0.05$，$\Delta R^2=0.001$），回归系数仅比模型3（M_3）增加了0.1%的方差解释量，几乎可以忽略不计。这表明，中国人传统性对职业高原与工作疏离感关系的调节作用并不显著，因此，假设H9a未得到验证，假设H9a不成立。

（2）中国人传统性对角色压力与工作疏离感关系的调节作用。由层级回归模型运算结果可知，角色压力、中国人传统性、角色压力与中国人传统性交互项的多重共线性容忍度值分别为0.961、0.935、0.906，表明它们之间不存在多重共线性问题。

表 5－20　中国人传统性对职业高原与工作疏离感关系的调节作用检验结果（N＝825）

变量	工作疏离感			
	M_1	M_2	M_3	M_4
控制变量				
性别	0.009	－0.080	－0.035	－0.037
婚姻	－0.040	0.047	0.034	0.036
年龄	－0.067	－0.104	－0.095	－0.092
学历	0.001	0.019	0.018	0.019
工龄	0.086	0.008	－0.008	－0.009
单位类型	－0.033	－0.017	－0.010	－0.010
职业性质	0.063**	0.037	0.039	0.038
自变量				
职业高原		0.470***	0.424***	0.426***
调节变量				
中国人传统性			0.324***	0.321***
交互效应				
职业高原×中国人传统性				－0.031
F	2.125*	27.315***	35.483***	31.946***
R^2	0.036	0.355	0.446	0.447
ΔR^2	0.036*	0.319***	0.091***	0.001

注：*表示 $p<0.05$，**表示 $p<0.01$，***表示 $p<0.001$。

由表 5－21 中的模型 3（M_3）可以看出，中国人传统性对工作疏离感起显著的正向影响作用（$\beta=0.416$，$p<0.001$），$\Delta R^2=0.142$，表明当中国人传统性被引入回归方程时，比角色压力增加了 14.2% 的方差解释量；但模型 4（M_4）却显示中国人传统性与角色压力的交互项并不显著（$\beta=-0.101$，$p>0.05$），$\Delta R^2=0.004$，表明只比模型 3（M_3）增加了 0.4% 的方差解释量，未达到显著水平。这表明中国人传统性在角色压力与工作疏离感的正向关系中的调节作用并不显著，假设 H9b 未得到验证，假设 H9b 不成立。

表5-21　中国人传统性对角色压力与工作疏离感关系的调节作用检验结果（N=825）

变量	工作疏离感			
	M_1	M_2	M_3	M_4
控制变量				
性别	0.009	0.043	0.073	0.067
婚姻	-0.040	-0.048	-0.049	-0.052
年龄	-0.067	-0.056	-0.054	-0.063
学历	0.001	0.006	0.005	0.000
工龄	0.086	0.076	0.051	0.059
单位类型	-0.033	-0.038	-0.025	-0.026
职业性质	0.063**	0.060**	0.061***	0.062
自变量				
角色压力		0.198***	0.114*	0.106*
调节变量				
中国人传统性			0.416***	0.404***
交互效应				
角色压力×中国人传统性				-0.101
F	2.125*	3.227***	11.183***	10.299***
R^2	0.036	0.061	0.203	0.207
ΔR^2	0.036*	0.025***	0.142***	0.004

注：*表示 $p<0.05$，**表示 $p<0.01$，***表示 $p<0.001$。

（3）中国人传统性对家长式领导与工作疏离感关系的调节作用。由层级回归模型运算结果可知，家长式领导、中国人传统性、家长式领导与中国人传统性交互项的多重共线性容忍度值分别为0.965、0.962、0.927，表明它们之间不存在多重共线性问题。

由表5-22中的模型3（M_3）可以看出，中国人传统性对工作疏离感起显著的正向影响作用（$\beta=0.444$，$p<0.001$），$\Delta R^2=0.152$，表明当中国人传统性被引入回归方程时，比家长式领导的方差解释量增加了15.2%；模型4（M_4）则显示中国人传统性与家长式领导的交互项作用达到显著水平（$\beta=-0.149$，$p<0.01$，$\Delta R^2=0.074$），交互项系数为负且比模型3（M_3）增加了7.4%的方差解释量。这表明中国人传统性在家长式领导与工作疏离感的负向关系中起加强型调

节作用，即当知识员工传统性高时，家长式领导对工作疏离感的负向影响强于低传统型知识员工。也就是说，传统性越高的知识员工，越容易因家长式领导而减少工作疏离感。因此，中国人传统性对家长式领导与工作疏离感之间的关系起着显著调节作用，假设 H9c 成立。

表 5－22　中国人传统性对家长式领导与工作疏离感关系的调节作用检验结果（N＝825）

变量	工作疏离感			
	M_1	M_2	M_3	M_4
控制变量				
性别	0.009	－0.013	0.032	0.035
婚姻	－0.040	－0.022	－0.023	－0.010
年龄	－0.067	－0.081	－0.076	－0.068
学历	0.001	－0.012	－0.013	－0.015
工龄	0.086	0.073	0.038	0.032
单位类型	－0.033	－0.032	－0.020	－0.019
职业性质	0.063 **	0.055 **	0.053 **	0.052
自变量				
家长式领导		－0.240 ***	－0.289 ***	－0.310 ***
调节变量				
中国人传统性			0.444 ***	0.428 ***
交互效应				
家长式领导 × 中国人传统性				－0.149 **
F	2.125 *	3.227 ***	11.183 ***	10.299 ***
R^2	0.036	0.061	0.213	0.287
ΔR^2	0.36 *	0.025 ***	0.152 ***	0.074 ***

注：* 表示 $p<0.05$，** 表示 $p<0.01$，*** 表示 $p<0.001$。

在确定了中国人传统性对家长式领导与工作疏离感关系的调节作用后，需进一步分析中国人传统性的调节作用模式。为更清晰地判断高传统性员工与低传统性员工因家长式领导而产生的工作疏离感体验的差别，分别以高于调节变量中国人传统性均值的一个标准差和低于均值的一个标准差为基准，将测量样本划分为两个组别，然后对两组分别进行回归分析，并绘制调节效应图。图 5－2 中两条曲线斜率不同且呈明显的交叉趋势，表明中国人传统性的调节效应确实存在，进一步验证了假设 H9c。调节变量的具体作用模式为：对于两组知识员工而言，虽然传统性程度不同，但家长式领导与工作疏离感均呈负向关系，即知识员工所感知到的家长式领导程度越高，则越有助于降低工作疏离感。但对于高传统性员工而言，家长式领导与工作疏离感的回归曲线的斜率绝对值明显大于低传统性员工，这表明高传统性员工因家长式领导而降低工作疏离感的程度强于低传统性员工，中国人传统性为加强型调节变量，调节了家长式领导对工作疏离感负向作用的大小，但并未调节作用方向。

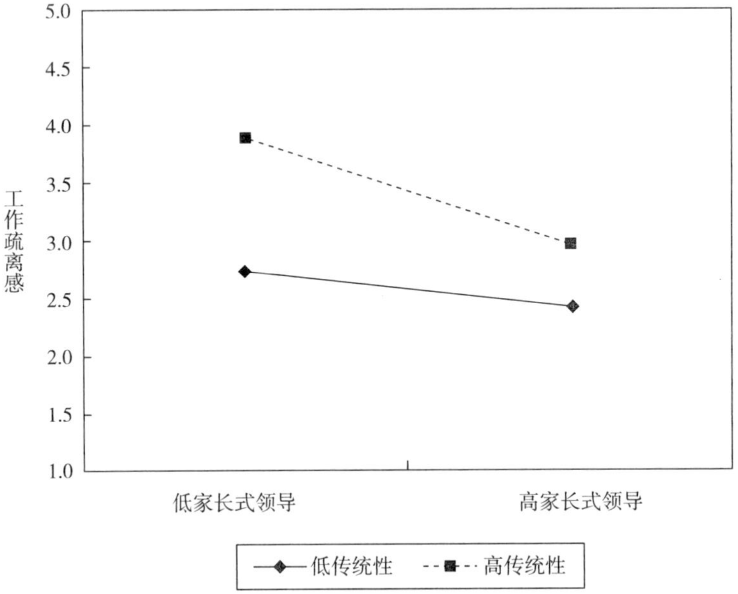

图 5－2 不同传统性的员工家长式领导对工作疏离感影响的差别

（4）中国人传统性对破坏性领导与工作疏离感关系的调节作用。由层级回归模型运算结果可知，破坏性领导、中国人传统性、破坏性领导与中国人传统性交互项的多重共线性容忍度值分别为 0.957、0.903、0.945，表明它们之间不存在多重共线性问题。

由表 5－23 中的模型 3（M_3）可以看出，中国人传统性对工作疏离感起显著的正向影响作用（$\beta = 0.345$，$p < 0.001$），$\Delta R^2 = 0.100$，表明当中国人传统性被

引入回归方程时，比破坏性领导的方差解释量增加了10%；模型4则显示中国人传统性与破坏性领导的交互项作用达到显著水平（$\beta = -0.112$，$p < 0.001$，$\Delta R^2 = 0.070$），回归系数为负，而且比模型3（M_3）增加了7%的方差解释量。这表明中国人传统性在破坏性领导与工作疏离感的正向关系中起干扰型调节作用，即知识员工传统性高时，破坏性领导对工作疏离感的正向影响弱于低传统性员工。也就是说，传统性越高的知识员工，越不容易因破坏性领导而增加工作疏离感，而传统性低的知识员工，越容易因为破坏性领导而诱发工作疏离感。因此，中国人传统性对破坏性领导与工作疏离感之间的关系起着显著调节作用，假设H9d成立。

表5-23 中国人传统性对破坏性领导与工作疏离感关系的调节作用检验结果（N=825）

变量	工作疏离感			
	M_1	M_2	M_3	M_4
控制变量				
性别	0.009	0.035	0.067	0.066
婚姻	-0.040	-0.020	-0.029	-0.027
年龄	-0.067	-0.059	-0.055	-0.056
学历	0.001	0.012	0.010	0.008
工龄	0.086	0.051	0.034	0.034
单位类型	-0.033	-0.017	-0.011	-0.011
职业性质	0.063**	0.046*	0.049**	0.049**
自变量				
破坏性领导		0.245***	0.187***	0.165***
调节变量				
中国人传统性			0.345***	0.237***
交互效应				
破坏性领导×中国人传统性				-0.112***
F	2.125*	9.854***	15.911***	14.297***
R^2	0.036	0.166	0.266	0.336
ΔR^2	0.036*	0.130***	0.100***	0.070***

注：*表示 $p<0.05$，**表示 $p<0.01$，***表示 $p<0.001$。

在确定中国人传统性对破坏性领导与工作疏离感关系的调节作用后，需进一步分析中国人传统性的调节作用模式。以高于调节变量中国人传统性均值的一个标准差和低于均值的一个标准差为基准，将测量样本划分为两个组别，然后对两组分别进行回归分析，并绘制调节效应图。图5－3中两条曲线斜率不同且呈明显的交叉趋势，表明中国人传统性的调节效应确实存在，进一步验证了假设H9d。调节变量的具体作用模式为：对于两组知识员工而言，虽然传统性程度不同，但破坏性领导与工作疏离感均呈正向关系，即知识员工所感知到的破坏性领导程度越高，则工作疏离感体验值越高。但对于高传统性员工而言，破坏性领导与工作疏离感的回归曲线的斜率绝对值明显小于低传性员工，这表明高传统性员工因破坏性领导而增加工作疏离感的程度弱于低传统性员工，中国人传统性为干扰型调节变量，调节了破坏性领导对工作疏离感负向作用的大小，但并未调节作用方向。

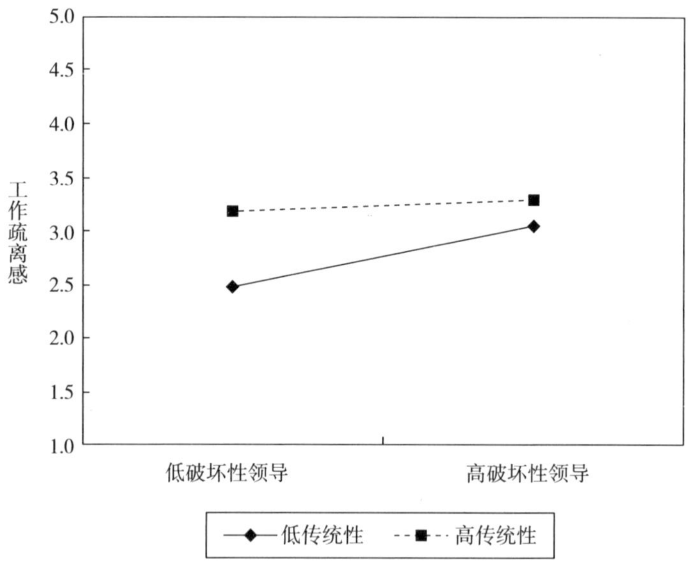

图5－3　不同传统性的员工破坏性领导对工作疏离感影响的差别

（5）中国人传统性对组织不公正与工作疏离感关系的调节作用。由层级回归模型运算结果可知，组织不公正、中国人传统性、组织不公正与中国人传统性交互项的多重共线性容忍度值分别为0.966、0.938、0.951，表明它们之间不存在多重共线性问题。

由表5－24中的模型3（M_3）可以看出，中国人传统性对工作疏离感起显著的正向影响作用（$\beta = 0.343$，$p < 0.001$），$\Delta R^2 = 0.102$，表明当中国人传统性被

引入回归方程时，比组织不公正的方差解释量增加了10.2%；模型4（M_4）则显示中国人传统性与组织不公正的交互项作用达到显著水平（β = −0.152，p<0.001，$\Delta R^2=0.084$），回归系数为负，而且比模型3（M_3）增加了8.4%的方差解释量。这表明中国人传统性在组织不公正与工作疏离感的正向关系中起干扰型调节作用，即对于传统性高的知识员工而言，组织不公正对工作疏离感的正向影响弱于传统性低的知识员工。也就是说，传统性越高的知识员工，越不容易因组织不公正而增加工作疏离感，传统性低的知识员工，越容易因为组织不公正而诱发工作疏离感。因此，中国人传统性对组织不公正与工作疏离感之间的关系起着显著调节作用，假设H9e成立。

表5－24　中国人传统性对组织不公正与工作疏离感关系的调节作用检验结果（N=825）

变量	工作疏离感			
	M_1	M_2	M_3	M_4
控制变量				
性别	0.009	−0.051	−0.005	−0.005
婚姻	−0.040	−0.042	−0.046	−0.039
年龄	−0.067	−0.055	−0.051	−0.044
学历	0.001	−0.031	−0.026	−0.026
工龄	0.086	0.054	0.033	0.030
单位类型	−0.033	−0.020	−0.013	−0.012
职业性质	0.063**	0.040*	0.043**	0.042**
自变量				
组织不公正		0.332***	0.290***	0.204***
调节变量				
中国人传统性			0.343***	0.333***
交互效应				
组织不公正×中国人传统性				−0.152***
F	2.125*	16.820***	24.272***	22.092***
R^2	0.036	0.203	0.305	0.389
ΔR^2	0.036*	0.167***	0.102***	0.084***

注：*表示p<0.05，**表示p<0.01，***表示p<0.001。

在确定了中国人传统性对组织不公正与工作疏离感关系存在调节作用后，采取分组回归的方法进一步分析中国人传统性的调节作用模式。图 5－4 中两条曲线斜率不同且呈明显的交叉趋势，表明中国人传统性的调节效应确实存在，进一步验证了假设 H9e。调节变量的具体作用模式为：对于两组知识员工而言，虽然传统性程度不同，但组织不公正与工作疏离感均呈正向关系，即知识员工所感知到的组织不公正程度越高，工作疏离感体验值就越高。但对于高传统性员工而言，组织不公正与工作疏离感的回归曲线的斜率绝对值明显小于低传性员工，这表明高传统性员工因组织不公正而增加工作疏离感的程度弱于低传统性员工，中国人传统性为干扰型调节变量，调节了破坏性领导对工作疏离感负向作用的大小，但并未调节作用方向。

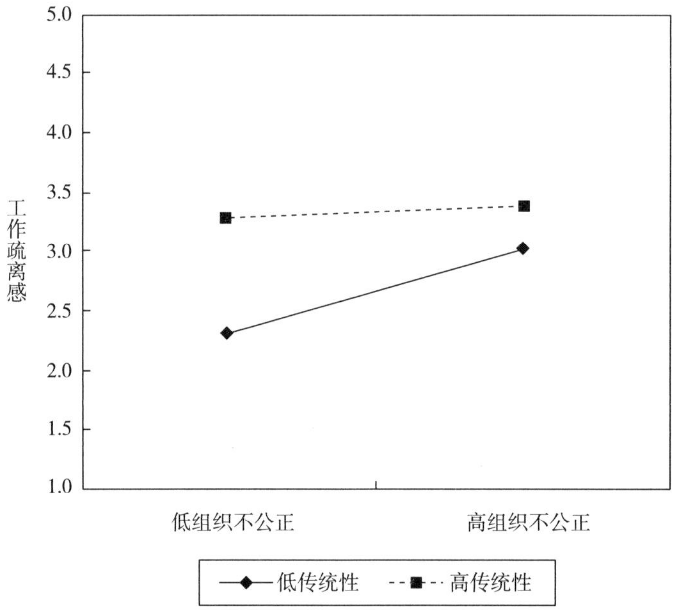

图 5－4　不同传统性的员工组织不公正对工作疏离感影响的差别

通过对中国人传统性的调节效应的检验与分析，本研究发现子假设 H9c、假设 H9d、假设 H9e 均成立，而子假设 H9a 与 H9b 不成立，所以综合而言，假设 H9 部分成立。

2. 组织支持的调节作用

在检验了中国人传统性对影响因素和工作疏离感间的调节作用后，将对组织支持在工作疏离感与组织公民行为、反生产行为间的调节作用进行检验。由层级回归模型运算结果可知，工作疏离感、组织支持、工作疏离感与组织支持交互项的多重共线性容忍度值分别为0.964、0.935、0.970，表明它们之间不存在多重共线性问题。

同上一小节中的检验步骤一样：将组织公民行为作为因变量，分别将控制变量、自变量、调节变量、调节变量和自变量的交互项引入回归方程，利用层级回归分析方法，对组织支持的调节作用进行分析。反生产行为作为因变量的调节作用检验同理。

表5-25中的数据显示，在模型3（M_3）和模型4（M_4）中，调节变量组织支持对因变量组织公民行为的影响作用均不显著，回归系数分别为0.073（$p>0.05$）、0.072（$p>0.05$），工作疏离感与组织支持的交互项作用也不显著（$\beta=-0.036$，$p>0.05$），$\Delta R^2=0.004$也未达到显著水平。由此可判定，组织支持对工作疏离感与组织公民行为间的关系并不存在调节作用，假设H10a不成立。

表5-25 组织支持的调节作用检验结果（N=825）

变量	组织公民行为				反生产行为			
	M_1	M_2	M_3	M_4	M_1	M_2	M_3	M_4
控制变量								
性别	0.002	0.005	0.016	0.013	-0.188*	-0.192**	-0.168*	-0.147*
婚姻	-0.046	-0.060	-0.064	-0.069	-0.068	-0.052	-0.061	-0.025
年龄	0.123	0.100	0.102	0.099	-0.185*	-0.157*	-0.153*	-0.133
学历	-0.118**	-0.118**	-0.116**	-0.117**	0.004	0.004	0.008	0.016
工龄	0.071	0.101*	0.108**	0.110***	0.034	-0.002	0.013	0.001
单位类型	0.006	-0.005	-0.005	-0.006	-0.028	-0.014	-0.015	-0.010
职业性质	-0.030	-0.008	-0.005	-0.004	0.013	-0.013	-0.005	-0.009
自变量								
工作疏离感		-0.344***	-0.285***	-0.286***		0.545***	0.540***	0.415***
调节变量								
组织支持			0.073	0.072			-0.164***	-0.157***
交互效应								
工作疏离感×组织支持				-0.036				-0.234***

续表

变量	组织公民行为				反生产行为			
	M_1	M_2	M_3	M_4	M_1	M_2	M_3	M_4
F	2.125*	3.227***	11.183***	10.29***	2.692**	9.713***	9.906***	11.392***
R^2	0.036	0.061	0.203	0.207	0.045	0.134	0.194	0.234
ΔR^2	0.036*	0.025***	0.142***	0.004	0.045**	0.89***	0.060**	0.040***

注：*表示 $p<0.05$，**表示 $p<0.01$，***表示 $p<0.001$。

在组织支持对工作疏离感与反生产行为关系的检验结果中，可以看到组织支持在模型3（M_3）中对反生产行为具有显著负向影响作用（$\beta=-0.164$，$p<0.001$），$\Delta R^2=0.060$，表明当引入调节变量组织支持时，比工作疏离感对反生产行为的方差解释量增加了6%。此外，工作疏离感与组织支持感交互项对反生产行为的影响作用显著（$\beta=-0.234$，$p<0.001$），$\Delta R^2=0.040$也达到显著水平。因此，可以判定组织支持对工作疏离感与反生产行为间的正向关系起干扰型调节作用，即对于组织支持感高的知识员工而言，工作疏离感与反生产行为间的正向关系弱于组织支持感低的知识员工。也就是说，高组织支持感的知识员工越不容易因为工作疏离感而采取反生产行为，而低组织支持感的知识员工更倾向于因工作疏离感而诱发反生产行为。假设H10b得到验证，假设H10b成立。

既然中国人传统对工作疏离感与反生产行为间的关系具有调节作用，需进一步分析调节的作用模式。工作疏离感与反生产行为均为连续型变量，因此，采取分组回归的方法，以高于组织支持感均值的一个标准差和低于均值的一个标准差为基准，将测量样本划分为两个组别，然后对两组分别进行回归分析，并绘制调节效应图。调节效应图可以清楚地显示在调节变量的不同水平上，自变量与因变量关系的大致趋势有何不同。图5-5中两条曲线斜率不同且明显交叉，表明组织支持感的调节效应确实存在，进一步验证了假设H10b。调节变量的具体作用模式为：对于两组知识员工而言，虽然对组织支持的感知不同，但工作疏离感与反生产行为均呈正向关系，即知识员工所体验到的工作疏离感程度越高，反生产行为就越高。但对于具有高组织支持感的员工而言，工作疏离感与反生产行为的回归曲线的斜率绝对值明显小于低组织支持感员工，这表明高组织支持感员工因工作疏离感而增加反生产行为的程度弱于低组织支持感员工，尽管组织支持为干扰型调节变量，调节了工作疏离感对反生产行为正向作用的大小，但并未调节作用方向。

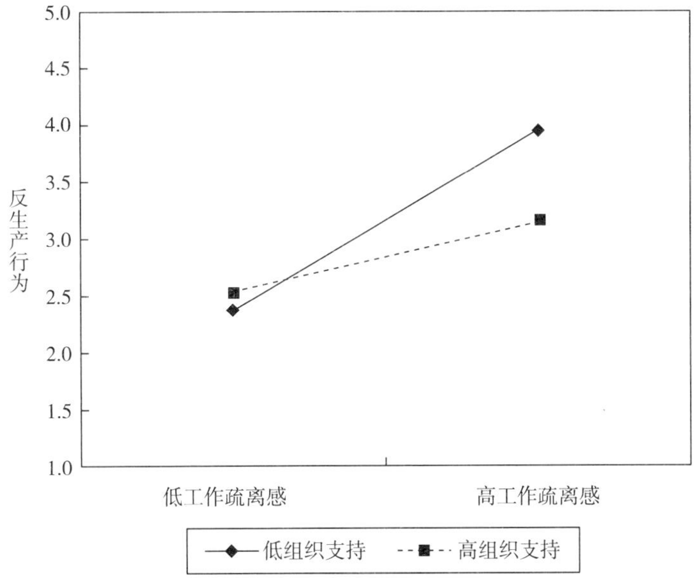

图 5－5　组织支持感的调节作用模式

通过对组织支持感调节效应的检验与分析，发现子假设 H10a 不成立，子假设 H10b 成立，因此，假设 H10 部分成立。

六、假设汇总

本书共包含 10 个假设，其中假设 H8、假设 H9、假设 H10 包含子假设。假设 H1～H7 为直接效应的假设，假设 H8 为中介效应的假设，假设 H9、假设 H10 为调节效应的假设。通过实证研究对这些假设进行检验，假设的验证结果汇总如表 5－26 所示。

表 5－26　假设检验结果汇总

假设	假设描述	结果
H1	职业高原对工作疏离感具有正向影响作用	成立
H2	角色压力对工作疏离感具有正向影响作用	成立
H3	家长式领导对工作疏离感具有负向影响作用	成立
H4	破坏性领导对工作疏离感具有正向影响作用	成立

续表

假设	假设描述	结果
H5	组织不公正对工作疏离感具有正向影响作用	成立
H6	工作疏离感对组织公民行为具有负向影响作用	成立
H7	工作疏离感对反生产行为具有正向影响作用	成立
H8	工作疏离感在影响因素与组织公民行为、反生产行为间起中介作用	成立
H8a	工作疏离感在职业高原和组织公民行为间起中介作用	成立
H8b	工作疏离感在职业高原和反生产行为间起中介作用	成立
H8c	工作疏离感在角色压力和组织公民行为间起中介作用	成立
H8d	工作疏离感在角色压力和反生产行为间起中介作用	成立
H8e	工作疏离感在家长式领导与组织公民行为间起中介作用	成立
H8f	工作疏离感在家长式领导与反生产行为间起中介作用	成立
H8g	工作疏离感在破坏性领导与组织公民行为间起中介作用	成立
H8h	工作疏离感在破坏性领导与反生产行为间起中介作用	成立
H8i	工作疏离感在组织不公正与组织公民行为间起中介作用	成立
H8j	工作疏离感在组织不公正与反生产行为间起中介作用	成立
H9	中国人传统性在影响因素与工作疏离感之间起调节作用	部分成立
H9a	中国人传统性在职业高原与工作疏离感的关系中起调节作用	不成立
H9b	中国人传统性在角色压力与工作疏离感的关系中起调节作用	不成立
H9c	中国人传统性在家长式领导与工作疏离感的关系中起调节作用	成立
H9d	中国人传统性在破坏性领导与工作疏离感的关系中起调节作用	成立
H9e	中国人传统性在组织不公正与工作疏离感的关系中起调节作用	成立
H10	组织支持感在工作疏离感与组织公民行为、反生产行为间起调节作用	部分成立
H10a	组织支持感在工作疏离感与组织公民行为的关系中起调节作用	不成立
H10b	组织支持感在工作疏离感与反生产行为的关系中起调节作用	成立

第五节　结果分析与讨论

本章针对中国知识员工工作疏离感的影响因素及行为效果的关系模型共提出10个假设，其中大部分假设是本书首次提出，少部分假设已有学者进行过验证。

关于这少部分已有验证的假设，多是基于西方文化背景，并不一定适用于中国的文化背景，研究结果有的存在差异，以下是针对研究结果进行的分析与讨论。

一、影响因素对工作疏离感的直接作用

在本章中所构建的实证模型中，假设职业高原、角色压力、家长式领导、破坏性领导和组织不公正都会影响到知识员工的工作疏离感。经过验证，这些假设均成立。

1. 职业高原与工作疏离感的关系

加拿大学者弗朗西斯·赫瑞比（2000）在对知识员工的一系列研究中，指出知识员工较之非知识员工具有更强的成就动机，具有较高的需求层次，更加注重自身价值的实现，并强烈期望得到社会的认可[258]。这也就使知识员工特别重视职业发展，包括在组织中获得较好的职位、得到升迁，不断更新知识，以便能够接受更有挑战性、创造性的工作等。但当知识员工感知到在组织内被提拔的机会渺茫，或当前工作无法进一步发展其知识技能时，心理落差与失望情绪会随之产生。其内部发生机制可以利用期望理论来解释。Vroom（1964）在其《期望理论》中指出：个体的动机取决于主体对行动结果的价值评价和其对应的期望值的乘积，个体对行动结果的价值评价越高，期望值越大，那么个体行为动机就越强，如果期望值为零，主体就会缺乏行动的动机与被激励的力量[259]。对于知识员工而言，职业发展的重要性不言而喻，个体对职业发展的评估价值也很高，但当遭遇职业高原时，个体自知获得职业发展的可能性非常小，这就使他们为职业发展做出努力的动机下降。动机的下降有多种的行为表现形式，例如，缺勤、怠工、离职、抱怨等。Lang（1985）对通过专业技术人员和年轻管理人员的研究发现，越是毕业于名校的、社会经济地位越高的专业人员，越容易因为个人价值无法实现而产生自我疏离、职业疏离和人际疏离[17]。

职业高原期持续时间越久，对知识员工的负面影响越大[181]。Miller（1967）指出，对于科学家、工程师等知识型员工而言，组织中专业氛围的缺乏会导致其产生疏离感[18]。Wilensky（1969）证明了职业发展的停滞是导致员工产生工作疏离感的重要因素[41]。Kirsch 和 Lengermann（1971）发现，晋升希望的渺茫会引致白领员工的自我疏离[122]。本书通过质性研究发现，工作疏离感体现在任务疏离、关系疏离、组织疏离、自我疏离与职业疏离五个方面。而遭遇结构高原的员工往往出现负面情绪与行为，对工作不再有热情，抱着得过且过的应付心理完成

工作任务，这正是对任务的疏离。另外，知识员工的内容高原更加倾向于专业高原[260]，若知识员工无法从所从事的工作中获得新的专业技能或经验，就会产生较低的职业满意度，对职业的发展前景及职业的意义会产生质疑，职业认同度较低，从而产生职业疏离。

2. 角色压力与工作疏离感的关系

个体在生活、工作中扮演着多重角色，而角色压力来自角色扮演者无法实现或不能很好地实现角色期望。角色期望则是指个体扮演角色的行为符合社会、组织、团体、他人的期待与要求[261]。由于知识员工普遍受过高等教育，在获得知识生产力的过程中投入了高于非知识型员工的经济成本和时间成本，这就使社会、家庭、组织等对其赋予了较高的角色期望。例如，一些父母希望子女能够事业有成，上级认为知识型下属应该更好地完成任务等。当知识员工感知到自己无法满足角色期望时，就会产生角色压力。

首先，知识型员工的工作任务的结构化较低，不像一线操作工人所从事的流水线工作一样，工作内容的变化、增加或重新定位会导致其产生角色模糊；其次，知识型员工拥有较强的独立性和自主性，强调自我管理和自我引导，不喜欢受制于人，更不希望有其他人的干预，倾向于拥有一个自主的工作环境[258]，来自组织和自我不一致的角色期待会导致角色冲突的产生。角色超载也是知识员工角色压力的重要来源之一。当今经济的快速发展，无论管理人员、技术人员、业务人员还是科研人员都承担着繁重的工作任务，白领加班、出差现象非常普遍。当员工感知到任务超过了自己可以负荷的状态，就会产生任务型压力。在有限的时间与精力约束下，任务型压力会使知识型员工不得不重新分配自己的资源，将一部分本该给予家庭的精力与时间转移至工作中，工作家庭的冲突给知识员工带来巨大的压力[262]。Burke（1988）的研究也证明了工作家庭冲突水平越高，员工对工作的疏离程度也越高、工作满意度越低[263]。来自角色冲突和角色模糊的角色压力也会引致工作倦怠，导致员工情绪耗竭、去人格化（Depersonalization）和缺乏个人成就感[264]。所谓去人格化是指员工对与工作相关的人和事情抱有消极的态度并且刻意远离，例如，对工作漠不关心、刻意疏远同事，这都与工作疏离感的意义相近。

组织对分工的不明确、规章制度的不明晰、工作流程的不完善、多头领导、任务过重、家庭需求得不到满足等均会导致知识员工产生角色压力。这种角色压力会导致知识员工采取消极工作、漠视组织、疏远同事等行为以寻求压力的释放。

3. 家长式领导对工作疏离感的影响

西方关于领导风格对工作疏离感的影响多集中在交易型领导和变革型领导，而本书致力于探讨中国文化情境下的工作疏离感作用机制。家长式领导是根植于中国传统文化的特殊领导风格，有别于西方的交易型领导和变革型领导风格。家长式领导主要体现在仁慈领导、德行领导及威权领导三个方面[191]。仁慈领导除关心员工的工作任务之外，还像下属的家长一般关心员工的生活、福利水平及个人成长和发展，并且认为自己有义务帮助下属解决困难或实现下属的个人目标。领导给予下属的这种关心和帮助，有助于员工感受到来自上级的关怀及组织的重视，对组织的融入度与归属感随之增加。领导的嘘寒问暖、家长般的关怀也有助于降低员工的人际孤独感，不至于产生关系疏离。对于上级的关心与帮助，下属会以高承诺、忠诚和认同作为回报，期望以更努力的工作、更好的工作业绩“报答”家长般的领导[195]。而这种对工作的高投入、对组织的高承诺均有助于减少员工的任务疏离与组织疏离。

德行领导是指领导具有较高的道德水平、良好的个人品质，公正无私、以身作则，能为下属树立良好的为人处世的榜样。下属对德行领导有较高的信任感，而信任感会有助于工作疏离感的降低[72]。此外，上级的公正无私有助于营造公平的组织氛围，大家不会因为争夺利益而相互倾轧、使绊子，不需要曲意逢迎上级，个体与上级的关系、与同事的关系、与组织的关系相对和谐，这些都有助于减少关系疏离与组织疏离的产生。

但需要注意的是，家长式领导除了在具备家长般的关怀与仁慈之外，还讲求纪律与权威，不允许下属挑战自己的领导权威，并且严密监视下属的任务执行情况，即威权领导。知识员工注重工作的自主性与自由化，更加依赖自身的专业知识和技能，而不是崇尚权威。因此，威权领导容易滋生知识员工的抵触心理，从而减少与上级的交往，或降低组织卷入度以寻求心理的安全距离，进而产生工作疏离感。Ramaswami（1993）的研究也证明，上级对下属的专治会增加员工的工作疏离感[114]。

通过以上分析可知，家长式领导中的仁慈领导和德行领导有助于减少工作疏离感，而威权领导反而容易滋生下属的工作疏离感，它们之间的作用容易冲突，容易相互抵消。因此，家长式对工作疏离感的作用方向取决于领导的哪种特质更显著。在本书中，家长式领导对工作疏离感具有显著的负向影响作用，说明知识员工所感知到的家长式领导更多地属于仁慈领导和德行领导。

4. 破坏性领导对工作疏离感的影响

顾名思义，破坏性领导是一种消极的、负面的领导风格。上级对下级的破坏性领导方式有多种体现方式，例如，虐辱管理、暴君行为、威逼行为等。其中虐辱管理是指下属所感知到的上级主管持续表现出的语言或非语言敌意行为，例如，当员工没有完成任务时被领导对其进行严厉的训斥、取笑下属、辱骂下属、否定打击下属等，但并不包含身体上的侵犯[233]。辱虐管理会对下属的心理态度和行为造成十分消极的影响，导致上级与下属间的关系紧张，引致下属产生巨大的工作压力[265]。知识员工注重自我价值的实现，期望被组织、上级认可，并且追求平等、自由的工作环境。上级的否定与消极论调容易使知识员工感到沮丧、挫败，为避免受到上级的敌对行为，他们会尽量避免和领导接触，可以远离上级，从而造成关系疏离。另外，领导的辱虐行为会降低员工对领导的信任度[233]，而上级往往被视为组织的代言人，知识员工对上级的不满会移情到组织上，组织认同度下降，从而引致组织疏离。

Ashforsh（1994）指出，暴君型领导会变幻无常地、也许是出于报复地利用自己的权力和权威[137]，这种领导风格会伤害员工的自尊，导致下属的反抗行为以及工作疏离感。因为暴君型领导对下属的过度操控、霸道武断以及惩罚行为，会破坏下属对工作、对组织的心理依恋，从而采取身体或心理上的退缩行为，例如，远离工作场所、远离组织、心理上与组织隔离，不再关心组织的利益与发展。因此，在专治、独裁的组织中，知识员工往往采取不作为、漠不关心的方式对待工作，具有较高的工作疏离感[116]。

5. 组织不公正与工作疏离感的关系

本书主要分析了分配不公正与程序不公正两种类型。公平理论认为，员工的工作动机不仅受其所获得报酬的绝对值的影响，而且还受到报酬相对值的影响，即员工会将自己所得与自己的付出、与别人所得相比较而得出自己所得是否公平的判断。当个体感觉自己所获报酬与自己的努力付出不匹配，或低于别人的所得，就会产生分配不公正感。此外，员工除了关心分配结果是否公平之外，还关心企业的分配过程是否公平，即员工是否获得关于分配决策的发言权[266]。员工对分配制度的制定、执行的质疑和不满即为程序不公正。知识员工的工作主要是脑力劳动，劳动过程往往具有无形性，工作流程不确定较高，团队合作比较普遍，劳动成果很难进行明确的区分，使组织对知识员工的绩效考核存在难度，这就容易导致知识员工的分配不公正感。当分配不公正感产生后，个体会首先想到去确定分配的程序是否公平。若关于结果分配的决策不公平，会诱发员工的负面情绪或行为，当员工认为自己遭受了不公正对待时会产生疏离感和愤怒[267]。

此外，员工无法参与分配决策的制定也会产生较高的疏离感[268]，因为如果员工在组织进行结果分配的过程中没有发言权，就会通过消极对抗行为来消除这种不公正感[269]。感受到组织分配不公正的员工会产生被组织孤立、被社会孤立的感觉。同样，在组织制定结果分配的决策时没有考虑员工的需要、观点，员工会产生无力感，因为自己无法影响到结果分配决策的制定。而无力感与被孤立感都被西方学者认为是工作疏离感的具体体现[9]。

二、工作疏离感对行为效果的直接作用

1. 工作疏离感与组织公民行为的关系

本书通过假设检验，发现工作疏离感显著负向影响知识员工的组织公民行为。这与已有文献的研究结论一致[228]，这说明无论知识员工还是非知识员工，工作疏离感对其组织公民行为都起到抑制作用。这可能与个体对组织的承诺下降有关系。已有研究证明，工作疏离感会降低员工对组织的承诺[48,145]，而组织承诺是员工随着对组织投入的增加而产生的一种甘愿全身心地参加组织各项工作的心理，它表现为员工对组织的情感承诺和持续承诺。情感承诺是指员工被卷入组织、参与组织社会交往的程度，是一种对组织积极的、肯定的心理倾向；持续承诺则是员工基于付出与回报的考量而继续留在组织内的一种承诺[270]。组织承诺是一种驱动力，促使员工表现出一系列的行为。由于遭受工作疏离感的知识员工对组织承诺的降低，会减少工作投入、降低组织参与度，因此，敬业度下降，倾向于采取不作为、退缩行为。组织公民行为是员工自发的、自愿的行为，而因工作疏离感降低组织承诺的员工，恰恰缺乏了这样一种进行组织公民行为的驱动力。

根据本书的实证研究，发现工作疏离感对知识员工的助人行为、建言行为及责任意识三个方面均有抑制作用。在扎根访谈中有丰富的资料可以证明，遭受工作疏离感的知识员工面对需要帮助的同事，他们往往坐视不管，不会积极主动帮助同事克服困难；对组织采取冷漠、疏远的态度，不会向组织积极建言；明明知道同事工作中的纰漏也不会提醒；不会牺牲休息时间去积极主动解决同事的困难以帮助实现组织目标。

2. 工作疏离感与反生产行为的关系

反生产行为是多种对组织利益具有破坏作用的行为的组合。以往的研究大多探讨的是工作疏离感对员工酗酒、怠工、打砸机器等显性的、恶劣行为的影响。而知识员工的反生行为具有隐秘性特点，不易察觉，但对组织利益的损害程度却不容忽视。工作疏离感会导致员工的工作满意度下降[94]，甚至还会产生对生活的不满意[126]。工作不满意和生活不满意感的增加会诱使员工采取对抗组织、损害组织利益等反生产行为来排遣内心的不满，从而达到心理平衡。

本书中主要探讨的是工作疏离感对知识员工失德行为、保守知识行为和钻空子行为的影响，这三种行为都是中国情境下知识员工反生产行为的具体表现[217]。虽然研究结果显示工作疏离感显著正向影响知识员工的反生产行为，但通过访谈发现，遭受工作疏离感的知识员工并没有明显地采取失德行为的倾向，其反生产行为主要体现在保守知识行为和钻空子行为两个维度。中国传统的道德观教育强调“君子当洁身自好”“君子爱财取之有道”，因此，虽然对工作有疏离感，知识员工并不大会采取逾越其道德底线的行为，例如，出卖公司重要信息以获取个人利益、窃取他人成果等。但知识、专业技能是知识员工安身立命的核心资源，出于竞争优势的考虑，遭受工作疏离感的知识员工往往会保留个人创新性成果、控制重要的信息不与他人分享。此外，钻空子行为在高工作疏离感的群体中也属于比较常见的反生产行为，例如，利用绩效考核的模糊性而降低工作质量、工作拖延、上班时间浏览与工作无关网页等。

三、工作疏离感的中介作用

1. 工作疏离感对各影响因素与组织公民行为关系的中介作用

组织公民行为有利于帮助组织营造好的工作环境，有利于团队、组织绩效的提高，因此，国内外学者对该术语进行了大量研究，以期探明哪些因素会对组织公民行为产生影响，结果发现个体特征、任务特征、组织特征、领导特征是影响组织公民行为的四大类因素[271]。但这些影响因素之间本身又存在错综复杂的关系，因此，有学者建议从更全面、更细致的角度研究组织公民行为。

樊景立（2004）则建议，引入中介变量、调节变量以揭示组织公民行为的作用机制[154]。在前因变量（个体特征、任务特征、组织特征、领导特征等）与后果变量（组织公民行为）间的关系研究中，考虑情境因素、个性倾向性作为调节变量、认知和情感等作为中介变量，更有利于组织公民行为内在机理的探究。

这是因为，态度是由认知、情感、意向三个因素构成的、比较持久的个人的内在结构，它是外界刺激与个体反应之间的中介因素[272]。而工作疏离感是员工与工作情境中各个要素之间的一种隔离、疏远状态，它既包含主体对客体冷漠、抵触的情感体验，也具有主体与客体疏远、对立的行为意愿。所以，工作疏离感与工作满意感一样，都属于员工的工作态度，可以作为中介变量影响个体、组织、领导等层面对组织公民行为的作用。例如，工作不满意不仅可以直接负向影响组织承诺，还会通过工作疏离感间接负向影响组织承诺[228]；组织不公正不仅对组织承诺具有直接作用，还会通过工作疏离感间接作用于组织承诺[146]。因此，本书提出了工作疏离感对职业高原、角色压力、家长式领导、破坏性领导、组织不公正与组织公民行为关系起中介作用，这些假设中自然包含了各影响因素对组织公民行为具有显著作用，否则中介作用也就无从谈起。

职业高原是员工自我职业发展处于停滞期的认知，大多数学者认为，它的效应是消极的。当员工知觉到自己在组织中没有升迁的希望，或组织不再认可或重视自己的技能水平时会出现心理困扰及负面情绪，职业进取心受到挫伤，进而会放弃之前为职业发展所进行的努力，例如，不再主动提高专业知识技能。

角色压力理论认为，暴露在角色压力源之中的个体要花费更多的努力来评估、执行合适的应对策略，以最小化压力源的负面影响，由此直接产生了与角色有关的心理压力。这种角色压力会减少员工的利他行为[273]，减少在组织中的人际互助行为，降低个体的工作主动性与勤奋度[274]。

领导特征对员工的组织公民行为也具有比较显著的影响。郑伯埙（2004）等通过研究发现仁慈家长式领导与组织公民行为存在显著相关关系，例如，帮助同事、加班完成任务等[275]。邓志华等（2012）也通过研究证明，仁慈领导与德行领导与组织公民行为正相关[276]。而破坏性领导是一种不公正的偏差行为，它往往会造成领导与员工之间关系的紧张，并导致员工的负面情绪，降低组织承诺和组织公民行为等[198]。

Organ 和 Ryan（1995）在总结以往研究的基础上，验证了组织公正感、工作满意感、组织承诺及领导支持感这四个工作态度变量对组织公民行为起着显著的正向影响作用[277]，而组织不公正感是与组织公正感相对应的负面认知，会导致员工的退缩行为，例如，不充分发挥自己的能力，拒绝帮助同事、怠工等[202]。

通过以上分析可知，职业高原、角色压力、破坏性领导、组织不公正会导致工作疏离感的产生，也会直接负作用于组织公民行为，而工作疏离感本身对组织公民行为也起着负向影响作用。因此，这四个因素不仅可以直接抑制组织公民行为，还会通过工作疏离感间接抑制组织公民行为。也就是说，当知识员工对职业高原、角色压力、破坏性领导和组织不公正的认知越强时，工作疏离感就会越强，从而采取组织公民行为的意愿就越低。但值得注意的是，家长式领导对组织公民行为的正向影响作用会因工作疏离感的中介作用而减弱，因为经过本书的证明，工作疏离感会抑制组织公民行为。虽然家长式领导的仁慈领导、德性领导维度正向影响组织公民行为，但威权领导维度却负向影响组织公民行为[278]，三个维度通过工作疏离感中介变量又如何影响组织公民行为，需要在以后的研究中做出深入探讨。

2. 工作疏离感对各因素与反生产行为关系的中介作用

在组织行为学领域，组织公民行为被视为有利于提升组织效益的积极行为，而反生产行为是损害组织利益的消极行为，虽然两者性质相反但又高度相关。有学者认为两者是统一连续体对立的两极，该观点意味着赞同组织公民行为和反生产行为的作用关系完全相反，即某一变量负向影响组织公民行为就一定会正向影响反生产行为，但这种观点过于理想化，因为事实上有些例外因素不符合上面的这种关系假设[279]。组织公民行为与反生产行为间存在很多相同但作用方向相反的前因变量，例如，积极/消极情感、工作满意度、组织公平感、组织承诺、责任心等[280]。Fox 等学者（2001）发现，工作压力与反生产行为显著正相关，组织不公正与反生产行为显著正相关[281]。而本研究中的职业高原作为知识员工所感知到的重要压力之一，也会引致知识员工的反生产行为。此外，领导的辱虐管理方式与反生产行为正向相关[198]，领导道德水平不高、行为不正直也会导致员工的反生产行为[282]，而伦理型领导反而会减少员工的反生产行为[283]。以上研究都显示，职业高原、角色压力、家长式领导、破坏性领导、组织不公正五个变量对反生产行为的作用与对组织公民行为的作用相反，本书的研究结果也证实了以上变量间的关系。

基于以上分析可知，职业高原、角色压力、家长式领导、破坏性领导和组织不公正不仅可以直接正向影响反生产行为，还会通过工作疏离感间接作用于反生产行为。

四、中国传统性的调节作用

Kanungo（1983）提出了“工作疏离感动机模型”，试图用动机理论来解释工作疏离感的现象[43]。在工作疏离感的动机模型中，社会化进程（Socialization Process）会影响个体的显著需要（Salient Need）和生活取向（Life Orientation），进而影响个体的工作态度、行为及对工作的期望。社会、文化及历史因素会影响或决定所在地区的个体的心理与行为。Kanungo（1990）又再次指出，已有的大量关于工作疏离感的研究是基于西方文化背景进行的，而这些理论框架、解释模型、测量量表并不一定适用于东方社会，对工作疏离感的研究应重视社会文化因素[20]。文化情境的差异使员工在组织中的行为会有所不同[141]。中国的儒家文化传统与西方文化传统不同，这有可能会导致员工对工作疏离感的感知产生差异。虽然知识员工教育水平较高，接受现代文化教育较多，但中国文化源远流长，他们在思想观念、价值取向、认知态度、气质特征等方面依然具有一定的传统性。个体对传统社会的规范和观念的接受、尊重和承诺程度越高，代表个体的传统性越高，这种传统性内化为个体的价值观，从而影响着个体的认知与情感。

本书验证了传统性越高的知识员工，因破坏性领导和组织不公正而产生工作疏离感的倾向性小于传统性低的员工。这是因为传统性高的个体具有宿命自保、遵从权威的特性。持有宿命自保观点的个体，具有宿命论与利益自保的特点。所谓宿命是指个体在归因方面具有外控性特点，认为命由天定，人在事物面前能力有限；而自保则是在任何情况下以保全自我利益为首要目的的处事准则，包括各扫门前雪、少管闲事、为保全利益讨好领导、处心经营人际关系等行为。外控性归因风格导致高传统性员工对组织不公正的感知没有那么敏感，即使面对组织的不公正，传统性高的知识员工也会采取“认命”的态度，倾向于无力改变只能接受，心理失衡感较低，对组织不公正的忍耐度也较高，因不公正而产生的挫折感也弱于低传统性。而低传统性的知识员工因为具有现代性特点，价值观不同于高传统性员工，更重视公平、平等，更加相信依靠自己能力改变现实。当发现组织中存在不公平现象时，较容易产生不满，从而滋生工作疏离感等负向情感。同时，传统性高的员工还奉行“自保”的处事原则，为保证自己利益倾向于选择继续投入到工作中，维护好同事关系、上下级关系，不会疏远组织而割裂与组织的联系。因此，传统性高的知识员工因组织不公正而产生工作疏离感的可能性小于传统性低的知识员工。

传统性的另一特点——遵从权威使知识员工秉承“上尊下卑”的观念，认为领导的权威是不容置疑与挑战的，在面对上级的破坏性领导行为时，倾向选择忍耐，因为高权力距离决定了他们对上级的尊崇与顺从。吴隆增等（2009）的研究也表明，传统性员工对辱虐管理的耐受性更强，较少因为辱虐式管理而降低对主管的信任而影响工作表现[233]。而低传统性知识员工推崇平等、自由，难以接受破坏性领导行为。传统性高的员工，重视“家”文化，注重组织的归属感。而家长式领导对下属的嘘寒问暖、关怀帮助与高传统性员工的价值观契合，因此，家长式领导对工作疏离感的减少作用要高于低传统性员工。

值得注意的是，本书的数据并不支持传统性对职业高原、角色压力与工作疏离感间关系的调节作用。也就是说，在面对职业高原、角色压力时，高传统性知识员工和低传统性知识员工的工作疏离感程度并无显著差异。在本书中，职业高原与角色压力被视为主体困境，领导风格与组织不公正被视为客体特征的感知。这也就意味着，中国人传统性对因主体困境而产生的工作疏离感无调节作用，仅对因客体特征感知而产生的工作疏离感具有调节作用。分析原因，可能是因为体验到职业高原或具有角色压力的知识员工，其主体本身已经处于一种消极情感状态，这种消极状态滋生工作疏离感的必然性较大。而组织不公正与领导风格是个体对组织氛围、领导特点的一种判断，传统性作为个体内化的价值观标准，会影响到个体对客体特征的判断取向，从而调节客体特征感知与工作疏离感之间的关系。因此，在今后的研究中还需进一步探究影响职业高原、角色压力与工作疏离感间关系的传统性特质。

五、组织支持的调节作用

本书的结果表明，组织支持感对工作疏离感与反生产行为间的关系起调节作用，也就是说，具有高组织支持感的知识员工，因工作疏离感而采取反生产行为的行为显著少于低组织支持感的知识员工。这是因为：感知到组织支持的知识员工，认为其对组织的贡献得到组织的认可，其个人价值与利益得到组织的重视。来自上级主管、同事的工具性支持，可以帮助个体顺利有效地完成工作任务，帮助员工合理安排工作时间，有利于角色冲突的规避、工作与家庭冲突的协调；上级与同事的尊敬、认可、关注等情感性支持，可以使个体自我效能感增加，有利于个体融入到组织情境中，促使积极情绪体验的产生，减少个体损害组织利益的行为。此外，组织支持感还可以降低个体的工作压力，提高其自我控制能力，不至于采取报复组织的消极行为。因此，同样遭受工作疏离感的知识员工，个体所感知到的组织支持会削弱因工作疏离感而采取反生产行为的可能性。

值得注意的是，组织支持感对工作疏离感与组织公民行为间的关系无调节作用，即具有高组织支持感的知识员工，因工作疏离感而抑制组织公民行为的可能性与低组织支持感的知识员工无显著差异。组织支持感对工作疏离感与组织公民行为、反生产行为间关系的调节作用不同，本书认为，产生这种现象的原因与组织公民行为和反生产行为的动机不同、驱动力不同有关。组织公民行为是一种员工自发的、对组织有益的行为，它背后蕴藏着员工的某种动机，这种动机的基础是社会交换和互惠原则。即个体将上级视为组织的代言人，当员工获得来自上级的支持后，会产生责任感与义务感，认为自己应该做对组织有益的行为，以此作为对上级和组织的回报。但在社会交换中，一方的付出并不一定能即时得到等价的回报，有时甚至无法得到回报[284]。对于体验着工作疏离感的员工而言，处于心理上与组织隔离、疏远的状态，即使感知到组织支持，也不一定会产生进行组织公民行为以“报答”组织的动机。而反生产行为的产生来自员工的认知失调及认知失调所引致的消极情绪[285]，个体采取反生产行为的目的是为了发泄不满、愤怒等负向情感。组织为员工所提供的人力、物力、财力、情感方面的支持，均有助于调节个体的认知失调，有助于消极情绪的缓解，从而使其进行反生产行为的动机减少甚至消失。此外，情感影响积极行为、消极行为所需的能量是不对称的[286]，个体起始状态不同，要调节其行为走向所需情感驱动力的强度不同。对于遭受着工作疏离感的知识员工，如果希望使个体在消极情感状态下作出积极行为（组织公民行为），所需要的情感驱动力远大于减少消极行为（反生产行）所需的情感驱动力。由此可见，组织支持只能减少员工因工作疏离感而产生的消极行为，却对激励积极行为作用不大。

第六节　本章小结

本书立足于本土情境，通过问卷调查、数据统计分析等方法，对中国知识员工的工作疏离感进行了系统、全面的实证研究。为了探明主体困境（职业高原、角色压力）和客体特征（领导风格、组织不公正）对工作疏离感的影响作用，工作疏离感对组织公民行为和反生产行为的作用效果，以及中国人传统性、组织支持在以上关系中的调节作用，本章研究做了以下工作：

（1）在文献研究的基础上，结合第四章中的中国知识员工工作疏离感探索模型，构建了实证研究的理论模型并提出 10 条理论假设。

（2）为实证研究理论模型中所涉及的 10 个变量选择科学的测量工具，并编制整体调查问卷。通过现场发放、网络调查等方式获得 825 份有效问卷，从而获得实证分析的样本数据。

（3）利用 SPSS 20.0 和 AMOS 20.0 软件检验量表的信度、效度，以确定实证理论模型的有效性和数据的可靠性。

（4）利用 SPSS 20.0 软件中描述性统计分析、相关分析、回归分析、层级回归分析等方法，分别检验影响因素对工作疏离感的直接作用、工作疏离感对组织公民行为和反生产行为的直接作用、工作疏离感的中介作用、中国人传统性的调节作用、组织支持的调节作用。统计结果显示，在 10 条假设中，8 条成立，2 条部分成立。具体结果如下：

1）职业高原显著正向影响工作疏离感。

2）角色压力显著正向影响工作疏离感。

3）家长式领导显著负向影响工作疏离感。

4）破坏性领导显著正向影响工作疏离感。

5）组织不公正显著正向影响工作疏离感。

6）工作疏离感显著负向影响组织公民行为。

7）工作疏离感显著正向影响反生产行为。

8）工作疏离感在影响因素与行为效果间起中介作用，包括在职业高原和组织公民行为、反生产行为间起着中介作用；在角色压力和组织公民行为、反生产行为间起着中介作用；在家长式领导与组织公民行为、反生产行为间起着中介作用；在破坏性领导与组织公民行为、反生产行为间起着中介作用；在组织不公正与组织公民行为、反生产行为间起着中介作用。

9）中国人传统性对影响因素与工作疏离感关系的调节作用部分成立，其中：对职业高原与工作疏离感的关系中不存在调节作用，对角色压力与工作疏离感的关系也不存在调节作用；对家长式领导与工作疏离感的关系中具有显著调节作用；对破坏性领导与工作疏离感的关系具有显著调节作用；对组织不公正与工作疏离感的关系也具有显著调节作用。

10）组织支持对工作疏离感与行为效果关系的调节作用部分成立，其中：组织支持对工作疏离感与组织公民行为的关系不存在调节作用，但对工作疏离感与反生产行为的关系具有显著调节作用。

第六章　结论

本书立足于中国情境，紧紧围绕知识员工工作疏离感的问题进行研究，通过定性研究和定量研究相结合的方式，回答以下四个关键的问题：第一，知识员工的工作疏离感内涵是什么？具体包含哪些维度？各维度具有何种特征？第二，如何测量知识员工的工作疏离感程度？第三，影响知识员工工作疏离感产生的因素有哪些？工作疏离感对员工在组织中的行为有什么影响后果？第四，中国情境下哪些因素会影响工作疏离感的产生和作用？

为解答上述问题，本书综合运用质性研究、扎根理论、问卷调查、层级回归分析等多种研究方法，得到了一定的研究结论及理论进展。本章内容将对本书的主要结论、研究取得的理论进展、研究的实践意义、研究的局限性和未来研究方向进行阐述。

第一节　主要研究结论

一、知识员工的工作疏离感内涵与结构

鉴于国内外学者对工作疏离感的定义一直存在争议，且关注知识员工的研究更为鲜少，因此，本书的第一个任务是解决如何定义知识员工工作疏离感的问题。为解决这一问题，本书采用质性研究方法，以知识员工为研究对象，通过半结构化访谈、网络搜索等方式收集质性资料。资料主要是关于知识员工工作疏离感内心体验和感受的素材。由研究者与人力资源管理专业博士研究生构成的三人组，经过头脑风暴，对质性资料进行编码与分析，最终确定了知识员工的内涵与结构。

（1）中国情境下的知识员工工作疏离感是指员工与工作情境中各个要素间的隔离、疏远的心理状态和行为特征。

（2）知识员工工作疏离感具体包含任务疏离、关系疏离、组织疏离、自我疏离和职业疏离五个维度。任务疏离是指知识员工由于工作内容的单调、枯燥，或工作任务的繁重，而产生的逃避工作、不愿面对工作的心理状态，以及对工作任务的排斥、抵触行为；关系疏离是指知识员工对工作场所上下级关系、同事关系的疏远、冷漠感知；组织疏离是指知识员工与组织相隔离的关系，体现为组织认同度低、归属感低等；自我疏离是指个体感到对工作本身没有认同感，或由于把工作当成获取薪酬的渠道，无法实现自我价值而导致自我认知的不统一；职业疏离是指当知识员工感知到自己所从事的职业没有意义、无法实现自身价值时，而产生的低职业认同度。

二、知识员工工作疏离感的测量

目前并没有针对知识员工的工作疏离感测量量表。对工作疏离感的测量，虽然西方学者研究历史较长，但一直未形成统一的量表；且已有量表大多是针对蓝领工人所编制的，并不适用于知识员工。因此，本书在质性研究的基础上，结合已有量表中的成熟题目，构建了知识员工工作疏离感测量题项库，并经过专家评审、极端组比较分析、题总相关检验等对题库题项进行筛选和精简，最后获得包含五个维度、20 条题项的正式测量量表。经检验，该量表信度系数为 0.889，效度检核指标结果均良好，卡方自由度比为 2.386，具有良好的聚合效度和区别效度。该量表证明了可以作为测量知识员工工作疏离感的有效工具。

三、知识员工工作疏离感影响因素和行为效果模型的探索性探析

本书旨在探索中国情境下知识员工工作疏离感产生的原因及效果，仅凭西方研究文献无法推演出适合我国情境的理论模型。因此，本书采用扎根理论方法，从本土企业组织中获得样本数据，对其进行探索性研究。经过开放性译码、主轴译码、选择性译码三个步骤后，共获得 147 个概念、37 个范畴和 9 个主范畴。9 个主范畴分别为角色压力、领导风格、职业高原、组织不公正、工作家庭冲突、中国人传统性、组织公民行为、反生产行为和组织支持。这 9 个主范畴和工作疏离感共同构成一条故事线：角色压力、领导风格、组织不公正、职业高原和工作家庭冲突在中国人传统性的条件影响下作用于工作疏离感，工作疏离感在组织支

持的条件影响下作用于组织公民行为和反生产行为。

四、知识员工工作疏离感影响因素和行为效果模型的实证分析

基于扎根理论所得出的探索性模型为实证分析提供了理论框架，但还需结合文献研究，对探索性模型进行修正。通过文献研究及逻辑推理，本研究将工作家庭冲突纳入角色压力，并将领导风格界定为家长式领导、破坏性领导两种类型，最终构建出一个包含10个变量、10条假设的实证理论模型。其中，职业高原、角色压力属于个体对自我处境的感知，而领导风格、组织不公正是个体对客体（领导、组织）特征的判断。

本书通过现场发放、网络在线发放相结合的方式，共回收825份有效问卷，经过信度、效度检验，证实了实证理论模型的有效性和数据的可靠性，并利用SPSS 20.0软件对样本数据进行统计分析。研究结论显示：

（1）中国知识员工的工作疏离感平均值为2.7268，得分超过3分的知识员工占总人数的38.25%，近2/5的员工具有较高的工作疏离感。而在工作疏离感的五个维度中，知识员工组织疏离程度最高，关系疏离程度最低。不同年龄、性别、婚姻状态、学历、工龄的知识员工在工作疏离感的体验程度上不存在显著差异，但不同类型单位的、不同职业性质的知识员工在工作疏离感的体验程度上存在显著差异：在高校、科研机构工作的知识员工工作疏离感程度最高，在三资企业工作的知识员工工作疏离感程度最低；业务人员的工作疏离感显著高于管理人员、技术人员、教师和科研人员。

（2）职业高原、角色压力、破坏性领导、组织不公正是影响工作疏离感产生的重要前因变量，但家长式领导有助于降低知识员工的工作疏离感。

（3）工作疏离感对知识员工的行为表现具有负面作用，导致其组织公民行为的减少，反生产行为的增加。

（4）工作疏离感作为情感变量，在个体的认知与行为间起着重要的中介作用。职业高原、角色压力、破坏性领导、组织不公正不仅可以直接抑制组织公民行为、诱发反生产行为，还会通过工作疏离感间接作用于组织公民行为和反生产行为；虽然家长式领导可以激励知识员工的组织公民行为、抑制反生产行为，但在工作疏离感的中介作用下，以上行为效果会得到削弱。

（5）中国人传统性作为本土文化情境因素的典型特征，显著调节客体特征与工作疏离感间的关系，但对主体困境与工作疏离感的关系无显著调节作用。即

由于高传统性员工具有宿命自保、遵从权威特性，比起低传统性员工而言，对破坏性领导、组织不公正更有忍耐力，从而不容易产生工作疏离感；传统性高的员工，重视“家”文化，注重组织的归属感，而家长式领导对下属的嘘寒问暖、关怀帮助与高传统性员工的价值观契合，因此，家长式领导对工作疏离感的抑制作用要高于低传统性员工。但在面对职业高原、角色压力时，高传统性知识员工和低传统性知识员工的工作疏离感程度并无显著差异。

（6）组织支持对工作疏离感与反生产行为间的关系起调节作用，但对工作疏离感与组织公民行为间的关系无调节作用。具有高组织支持感的知识员工，因工作疏离感而抑制组织公民行为的可能性与低组织支持感的知识员工无显著差异，但因工作疏离感而采取反生产行为的行为却显著少于低组织支持感的知识员工。

第二节 研究的理论进展

本书以知识员工为研究对象，立足于中国情境，针对工作疏离感进行了一系列的理论探索与实证研究，是一项关于工作疏离感作用机制的本土化研究。遵循逻辑学原则的指导，从知识员工工作疏离感内涵维度的界定，到知识员工工作疏离感的测量，再到其形成影响因素和行为效果的识别及验证，对知识员工工作疏离感问题进行了逐步深入的系统性研究。

一、明晰了知识员工工作疏离感的内涵结构

本书在前人研究的基础上，结合立足于本土组织情境的质性研究，明晰了知识员工工作疏离感的内涵——个体与工作情境中各个因素间心理分离、行为疏远的消极状态，识别出知识员工工作疏离感的五个维度：任务疏离、关系疏离、组织疏离、自我疏离、职业疏离。该维度结构的界定突破了以往研究过多关注心理体验、情感描述的局限，而是从知识员工所疏离的客体角度出发，体现出工作疏离感的指向性特征，更能揭示知识员工针对工作情境中不同要素所产生的心理状态和行为倾向。此外，本书挖掘知识员工所特有的职业疏离特征，这是已有文献中所未涉及的。

二、开发并检验了知识员工工作疏离感的测量量表

本书用规范的质化和量化程序，开发和检验了一份满足心理测量学要求的知识员工工作疏离感量表。该量表包含 5 个维度 20 条题项，每个维度包含 4 个题项，分别针对知识员工的任务疏离、关系疏离、组织疏离、自我疏离进行测量。将量表编制成问卷进行发放，对获取的样本数据进行统计分析，检验出该量表具有良好的效度与信度，可以准确测量出中国组织中知识员工的工作疏离感程度与特质，为后续研究者提供了一个可靠的知识员工工作疏离感测量工具。

三、开拓了利用扎根理论探索工作疏离感作用机制模型的视角

以往关于工作疏离感研究的假设均来自文献研究，且多基于西方文化情境，并不一定适用于中国文化情境。本书需要探索出中国本土的知识员工工作疏离感作用机制模型，而扎根理论是最好进行理论模型探索性研究的方法。因此，本书采用扎根理论探索出影响知识员工工作疏离感的因素，以及工作疏离感的影响后果，并在扎根理论指导下，挖掘出影响工作疏离感作用机制的情境因素——中国人传统性与组织支持，为后续的实证研究提供了参考模型。

四、识别了工作疏离感的中介作用

以往研究大多要么探讨前因变量与工作疏离感的关系，要么探讨工作疏离感与后果变量的关系，鲜有将工作疏离感作为中介变量进行探讨的。本书通过实证分析，工作疏离感在职业高原、角色压力、家长式领导、破坏性领导与组织公民行为、反生产行为的关系间均起着显著的中介作用，这意味着，工作疏离感作为情感变量，在个体的认知与行为间起着重要的中介作用，是不可忽视的作用机制的传导因素。该研究发现为组织行为学领域的研究者提供了借鉴思路，在员工心理行为的研究中可引入工作疏离感作为中介变量，以揭示内部作用机理。

五、识别了中国人传统性和组织支持的调节作用

本书发现中国人传统性在领导风格、组织不公正和工作疏离感间的关系中起着显著的调节作用，这一发现验证了传统文化对员工心理与行为的重要影响作

用。传统性高的知识员工，因破坏性领导和组织不公正而产生工作疏离感的可能要小于低传统性员工，这证明传统文化价值观在领导、组织的负面特征与工作疏离感间起着缓冲作用。对于传统性高的知识员工而言，家长式领导降低工作疏离感的作用要显著高于低传统性员工，这说明传统文化价值观在一定意义上可以增强管理效果。中国人传统性调节作用的识别与验证，为工作疏离感的本土化研究和跨文化研究提供了借鉴意义。

本书通过研究还发现，尽管组织支持在工作疏离感与反生产行为的关系间起着显著调节作用，但在工作疏离感与组织公民行为的关系间无显著调节作用。这说明组织支持会有利于降低知识员工因工作疏离感而对组织采取反生产行为的可能性，但却无法激励遭受工作疏离感体验的知识员工对组织采取积极的组织公民行为。组织支持只能减少员工因工作疏离感而产生的消极行为，却对激励积极行为作用不大，这一发现丰富了组织支持、情感—行为的理论。

第三节　管理实践启示

工作疏离感是员工因察觉到工作情境无法满足自身需要而产生的与工作情境相隔离、疏远的心理状态与行为特征，这是一种消极的情感，容易引致员工的消极行为，不利于组织的运转与发展。因此，本书对管理实践的启示主要体现在两个方面：工作疏离感的预防与工作疏离感的削减。这并不意味着要将工作疏离感的预防措施和削减措施进行割裂，它们是相互联系、相互贯通的。主要体现在管理措施上，具体阐述如下：

一、关注知识员工的职业成长，提供良好的职业发展平台

知识型员工关注自我的职业发展与成就，长期的职业停滞会滋生知识员工的工作疏离感，尤其以职业疏离为重。因此，企业应重视知识员工的职业成长，识别员工真正的职业发展需要，有的放矢地为员工制定职业生涯发展规划。现在很多企业在招聘环节，拟定了大量的问题去询问被试者的职业目标与职业规划，但一旦员工入职后，就将这些资料置之高阁，员工并未感受到组织所提供的满足其职业发展需求的关注与支持。所以说，企业应给予员工职业成

长以持续关注。

现实中还存在一种情况，虽然企业了解员工的职业发展需求，也给予了其持续关注，但囿于组织条件的限制，例如，升迁岗位数量有限、培训经费的短缺等，而无法将帮助员工职业发展的计划付诸实施。这就需要企业采用变通的、灵活的方案，为员工提供良好的职业发展平台。例如，工作内容的丰富化、工作岗位的轮换、成立学习小组进行内部自我培训等。这些措施可以在一定程度上缓解员工因职业高原而产生的工作疏离感。

二、帮助员工进行角色建设

由于角色冲突、角色模糊、角色超载和工作家庭冲突等角色压力也是导致知识员工产生工作疏离感的重要原因，因此，为避免工作疏离感的产生或削减工作疏离感，帮助员工进行角色建设尤为重要。所谓角色建设是指组织引导个体按照组织或社会期望和要求，加强自身担当角色具有的意识、规范、形象、机制及方法等方面的建设，并使之内化为自己的行为模式。不同的岗位有不同的角色，企业应根据岗位性质制定角色管理内容。例如，对于销售人员，常常要面对不同的客户，需要面对瞬息变化的市场环境，因此，企业应在制度、文化氛围等方面帮助销售人员建立起抗压性强、应变能力高的角色意识与角色自信。

此外，工作家庭冲突问题也是组织行为学领域关注的重要问题，学者和管理者都试图寻找平衡两者之间冲突的策略。而角色建设不失为一个好的解决方法。工作家庭冲突来自员工不能很好地平衡工作角色与家庭角色，从而产生的认知失调状态。知识员工既追求工作中的成就，又对家庭幸福有较高的期望。企业应认可员工的家庭角色，了解其家庭角色需求，并给予一定的支持，帮助其兼顾工作角色与家庭角色需求。

三、建立情感管理账户

消极情感容易导致员工产生消极行为，积极情感则有力促进员工产生积极行为，对于企业而言，除了要了解员工的工作绩效之外，还应掌握其情感、情绪的动态。工作疏离感是一种负向情感，其负面影响后果不容忽视。知识员工因工作疏离感会减少助人行为、建言行为、降低工作责任意识等，甚至会出现失德行为、钻空子行为、保守知识等损害组织利益的行为，因此，管理者要重视员工的情感管理。例如，企业为每个在职员工建立情感账户，以周或月为一个考核周期，通过关键事件法对员工心理、行为的变化予以记录。当账户显示员工情感值低于预警值，管理者应及时采取人力资源管理策略消除员工的负面情绪或情感。

四、针对员工传统性特点进行差异化管理

本书发现中国人传统性作为重要调节变量，影响着主体困境、个体特征与工作疏离感间的关系，可见，传统性是重要的影响员工心理与行为的人格特征。识别员工传统性特点并进行差异化管理是企业提高管理效率的重要措施。例如，企业在员工选拔与招聘环节，通过人格、价值观等测试，对员工进行传统性识别，了解其对权威、关系、归因等方面的认知倾向，以此判断哪些员工传统性高，哪些员工现代性高。在员工入职后的管理中，管理者并针对不同传统性倾向的员工采取不同的激励措施、领导风格等。

五、为员工提供工具性支持与情感性支持

本书发现组织支持在工作疏离感与反生产行为间起着显著调节作用，这说明组织支持对缓解工作疏离感有重要作用。在本书的访谈过程中，我们也发现一些被访谈者提到，当自己遇到工作困难得不到上级和单位的支持时，会让他们感到非常沮丧，使他们不愿再为组织努力工作。知识员工追求自我价值和自我成就，当感到企业不认可自己的工作成绩、不认可自己的工作表现时，会产生工作疏离感。因此，企业在日常管理中，应重视员工工作上、情感上的需求，同时给予相应的工具性支持和情感性支持。

六、营造公平的组织环境，提高员工组织公正感

通过研究发现，组织不公正是导致知识员工工作疏离感产生的重要原因之一。知识员工重视分配的公平性、分配决策的程序公正性以及自我是否在分配过程中拥有发言权。因此，企业在日常管理中，应该重视资源分配的公平性及决策程序的透明性，营造公平的组织环境；对于员工所反映的不公正事件应及时处理，以杜绝员工因感知到不公正而采取的消极行为。

第四节 研究的不足与展望

一、研究的不足

本研究是对中国情境下的知识员工工作疏离感内涵结构、测量、影响因素及行为效果的初始研究，在研究样本、研究方法方面存在一些不足：

1. 研究样本的局限性

尽管问卷调查是实证研究的重要基础，是获取样本数据的重要来源。但受时间、精力、人脉资源的限制，本书通过实地、网络在线方式共获得825份有效问卷，虽然样本容量符合统计要求，但被试者主要分布在上海、北京、深圳、山东、江苏等经济水平较高的省市，样本地域分布覆盖面受限。因此，在未来的研究中可以继续扩大样本容量，增加样本覆盖面，以提高研究结论的普遍适用性。

2. 研究方法方面

本书主要采用横断面数据，了解的只是知识员工某个时间点的心理与行为状态，难以确保研究结论不随着时间的变化而产生改变。因此，今后的研究可以采用纵贯式研究，利用纵向的历史数据进行理论假设的检验，可以更好地探索出知识员工工作疏离感的作用机制。此外，在质化分析和量化分析中，数据主要是通过访谈、问卷调查等方式获得。访谈与问卷调查都是以被访谈者、被试者自我报告的方式，较难排除被调查对象受社会赞许性而隐藏自己真实想法的情况。因此，在今后的研究中可以采取自我报告、上级评定相结合的方式，以提高数据的可靠性与真实度。

二、研究展望

1. 研究内容的细化

由于问题聚焦和篇幅限制的原因，本书主要探讨了职业高原、角色压力、家长式领导、破坏性领导、组织不公正对工作疏离感的影响，工作疏离感对组织公民行为、反生产行为的影响，工作疏离感的中介作用，传统性和组织支持感的调节作用，而未对每个变量间各维度间的具体作用关系进行细致的探讨。本书识别了工作疏离感的五个维度，每个维度体现了知识员工对不同客体因素的疏离特征，因此，每个变量与工作疏离感不同维度间的关系可能存在差别。例如，家长式领导包含仁慈领导、德行领导、威权领导三个维度，据文献研究证明，仁慈领导、德行领导对员工的积极情感与行为有正向影响作用，而威权领导却起着负向影响作用，因此，家长式领导的三个维度与知识员工工作疏离感的影响作用可能存在不同。又如，知识员工的反生产行为包括失德行为、保守知识行为、钻空子行为等，其中失德行为是性质最恶劣的损害组织利益的行为，而钻空子行为则是属于比较轻微程度的反生产行为，工作疏离感对不同类型的反生产行为的影响程度可能存在差异。因此，在今后的研究中，需继续对每个变量进行更为深入的研究，对工作疏离感的影响因素和行为效果机制进行更为细致的挖掘。

2. 中国人传统性的深入探讨

本书发现，受中国传统文化的影响，中国人具有宿命自保、遵从权威的特性，而这些特性在领导风格、组织不公正对工作疏离感的影响中起着显著调节作用。但事实上，中国传统文化博大精深，对中国人的价值观具有多方面的影响，例如，关系本位等。“关系本位”是我国传统文化的一大特征，人际关系在中国文化和中国人的日常生活里举足轻重。人们重视与追求人际关系的和谐，尽量避免不和谐或冲突。个体为了追求组织中的人际和谐，会与同事保持沟通、合作，加强与组织的互动与联系，这些特性也会对知识员工的工作疏离感产生一定的影响。因此，在今后的研究中，还需将关系取向、面子等传统性特点纳入工作疏离感作用机制的研究中。

3. 跨文化比较研究

西方文化与中国传统文化存在差异，两个不同文化背景下的知识员工工作疏离感发生与作用机制可能存在不同。因此，在今后的研究中，可以就工作疏离感进行跨文化比较研究，例如，集体主义/个人主义、高权利距离/低权利距离对工作疏离感所产生的不同影响。

参考文献

［1］彼得·德鲁克．二十一世纪的管理挑战［M］．朱雁斌译．北京：机械工业出版社，1999.

［2］Dean D G. Alienation：Its Meaning and measurement［J］. American Sociological Review，1961，26（5）：753－758.

［3］Aiken M，Hage J. Organizational Alienation：A Comparative Analysis［J］. American Sociological Review，1966，31（4）：497－507.

［4］Babbit C E. Organizational Alienation among Black College Students：A Comparison of Three Educational Settings［J］. Journal of College Student Personnel，1975（16）：53－56.

［5］Kakabadse A. Organizational Alienation and Job Climate：A Comparative Study of Structural Conditions and Psychological Adjustment［J］. Small Group Research，1986，17（4）：458－471.

［6］Kanungo R N. The Concepts of Alienation and Involvement Revisited［J］. Psychological Bulletin，1979，86（1）：119－138.

［7］Korman A K，Wittig－Berman U，& Lang D. Career Success and Person－al Failure：Alienation in Professionals and Managers［J］. Academy of Management Journal，1981，24（2）：342－360.

［8］Michaels R et al.. Influence of Formalization on the Organizational Commitment and Work Alienation of Salespeople and Industrial Buyers［J］. Journal of Marketing Research，1988（25）：376－383.

［9］Seeman M. On The Meaning of Alienation［J］. American Sociological Review，1959，24（6）：783－791.

［10］Bratton J et al. Work and Organizational Behavior：Understanding the Workplace［M］. New York：Palgrave Macmillan，2007.

［11］Organ D W，Greene C N. The Effects of Formalization on Professional Involvement：A Compensatory Process Approach［J］. Administrative Science Quarterly，1981，26（2）：237－255.

［12］Drucker P F. Knowledge—worker Productivity：The Biggest Challenge［J］. California Management Review，1999，41（2）：79－94.

［13］廖建桥，文鹏. 知识员工定义、特征及分类研究述评［J］. 管理学报，2009，6（2）：277－283.

［14］Blauner R. Alienation and Freedom［M］. University of Chicago Press，Chicago，IL. Bottomore：1963.

［15］Shepard J M. Technology，Alienation and Satisfaction［J］. Annual Review of Sociology，1977（3）：1－21.

［16］Chisholm R F & Cummings T G. Job Characteristics，Alienation，and Work－related Behavior：A study of Professional Employees［J］. Journal of Management，1979（5）：57－70.

［17］Lang D. Preconditions for Three Types of Alienation in Young Managers and Professionals［J］. Journal of Occupational Behavior，1985（6）：71－82.

［18］Miller G A. Professionals in Bureaucracy：Alienation among Industrial Scientists and Engineers［J］. American Sociological Review，1967（32）：755－768.

［19］Podsakoff P M，Williams L J，& Todor W D. Effects of Organizational Formalization on Alienation among Professionals and Nonprofessionals［J］. Academy of Management Journal，1986，29（4）：820－831.

［20］Kanungo R N. Culture and Work Alienation Western Models and Eastern Realities［J］. International Journal of Psychology，1990（25）：795－812.

［21］杨国枢，黄光国. 中国人的心理与行为：理念与方法篇［M］. 台北：桂冠图书公司，1992.

［22］周浩，龙立荣. 工作疏离感研究述评［J］. 心理科学进展，2011，19（1）：117－123.

［23］杨东，吴晓蓉. 疏离感研究的进展及理论构建［J］. 心理科学进展，2002，10（1）：71－77.

［24］姜晶花. 异化劳动理论的批判性意义——兼论马克思异化劳动理论的伦理关怀［J］. 伦理学研究，2012，58（2）：20－24.

[25] [美] 达尔吉什. 韦氏高阶美语英汉双解词典 [M]. 北京: 外语教学与研究出版社, 2006.

[26] Mohseni Tabriz, Alireza S. Alienation: Conceptualization and Classification of Theories in Domains of Sociology and Psychology [J]. Social Science Magazine, Teheran University, 1991 (2): 2.

[27] Farahbod F et al. Work Alienation Historical Backgrounds, Concepts, Reasons and Effects [J]. Journal of Basic and Applied Scientific Research, 2012, 2 (8): 8408 - 8415.

[28] 张婷. 对异化理论历史发展的考察 [D]. 中共上海市委党校硕士学位论文, 2012.

[29] 石敏敏. 普罗提诺的哲学和古代晚期基督教的人论 [D]. 浙江大学博士学位论文, 2006.

[30] 王树人. 关于马克思主义之前的异化理论 [J]. 哲学研究, 1983 (10): 36 - 42.

[31] 波阳. 异化理论的演变 [J]. 教学与研究, 1984 (1): 51 - 57.

[32] 东·华尔丹. 试论卢梭的异化思想 [J]. 中南民族大学学报 (人文社会科学版), 2003, 23 (2): 24 - 25.

[33] 韩立新. 从费尔巴哈的异化到黑格尔的异化马克思的思想转变——《对黑格尔的辩证法和整个哲学的批判》的一个解读 [J]. 思想战线, 2009, 35 (6): 67 - 71.

[34] 林锋.《1844 年经济学哲学手稿》异化劳动理论的重新解读——兼评关于《手稿》"异化"概念的一种流行观点 [J]. 江汉论坛, 2012, (2): 39 - 42.

[35] 王月新. 中国员工工作疏离感的因素结构及其相关研究 [D]. 暨南大学硕士学位论文, 2006.

[36] 马克思. 1844 年经济学哲学手稿 [M]. 北京: 人民出版社, 2000.

[37] 闫方洁. 弗洛姆关于人的异化理论评析 [J]. 理论导刊, 2007 (9): 36 - 38.

[38] Overend T. Alienation: A Conceptual Analysis [J]. Philosophy and Phenomenological Research, 1975, 35 (3): 301 - 322.

[39] Wegner E L. The concept of Alienation: A Critical and Some Suggestions for

a context specific approach [J] . The Pacific Sociological Review, 1975, 18 (2): 171 - 193.

[40] Shepard J. Alienation as a Process: Work as a Case m Point [J] . The Sociological Quarterly, 1972 (13): 161 - 173.

[41] Wilensky H L. Varieties of Work Experience . In Henry Borow (Eds.) Man in a World of Work. Boston: Houghton Mifflin, 1964.

[42] Mottaz C J. Some Determinants of Work Alienation [J] . The Sociological Quarterly, 1981, 22 (4): 515 - 529.

[43] Kanungo R N. Work Alienation: A Pancultural Perspective [J] . International Studies of Management & Organization, 1983, 13 (1): 119 - 138.

[44] Banaia M, Reisel W D, & Probst T M. A Managerial and Personal Control Model: Predictions of Work Alienation and Organizational Commitment in Hungary [J] . Journal of International Management, 2004, 10 (3): 375 - 392.

[45] Kobasa S C, Maddi S R, & Kahn S. Hardiness and Health: A Prospective Study [J] . Journal of Personality and Social Psychology, 1982, 42 (1): 168 - 177.

[46] Regoli R M et al. Career Stage and Cynicism among Police Chiefs [J] . Justic Quarterly, 1990 (7): 593 - 614.

[47] Crank J P et al.. Institutional and Organizational Antecedents of Role Stress, Work Alienation, and Anomie among Police Executives [J] . Criminal Justice and Behavior, 1995, 22 (2): 152 - 171.

[48] Hirschfeld R R, Field H S. Work Centrality and Work Alienation: Distinct Aspects of A General Commitment to Work [J] . Journal of Organizational Behavior, 2000, 21 (7): 789 - 800.

[49] Becker H S. Notes on the Concept of Commitment [J] . American Journal of Sociology, 1960, 66 (1): 32 - 40.

[50] Lodahl T M & Kejnar M. The Definition and Measurement of Job Involvement [J] . Journal of Applied Psychology, 1965, 49 (1): 24 - 33.

[51] Ashforth B E & Mael F. Social Identity Theory and the Organization [J] . Academy of Management Review, 1989, 14 (1): 20 - 39.

[52] Van K D & Sleebos E. Organizational Identification Versus Organizational Commitment: Self - definition, Social Exchange, and Job Attitudes [J] . Journal of

Organizational Behavior, 2006, 27 (5): 571 -584.

[53] Edwards M R & Peccei R. Organizational Identification: Development and Testing of a Conceptually Grounded Measure [J] . European Journal of Work and Organizational Psychology, 2007, 16 (1): 25 -57.

[54] Dutton J E, Dukerich J M & Harquail C V. Organizational Images and Member Identification [J] . Administrative Science Quarterly, 1994, 39 (2): 239 - 263.

[55] Nair N , Vohra N . The Concept of Alienation: Towards Conceptual Clarity [J] . International Journal of Organizational Analysis, 2012, 20 (1): 25 -50.

[56] Kahn W A. Psychological Conditions of Personal Engagement and Disengagement at Work [J] . Academy of Management Journal, 1990, 33 (4): 692 - 724.

[57] Maslach C, Schaufeli W B & Leiter M P Job Burnout [J] . Annual Review of Psychology, 2001, 52 (1): 397 -422.

[58] Macey W H & Schneider B. The Meaning of Employee Engagement [J] . Industrial and Organizational Psychology, 2008, 1 (1): 3 -30.

[59] Newman D A & Harrison D A. Been There, Bottled That: Are State and Behavioral Work Engagement New and Useful Construct "Wines"? [J] . Industrial and Organizational Psychology, 2008, 1 (1): 31 -35.

[60] Sake A M. Antecedents and Consequences of Employee Engagement [J] . Journal of Managerial Psychology, 2006, 21 (7): 600 -619.

[61] Locke E A. The Nature and Causes of Job Satisfaction. In M. D. Dunette (Ed.), Handbook of Industrial and Organizational Psychology (pp. 42 - 64) . New York: Wiley, 1976.

[62] Bussing A et al. A Dynamic Model of Work Satisfaction: Qualitative Approaches [J] . Human Relations, 1999, 52 (8): 999 - 1028.

[63] Fried J, Weitman M & Davis M K. Man - machine Interaction and Absenteeism [J] . Journal of Applied Psychology, 1972, 56 (5): 428 -429.

[64] Watson T J. Sociology. Work and Industry [M] . (5th Ed.) . London: Routledge, 2008.

[65] Freudenberger H J. Staff burn - out [J] . Journal of Social Issues, 1974,

30 (1): 159 - 165.

[66] Pines A MBurnout. In: L. Goldberger, S. Breznitz (Ed.), Handlebook of Stress [M]. New York: The Free Press, 1993: 386 - 403.

[67] Shirom A. Burnout in Work Organizaions. In: C. L. Cooper, I. Robertson (Ed.). International Review of Industrial and Organizational Psychology [M]. New York: Wiley, 1989: 26 - 48.

[68] Densten I L. Re - thinking burnout [J]. Journal of Organizational Behavir, 2001, 22 (8): 833 - 847.

[69] Powell W E. The Relationship between Feelings of Alienation and Burnout in Social Work [J]. Families in Society, 1994, 75 (4): 229 - 235.

[70] Abraham R. Organizational Cynicism: Bases and Consequences [J]. Genetic, Social, and General Psychology Monographs, 2000, 126 (3): 269 - 292.

[71] Nair N, & Vohra N. Development a New Measure of Work Alienation [J]. Workplace Rights, 1982, 14 (3): 293 - 309.

[72] Sarros J C et al. Work Alienation and Organizational Leadership [J]. British Journal of Management, 2002 (13): 285 - 304.

[73] Mendoza M J S, Lara P Z M. The Impact of Work Alienation on Organizational Citizenship Behavior in the Canary Islands [J]. International Journal of Organizational Analysis, 2008, 15 (1): 56 - 76.

[74] Tummers L G, Dulk L D. The Effects of Work Alienation on Organizational Commitment, Work Effort and Work - to - family Enrichment [J]. Journal of Nursing Management, 2013 (21): 850 - 859.

[75] Clark J P. Measuring Alienation within a Social System [J]. American Sociological Review, 1959, 24 (6): 849 - 852.

[76] Poole E D, & Regoli R M. Alienation in Prison: An Examination of the Work Relations of Prison Guards [J]. Criminology, 2006 (19): 251 - 270.

[77] Seeman M. The signals of'68: Alienation in Pre - crisis France [J]. American Sociological Review, 1972, 37, (4): 385 - 402.

[78] Seeman M, Anderson C S. Alienation and Alcohol: The Role of Work, Mastery, and Community in Drinking Behavior [J]. American Sociological Review, 1983, 48 (1): 60 - 77.

[79] Burbach H J. An Empirical Study of Powerlessness Among High School Students Teachers' Roles [J]. The High School Journal, 1972, 55 (7): 343 -354.

[80] Shepard J M. Technology, Division of Labor, and Alienation [J]. The Pacific Sociological Review, 1973, 16 (1): 61 -88.

[81] Kohn M L. Occupational Structure and Alienation [J]. American Journal of Sociology, 1976, 82 (1): 11 -30.

[82] Cummings T G. The Relationship between Worker Alienation and Work - Related Behavior [J]. Journal of Vocational Behavior, 1977 (10): 167 -179.

[83] Maddi S R, Kobasa S C & Hoover M. An Alienation Test [J]. Journal of Humanistic Psychology, 1979 (19): 73 -76.

[84] Zeller R A. On the Reliability and Stability of Alienation Measures: A longitudinal Analysis [J]. Social Forces, 1980, 58 (4): 1195 -1204.

[85] Leiter J. Work Alienation in the Textile Industry: Reassessing Blauner [J]. Work and Occupations, 1985, 12 (4): 479 -498.

[86] Travis R. On Powerlessness and Meaninglessness [J]. The British Journal of Sociology, 1986, 37 (1): 61 -73.

[87] Efraty D, Sirgy M J & Claiborne C B. The Effects of Personal Alienation on Organizational Identification: A Quality - of - work - life Model [J]. Journal of Business and Psychology, 1991 (6): 57 -78.

[88] Rogers J K. Just a Temp: Experience and Structure of Alienation in Temporary [J]. Work and Occupations, 1995, 22 (2): 137 -166.

[89] Yang M J et al. Work Experience and Drinking Behavior: Alienation, Occupational Status, Workplace Drinking Subculture and Problem Drinking [J]. Public Health, 2001, 115 (4): 265 -271.

[90] Banai M & Reisel W D. The Influence of Supportive Leadership and Job Characteristics on Work Alienation: A Six - country Investigation [J]. Journal of World Business, 2007 (42): 463 -476.

[91] Osin E. Subjective Experience of Alienation: Measurement and Correlates [J]. Empirische Forschung, 2009 (1): 4 -11.

[92] Ceylan A, Sulu S. Organizational Injustice and Work Alienation [J]. Economy and Management, 2011 (2): 65 -78.

[93] Clark S K et al. Temporary Worker Alienation and Job Performance: The Impact of Rating Source [J]. Journal of Leadership & Organizational Studies, 2010, 17 (3): 287 -297.

[94] Seeman M. Alienation Motifs in Contemporary Theorizing: The Hidden Continuity of the Classic Themes [J]. Social Psychology Quarterly, 1983, 46 (3): 171 -184.

[95] Seeman M. On the Personal Consequences of Alienation in Work [J]. American Sociological Review, 1967, 32 (2): 273 -285.

[96] Nettler G. A Measure of Alienation [J]. American Sociological Review, 1957, 22 (6): 670 -677.

[97] Arthur G, Neal A G & Rettig S. Dimensions of Alienation among Manual and Non - manual Workers [J]. American Sociological Review, 1963, 32 (1): 54 -64.

[98] Brender - Ilan Y. How do Income and its Components and Perception Relate to Alienation? [J]. Journal of Applied Social Psychology, 2012, 42 (1): 440 -470.

[99] Seybolt J W & Gruenfeld L. The Discriminant Validity of Work Alienation and Work Satisfaction Measures [J]. Journal of Occupational Psychology, 1976 (49): 193 -202.

[100] Susman G. Process Design, Automation, and Worker Alienation [J]. Industrial Relations: A Journal of Economy and Society, 1972, 11 (1): 34 -45.

[101] Cotgrove S, Dunham J & Vamplew C. The nylon Spinners: A Case Study in Productivity Bargaining and Job Enlargement [M]. London: Allen & Unwin, 1971.

[102] Vamplew C. Automated Process Operators: Work Attitudes and Behavior [J]. British Journal of Industrial Relation, 1973 (11): 415 -430.

[103] Sheppard J. Functional Specification, Alienation and Job Satisfaction: Work Attitudes [J]. Industrial Relations, 1969 (8): 207 -219.

[104] Hull F M et al. The Effect of Technology on Alienation From Work: Testing Blauner's Inverted U - curve Hypothesis For 110 Industrial Organizations and 245 Retrained Printers [J]. Work and Occupations, 1982, 9 (1): 31 -57.

[105] Yuchtman - Yaar E & Gottlieb A. Technological Development and the Meaning of Work: A Cross - cultural Perspective [J]. Human Relations, 1985, 38 (7): 603 - 621.

[106] Vallas S & Yarrow M. Advanced Technology and Worker Alienation: Comments on the Blauner/Marxism Debate [J]. Work and Occupations, 1987, 14 (1): 126 - 142.

[107] Hofstede G. The Cultural Relativity of Organizational Practices and Theories [J]. Journal of International Business Studies, 1983 (14): 75 - 89.

[108] Rothschild - Whitt J & Whitt J A. Worker - owners as an Emergent Class: Effects of Cooperative Work on Job Satisfaction, Alienation and Stress [J]. Economic and Industrial Democracy, 1986 (7): 297 - 317.

[109] Banaia M & Weisberg J. Alienation in State - owned and Private Companies in Russia [J]. Scandinavian Journal of Management, 2003 (19): 359 - 383.

[110] Bonjean C M & Grimes M. Bureaucracy and Alienation: A Dimensional Approach [J]. Social Forces, 1970, 48 (3): 365 - 373.

[111] Hoy W A et al. Bureaucracy and Alienation: A Comparative Analysis [J]. Journal of Educational Administration, 1983, 21 (2): 109 - 120.

[112] Agarwal S. Influence of Formalization on Role Stress, Organizational Commitment, and Work Alienation of Salespersons: A Cross - national Comparative Study [J]. Journal of International Business Studies, 1993, 24 (4): 715 - 739.

[113] Greene C N. Identification Modes of Professionals: Relationship with Formalization, Role Strain, and Alienation [J]. The Academy of Management Journal, 1978 (21): 486 - 492.

[114] Ramaswami S N et al. Work Alienation of Marketing Employees: Influence of Task, Supervisory, and Organizational Structure Factors [J]. Journal of the Academy of Marketing Science, 1993 (21): 179 - 193.

[115] 陈维政，李金平．组织气候研究回顾及展望［J］．外国经济与管理，2005，27（8）：18 - 25.

[116] Bajaj P. Alienation as Related to Perception of Organizational Climate [J]. Indian Journal of Industrial Relations, 1982, 17 (4): 563 - 572.

[117] de Lara Pablo, Zoghbi M. Guillerm C B. Tackling Employee Alienation at

Work: What Role Could Play Organizational Justice? [J]. Investigaciones Europeas de Direccióny Economía de la Empresa, 2011, 17 (2): 161-171.

[118] Katzell R. Changing Attitudes Toward Work. In C. Kerr and J. M. Rosow (Eds.), Work in America. New York: D. Van Nostrand, 1979.

[119] DiPietro R B & Pizam A. Employee Alienation in the Quick Service Restaurant Industry [J]. Journal of Hospitality & Tourism Research, 2008, 32 (1): 22-39.

[120] Steitz J A & Kulpa C M. Occupational Involvement and Alienation Among Adults: The Effects of Gender and Age [J]. International Journal of Behavioral Development, 1984, 7 (4): 479-499.

[121] Tabrizi A M et al. Alienation of Work and Its Impact on Labor Productivity [J]. Journal of Basic and Applied Scientific Research, 2011, 1 (11): 2051-2058.

[122] Kirsch B A & Lengermann J J. An Empirical Test of Robert Blauner's Ideas on Alienation in Work as Applied to Different Type Jobs in a White-collar Setting [J]. Sociology and Social Research, 1971 (56): 180-194.

[123] Bendrick M Jr, Brown L E & Wall K. No Foot in the Door: An Experimental Study of Employment Discrimination against Older Workers [J]. Journal of Aging & Social Policy, 1999, 10 (4): 5-23.

[124] De Jone, Gordon F, Madamba A B. A Double Disadvantage? Minority Group, Immigrant Status, and Underemployment in the United States [J]. Social Science Quarterly, 2001, 82 (1): 117-130.

[125] Tudor B. A Specification of Relationships between Job Complexity and Powerlessness [J]. American Sociological Review, 1972, 37 (5): 596-604.

[126] Cheung, Chau-Kiu. Lagged Harm of Work Restructuring and Work Alienation to Work Commitment [J]. International Journal of Employment Studies, 2008, 16 (2): 170-207.

[127] Valadbigi A. The Study of the Elements of Work Alienation [J]. Asian Social Science, 2014, 7 (6): 206-219.

[128] Millon T. Disorders of Personality: Introducing a DSM/ICD Spectrum from Normal to Abnormal [M]. New York: Wiley, 2011.

[129] Rotter J B. Generalized Expectancies for Internal Versus External Control

of Reinforcement [J]. Psychological Monographs, 1966, 80 (1): 1-28.

[130] Chiaburu D S, Thundiyil T & Wang Jx. Alienation and Its Correlates: A Meta-analysis [J]. European Management Journal, 2014 (32): 24-36.

[131] Seeman M. Alienation and Anomie. In Mesures of Personality and Social Psychological Attitudes, Robinson JP, Shaver PR, Wrightsman LS (Eds.) [M]. Academic Press: San Diego, CA: 1990: 291-372.

[132] Hirschfeld R R. Achievement Orientation and Psychological Involvement in Job Tasks: The Interactive Effects of Work Alienation and Intrinsic Job Satisfaction [J]. Journal of Applied Psychological, 2006, 32 (8): 1663-1681.

[133] Furnham A. The Protestant Work Ethic [M]. New York: Routledge, 1990.

[134] Kahn R L et al. Organizational Stress: Studies in Role Conflict and Ambiguity [M]. New York: Wiley, 1964.

[135] Shepard J M. Functional Specialization, Alienation, and Job Satisfaction [J]. Industrial and Labor Relations Review, 1970, 23 (2): 207-219.

[136] Cotgrove S. Alienation and Automation [J]. British Journal of Sociology, 1972 (23): 437-51.

[137] Ashforth B. Petty Tyranny in Organization [J]. Human Relations, 1994, 47 (7): 755-778.

[138] Banai M & Hu J. Leadership and Alienation in State Owned Enterprises and International Joint Ventures in China [M]. In I. Alon (Ed.), Chinese Economic Transition and International Marketing strategy Westport, CT: Praeger, 2003: 237-263.

[139] Nair N & Vohra N. An Exploration of Factors Predicting Work Alienation of Knowledge Workers [J]. Management Decision, 2010, 48 (4): 600-615.

[140] David G B & Tonatiuhb G. Work Organization and Drinking: An Epidemiological Comparison of Two Psychosocial Work Exposure Models [J]. International Arch Occupy Environment Heath, 2009, 82 (3): 305-317.

[141] Bacharch S & Aiken M. The Impact of Alienation, Meaninglessness, and Meritocracy on Supervisor and Subordinate Satisfaction [J]. Social Forces, 1979, 57 (3): 853-870.

[142] Gardell B. Department of Psychology University of Stockholm Technology, Alienation and Mental Health: Summary of a Social Psychological Study of Technology and the Worker [J]. Acta Sociologica, 1976, 19 (1): 83-93.

[143] Greenberg E S & Grunberg L. Work Alienation and Problem Alcohol Behavior [J]. Journal of Health and Social Behavior, 1995, 36 (1): 83-102.

[144] Nasurdin A M, Ramayah T & Kumaresan S. Organizational Stressors and Job Stress Among Managers: the Moderating Role of Neuroticism [J]. Singapore Management Review, 2005, 27 (2): 63-79.

[145] Mulki J P et al. Workplace Isolation, Salesperson Commitment, and Job Performance [J]. Journal of Personal Selling & Sales Management, 2008, 28 (1): 67-78.

[146] Sulu S, Ceylan A & Kaynak R. Work Alienation as a Mediator of the Relationship between Organizational Injustice and Organizational Commitment: Implications for Healthcare Professionals [J]. International Journal of Business & Management, 2010, 5 (8): 27-38.

[147] Armstrong-Stassen M. Determinants of How Managers Cope with Organizational Downsizing [J]. Applied Psychology: An International Review, 2006, 55 (1): 1-26.

[148] Karger H J. Burnout as alienation [J]. Social Service Review, 1981, 55 (2): 270-283.

[149] Parker D A & Brody J A. Risk Factors for Alcoholism and Alcohol Problems Among Employed Men and Women. In Occupational Alcoholism: A Review of Research Issues. NIAAA Research Monograph # 8. Waginton, D. C. U. S. Government Printing Office. 1982.

[150] Hodson R & Sullivan T A. The Social Organization of Work [M]. Wadsworth, Belmont (CA), 1990.

[151] Mulford C L & Waldner-Haugrud L. Variables Associated with Agricultural Scientists' Work Alienation and Publication Productivity [J]. Scientometrics, 1993, 27 (3): 261-282.

[152] 黄丽，陈维政．工作疏离感的影响因素及后果的整合研究 [J]．当代经济管理，2012，34 (5)：77-80.

［153］陈向明．质性研究：反思与评论［M］．重庆：重庆大学出版社，2006.

［154］Farh J L, Zhong C B & Organ D W. Organizational Citizenship Behavior in the People's Republic of China［J］. Organization Science, 2004, 6（1/2）：49－72.

［155］许晟．追随力：内涵、影响因素及对领导效能的作用机理［D］．江西财经大学博士学位论文，2013.

［156］赵必华，顾海根．心理量表编制中的若干问题及题解［J］．心理研究，2010，3（4）：1467－1469.

［157］吴明隆．问卷统计分析实务——SPSS 操作与应用［M］．重庆：重庆大学出版社，2010.

［158］吴明隆．结构方程模型——AMOS 的操作与应用［M］．重庆：重庆大学出版社，2009.

［159］梁建，樊景立．组织与管理研究的实证方法［M］．北京：北京大学出版社，2008.

［160］侯杰泰，温忠麟，成子娟．结构方程模型及其应用［M］．北京：经济科学出版社，2004.

［161］Hair J F et al. Multivariate data analysis（5th ed.）. Upper Saddle River, NJ：Prentice Hall, 1988.

［162］陈晓萍，徐淑英，樊景立．组织与管理研究的实证方法［M］．北京：北京大学出版社，2010.

［163］Fornell C & Larcker D F. Evaluating Structural Equation Models with Unobservable and Measurement Errors［J］. Journal of Marketing Research, 1981, 18（1）：39－50.

［164］Corbin J M & Strauss A. Grounded Theory Research：Procedures, Canons, and Evaluative Criteria［J］. Qualitative Sociology, 1990, 13（1）：3－21.

［165］Pandit N R. The Creation of Theory：A Recent Application of the Grounded Theory Method［J］. The Qualitative Report, 1996, 2（4）：5－10.

［166］Minichiello V et al. In－depth Interviewing：Principles, Techniques, Analysis［M］. Melbourne：Pearson Education Australia, 1995.

［167］Mattew B, Miles A & Huberman M. 质性资料的分析：方法与实践

[M]．张芬芬译．重庆：重庆大学出版社，2008.

[168] 费小冬．扎根理论研究方法论：要素、研究程序和评判标准［J］．公共行政评论，2008（3）：23－43.

[169] Charmaz K. 建构扎根理论：质性研究实践指南［M］．边国英译．重庆：重庆大学出版社，2009.

[170] Arksey H & Knight V P. Interviewing for Social Scientists: An Introductory Resource with Examples [M]. London: SAGE Publications Ltd., 1999.

[171] 韩正彪，周鹏．扎根理论质性研究方法在情报学研究中的应用[J]．情报理论与实践，2011，34（5）：19－23.

[172] Ference T P, Stoner J A, Warren E K. Managing the Career Plateau [J]. Academy of Management Review, 1977, 2 (4): 602－612.

[173] Bardwick J M. The Pateauing Trap: How to Avoid It In Your Career and Your Life [M]. New York: American Management Association, 1986.

[174] 谢宝国，龙立荣．职业生涯高原研究述评［J］．心理科学进展，2005，13（3）：348－355.

[175] Feldman D C & Weitz B A. Career Plateaus Reconsidered [J]. Journal of Management, 1988, 14 (1): 69－80.

[176] Tremblay M & Roger A. Individual, Familial and Organizational Determinants of Career Plateau: An Empirical Study of the Determinants of Objective and Subjective Career Plateau in a Population of Canadian Managers [J]. Group & Organization Management, 1993, 18 (4): 411－425.

[177] Hall D T. Project Work as a Antidote to Career Plateauing in the Declining Engineering Organization [J]. Human Resource Management, 1985, 24 (3): 271－292.

[178] Stout S K. Dynamics of the Career Plateauing Process [J]. Journal of Vocational Behavior, 1988 (32): 74－91.

[179] Burke R J. Examining the Career Plateau: Some Preliminary Findings [J]. Psychological Reports, 1989 (65): 295－306.

[180] Near J P. A Discriminant Analysis of Plateaued Versus Non－plateaued Managers [J]. Journal of Vocational Behavior, 1985 (26): 177－188.

[181] Chao G T. Exploration of the Conceptualization and Measurement of Career

Plateau：A Comparative Analysis ［J］．Journal of Management，1990，16（1）：181－193.

［182］Wolf J E. Career Plateauing in the Public Service：Baby Boom and Employment Bust ［J］．Public Administration Review，1983（2）：163.

［183］Appelbaum S H & Finestone D. Revisiting Career Plateauing：Same Old Problems—avant－garde Solutions ［J］．Joural of Psychology Managerial，1994，9（5）：12－21.

［184］Kahn R L et al. Organizational Stress：Studies in Role Conflict and Ambiguity ［M］．New York：Wiley，1964.

［185］崔楠，胡洋红，徐岚．组织中的角色压力研究——整合研究框架及未来研究方向［J］．软科学，2014，28（9）：82－86.

［186］Greenhaus J H & Beutell N J. Sources of Conflict between Work and Family Roles ［J］．Academy of Management Review，1985，10（1）：76－88.

［187］Lewin，K. Group Dynamics：Research and Theory ［M］．New York：Peterson and Company，1953.

［188］Bass B M. Leadership and Performance Beyond Expectations ［M］．New York，NY：Free Press，1985.

［189］吴敏，黄旭，徐玖平等．交易型领导、变革型领导与家长式领导行为的比较研究［J］．科研管理，2007，28（3）：168－176.

［190］Hofstede G. Cultural Constraints in Management Theories ［J］．Academy of Management Executive，1993（7）：81－94.

［191］樊景立，郑伯埙．华人组织的家长式领导：一项文化观点的分析［J］．本土心理学研究，2003（13）：127－180.

［192］郑伯埙，周丽芳，樊景立．家长式领导量表：三元模式的建构与测量［J］．本体心理学研究，2000（4）：3－64.

［193］周浩，龙立荣．恩威并施，以德服人——家长式领导研究述评［J］．心理科学进展，2005，13（2）：227－238.

［194］黄小冰．家长式领导对工作疏离感的影响机制研究［D］．华中科技大学硕士学位论文，2012.

［195］龙立荣，毛盼盼，张勇等．组织支持感中介作用下的家长式领导对员工工作疏离感的影响［J］．管理学报，2014，11（8）：1150－1157.

[196] Einarsen S, Aasland M S & Skogstad A. Destructive Leadership Behaviour: A Definition and Conceptual Model [J]. Leadership Quarterly, 2007, 18 (3): 207-216.

[197] 高日光，王碧英，陈小锋．破坏性领导：内涵、模型与测量 [J]．管理现代化，2013 (4): 51-53.

[198] Tepper B J. Abusive Supervision in Work Organizations: Review, Synthesis, and Research Agenda [J]. Journal of Management, 2007, 33 (3): 261-289.

[199] Erickson A, Shaw J B & Agabe Z. An Empirical Investigation of the Antecedents, Behaviors, and Outcomes of Bad Leadership [J]. Journal of Leadership Studies, 2007, 1 (3): 26-43.

[200] 李晔，龙立荣，刘亚．组织公正感研究进展 [J]．心理科学进展，2003, 11 (1): 78-84.

[201] 龙立荣，刘亚．组织不公正及其效果研究述评 [J]．心理科学进展，2004, 12 (4): 584-593.

[202] 王燕，龙立荣，周浩等．分配不公正下的退缩行为：程序公正和互动公正的影响 [J]．心理学报，2007, 39 (2): 335-342.

[203] Robinson S L & Bennett R J. A Typology of Deviant Workplace Behaviors: A Multidimensional Scaling Study [J]. Academy of Management Journal, 1995 (38): 555-572.

[204] Tepper B J. Health Consequences of Organizational Injustices: Test of Main and Interactive Effects [J]. Organizational Behavior and Human Decision Processes, 2001, 86 (2): 197-215.

[205] De Boer E M, Bakker A B, Syroit J E, Schaufeli W B. Unfairness at Work as a Predictor of Absenteeism [J]. Journal of Organizational Behavior, 2002 (23): 181-197.

[206] Batsman T S & Organ D W. Job Satisfaction and The Good Soldier: The Relationship between Affect and Employee Citizenship [J]. Academic of Management Journal, 1983, 26 (4): 587-595.

[207] Organ D W. Organizational Citizenship Behavior: The Good Soldier Syndrome [M]. Lexington, MA: Lexington Books, 1988: 55-189.

[208] Organ D W. Organizational Citizenship Behavior: It's Construct Clean -

up Time [J] . Human Performance, 1997 (10): 85 - 97.

[209] Borman W C & Motowidlo S J. Expanding the Criterion Domain to Include Elements of Contextual Performance [M] //Schmitt N., Borman W. C. (Eds.), Personnel Selection in Organizations. San Francisco: Jossey - Bass, 1993.

[210] 朱瑜, 凌文辁. 组织公民行为理论研究的进展 [J]. 心理科学, 2003, 26 (1): 186 - 187.

[211] George J M & Jones G R. Organizational Spontaneity in Context [J]. Human Performance, 1997 (10): 153 - 170.

[212] Farn J L, Early P C & Lin S C. Impetus for Action: A cultural Analysis of Justice and Organizational Citizenship Behavior in Chinese Society [J]. Administrative Science Quarterly, 1997 (42): 421 - 444.

[213] Hui C, Lam S S & Law K K. Instrumental Values of Organizational Citizenship Behavior for Promotion: A Field Quasi - experiment [J]. Journal of Applied Psychology, 2000, 85 (5): 822 - 828.

[214] 张燕, 陈维政. 工作场所偏离行为的研究发展回顾及展望 [J]. 管理评论, 2011, 23 (6): 81 - 87.

[215] Mangione T W & Quinn R P. Job Satisfaction, Counterproductive Behavior, and Drug Use at Work [J]. Journal of Applied Psychology, 1975, 6 (1): 114 - 116.

[216] Spector P E, Fox S, Penney L M, Bruursem a K, Goh A, Kessle r S. The Dimensionality of Counterproductivity: Are all Counterproductive Behaviors Created Equal? [J]. Journal of Vocational Behavior, 2006, 68 (3): 446 - 460.

[217] 彭贺. 知识员工反生产行为的结构及测量 [J]. 管理科学, 2011, 24 (5): 12 - 22.

[218] 彭贺. 反生产行为理论研究综述 [J]. 管理学报, 2010, 7 (6): 834 - 840.

[219] Marcus B & Schuler H. Antecedents of Counterproductive Behavior at Work a General Perspective [J]. Journal of Applied Psychology, 2004, 89 (4): 647 - 660.

[220] Kaplan S et al. On the Role of Positive and Negative Affectivity in Job Performance A meta - Analytic Investigation [J]. Journal of Applied Psychology, 2009,

94（1）：162－176.

［221］Eatough E M et al. Relationship of Role Stressors with Organizational Citizenship Behavior：A meta－analysis［J］. Journal of Applied Psychology，2011，96（3）：619－632.

［222］Spector，P. E. & Fox，S. The Stressor－emotion Model of Counterproductive Work Behavior. In S. Fox & P. E. Spector（Eds.），Counterproductive Work Behavior：Investigations of Actors and Targets［M］. Washington，D C：American Psychological Association，2005：151－174.

［223］Zellers K L et al. Abusive Supervision and Subordinates' Organizational Citizenship Behavior［J］. Journal of Applied Psychology，2002，97（6）：1068－1076.

［224］Thau S，Bennett R J，Mitchell M S，et al. How Management Style Moderates the Relationship between Abusive Supervision and Workplace Deviance：An Uncertainty Management Theory Perspective［J］. Organizational Behavior and Human Decision Processes，2009，108（1）：79－92.

［225］Mitchell M S，Ambrose M L. Abusive Supervision and Workplace Deviance and the Moderating Effects of Negative Reciprocity Beliefs［J］. Journal of Applied Psychology；Journal of Applied Psychology，2007，92（4）：1159－1168.

［226］Fassina N E，Jones D A，Uggerslev K L. Meta－analytic Tests of Relationships between Organizational Justice and Citizenship Behavior：Testing Agent－system and Shared－variance Models［J］. Journal of Organizational Behavior，2008，29（6）：805－828.

［227］Nasurdin A M，Noor H A，Amin R A. Politics，Justice，stress，and Deviant Behavior in Organizations：An Empirical Analysis［J］. International Journal of Business and Society，2014，15（2）：235－254.

［228］林钲棽，陈威菖. 工作疏离感在组织公民行为形成历程的中介角色——以大高雄区域金融业从业人员为例［J］. 辅仁管理评论，1992，10（1）：91－118.

［229］杨国枢. 中国人的心理与行为：本土化研究［M］. 北京：中国人民大学出版社，2004.

［230］杨国枢，余安邦，叶明华等. 中国人的个人传统性与现代性：概念与

测量［J］．中国人心理与行为，1989：241－306.

［231］Farh J L, Hhackett R D & Liang J. Individual－level Cultural Values as Moderators of Perceived Organization Support－employee Outcome Relationships in China: Comparing the Effects of Power Distance and Traditionality［J］. Academy of Management Journal, 2007, 50（3）: 715－729.

［232］Hui Chun, Cynthia Lee & Denise M. Rousseau. Psychological contract and organizational citizenship behavior in China: Investigating generalizability and instrumentality［J］. Journal of Applied Psychology, 2004, 89（2）: 311－321.

［233］吴隆增，刘军，刘刚等．辱虐管理与员工表现：传统性与信任的作用［J］．心理学报，2009，41（6）：510－518.

［234］彭正龙，梁龙，赵红丹．上下级交换关系与知识员工反生产行为——中国人传统性的调节作用［J］．情报杂志，2011，30（4）：196－200.

［235］Eisenberge R et al. Perceived Organizational Support［J］. Journal of Applied Psychology, 1986, 71（2）: 500－507.

［236］McMillin R. Customer Satisfaction and Organizational Support for Service Providers［D］. USA: University of Florida, 1997.

［237］Rhoades L & Eisenberger R. Perceived Organizational Support: A Review of the Literature［J］. Journal of Applied Psychology, 2002, 87（4）: 698－714.

［238］George J M & Brief A P. Feeling Good－doing Good: A Conceptual Analysis of the Mood at Work－organizational Spontaneity Relationship［J］. Psychological Bulletin, 1992（112）: 310－329.

［239］Moorman R H, Blakely G L & Niehoff B P. Does Organizational Support Mediate the Relationship between Procedural Justice and Organizational Citizenship Behavior? A Group Value Model Explanation［J］. Academy of Management, 1998, 18（2）: 131－144.

［240］Eisenberger R, Fasolo P & Davis－LaMastro V. Perceived Organizational Support and Employee Diligence, Commitment, and Innovation［J］. Journal of Applied Psychology, 1990（75）: 51－59.

［241］Allen G, Lynn G & Rodger W. The Role of Perceived Organizational Support and Supportive Human Resource Practices in the Turnover Process［J］. Journal of Management, 2003, 29（1）: 99－118.

［242］ Rizzo H. Role Conflict and Ambiguity in Complex Organizations ［J］. Administrative Science Quarterly, 1970, 15 (2): 150-163.

［243］ Ivancevich J M & Matteson M T. Stress and Work: A Managerial Perspective ［M］. Scott: Foresman and Company, 1980.

［244］ Netemeryer R & Murrian M R. Development and Validation of Work-family Conflict and Family-work Conflict Scales ［J］. Journal of Applied Psychology, 1996, 81 (4): 400-409.

［245］ Milliman J. Consequences and Moderators of Career Plateauing: An Empirical Investigation ［C］. Paper Presented at the National Meeting of the Academy of Management. Las Vegas, 1992: 93-97.

［246］ 林长华．企业员工职业高原及其对工作绩效和离职倾向的影响研究［D］．湖南大学博士学位论文，2009.

［247］ Colquitt J A. On the Dimensionality of Organizational Justice: A Construct Validation of a Measure ［J］. Journal of Applied Psychology, 2001, 86 (3): 386-400.

［248］ Tepper B J. Consequences of Abusive Supervision ［J］. Academy of Management Journal, 2000, 43 (2): 178-190.

［249］ Mitchell M S, Ambrose M L. Abusive Supervision and Workplace Devience and the Moderating Effects of Negative Reciprocity Beliefs ［J］. Journal of Psychology, 2007, 92 (4): 1159-1168.

［250］ 万绍华，张梅玲．问卷编制的几个问题［J］．心理学动态，2000 (4): 69-76.

［251］ Ganster D C, Hennessey H W & Luthans F. Social Desirability Response Effects: Three Alternative Models ［J］. Academy of Management Journal, 1993, 26 (2): 321-331.

［252］ 周浩，龙立荣．共同方法偏差的统计检验与控制方法［J］．心理科学进展，2004，12 (6): 942-950.

［253］ Podsakoff P M, MacKenzie S B & Lee J Yet al. Common Method Biases in Behavioral Research: A Critical Review of the Literature and Recommended Remedies ［J］. Journal of Applied Psychology, 2003, 88 (5): 879-903.

［254］ Braton R M & Kenny D A. The Moderator-mediator Variable in Social

Psychological Research: Conceptual, Strategic, and Statistical Considerations [J]. Journal of Personality and Social Psychology, 1986, 51 (6): 1173 - 1182.

[255] 温忠麟，侯杰泰，张雷. 调节效应与中介效应的比较和应用 [J]. 心理学报，2005，37 (2): 268 - 274.

[256] Aiken L S & West S G. Multiple Regression: Testing and Interpreting Interactions [M]. Sage, 1991.

[257] 刘军. 管理研究方法：原理与应用 [J]. 北京：中国人民大学出版社，2008.

[258] [加] 弗朗西斯·赫瑞比. 管理知识员工：挖掘企业智力资本 [M]. 郑晓明译. 北京：机械工业出版社，2000.

[259] [美] 斯蒂芬·P. 罗宾斯. 组织行为学 [M]. 北京：中国人民大学出版社，1997.

[260] Patrick C B L. Career Plateau and Professional Plateau: Impact on Work Outcomes of Information Technology Professionals [J]. ACM SIGCPR Computer Personnel, 2002, 20 (4): 25 - 38.

[261] 奚从清. 角色论——个人与社会的互动 [M]. 杭州：浙江大学出版社，2010.

[262] Crosno J L et al. Half Full or Half Empty: The Role of Optimism in Boundary—Spanning Positions [J]. Journal of Service Research, 2009, 11 (3): 295 - 309.

[263] Burke P J. Some Antecedents and Consequences of Work - family Conflict [J]. Journal of Social Behavior and Personality, 1988, 3 (4): 287 - 302.

[264] Maslach C & Jackson S E. Measurement of Experienced Burnout [J]. Journal of Occupational Behavior, 1981 (2): 99 - 115.

[265] Bies R J & Tripp T M. Two Faces of the Powerless: Coping with Tyranny. In R. M. Kramer & M. A. Neale (Eds.), Power and Influence in Organizations [M]. Thousand Oaks, CA: Sage. 1998: 203 - 219.

[266] Colquitt J et al. Justice at the Millennium: A Meta - analytic Review of 25 years of Organizational Justice Research [J]. Journal of Applied Psychology, 2001, 86 (3): 425 - 445.

[267] Enshner E A, Grant - Vallone E J & Donaldson S I. Effects of Perceived

Discrimination on Job Satisfaction, Organizational Commitment, Organizational Citizenship Behavior, and Grievances [J]. Human Resource Development Quarterly, 2001, 12 (1): 53 - 72.

[268] Allen B H & LaFollette W R. Perceived Organizational Structure and Alienation Among Management Trainees [J]. Academy of Management Journal, 1977, 20 (2): 234 - 341.

[269] Zellars K L et al. An Examination of the Dysfunctional Consequences of Organizational Injustice and Escapist Coping [J]. Journal of Managerial Issues, 2004, 16 (4): 528 - 545.

[270] Meyer J P, Allen J N. Testing the Side Bet Theory of Organizational Commitment Some Methodological Considerations [J]. Journal of Applied Psychology, 1984 (69): 372 - 378.

[271] Podsakoff P M et a1. Organizational Citizenship Behaviors: A Critical Review of the Theoretical and Empirical Literature and Suggestions for Future Research [J]. Journal of Management, 2000, 26 (3): 513 - 563.

[272] 时蓉华. 社会心理学 [M]. 上海：华东师范大学出版社，2006.

[273] Jex S M et al. The Impact of Situational Constraints, Role Stressor and Commitment on Employee Altruism [J]. Journal of Occupational Health Psychology, 2003, 8 (3): 171 - 180.

[274] Tompson H & Werner J M. The Impact of Role Conflict/Facilitation on Core and Discretionary Behaviors: Testing a Mediated Model [J]. Journal of Management, 1997 (23): 583 - 572.

[275] Cheng Bor - Shiuan et al. Patemalistic Leadership and Subordinate Response: Establishing a Leadership Model in Chinese Organizations [J]. Asian Journal of Social Psychology, 2004, 7 (1): 89 - 117.

[276] 邓志华，陈维政，黄丽等. 服务型领导与家长式领导对员工态度和行为影响的比较研究 [J]. 经济与管理研究，2012 (7): 101 - 110.

[277] Organ D W & Ryan K. A Meta - analytic Review of Attitudinal and Dispositional Predictors of Organizational Citizenship Behavior [J]. Personnel Psychology, 1995 (48): 775 - 802.

[278] 吴宗佑，徐玮伶，郑伯埙. 怒不可遏或忍气吞声？华人企业中主管威

权领导行为与部属愤怒情绪反应的关系［J］．本土心理学研究，2002（18）：13－50.

［279］张永军，廖建桥，赵君．国外组织公民行为与反生产行为关系研究述评［J］．外国经济与管理，2010（5）：31－39.

［280］Lau V C S, Au W T & H O J M C. A Qualitative and Quantitative Review of Antecedents of Counter－productive Behavior in Organizations［J］. Journal of Business and Psychology, 2003, 38（1）: 73－99.

［281］Fox S, Spector P E & Don M. Counterproductive Work Behavior（CWB）in Response to Job Stressors and Organizational Justice: Some Mediator and Moderator Tests for Autonomy and Emotions［J］. Journal of Vocational Behavior, 2001, 59（3）: 291－309.

［282］Dineen B R, Lewicki R J & Tomlinson E C. Supervisory Guidance and Behavioral Integrity: Relationships with Employee Citizenship and Deviant Behavior［J］. Journal of Applied Psychology, 2006, 91（3）: 622－635.

［283］Mayer D M et al. How Low Does Ethical Leadership flow? Test of a Trickle－down Model［J］. Organizational Behavior and Human Decision Processes, 2009, 108（1）: 1－13.

［284］曾秀芹．多水平框架下组织公民行为的影响因素研究［D］．北京师范大学博士学位论文，2008.

［285］Spector P E & Fox S. An Emotion－centered Model of Voluntary Work Behavior: Some Parallels between Counterproductive Work Behavior and Organizational Citizenship Behavior［J］. Human Resource Management Review, 2002, 12（2）: 269－292.

［286］孙旭，严鸣，储小平．坏心情与工作行为：中庸思维跨层次的调节作用［J］．心理学报，2014，46（11）：1704－1718.

后 记

本书的研究始于笔者对知识员工的热切关注。随着中国经济结构的变化，知识员工群体规模在不断扩大。一方面，区别于蓝领工人，知识员工受教育水平较高，具有高独立自主、高自省能力、对生活与工作高期望等现代性特点；另一方面，区别于西方文化情境，受传统文化的影响，我国知识员工仍然具有中国人的遵从权威、宿命自保等传统性特点。在现代性与传统性的对立冲突中，中国知识员工的职场心理与行为展现出鲜明的特殊性。

为什么聚焦于工作疏离感呢？这源于笔者自身的工作体验。笔者曾在外企工作，虽然薪酬丰厚，但工作压力巨大，想到每天要面对的各种客户、要完成的各种任务，无时无刻不想逃离这种工作氛围，最终选择离职攻读博士学位。读博期间，有机会接触到来自各行各业的白领，发现原来大家都有类似的心理体验。这不禁引发了我的思考，为什么看似光鲜的白领内心却忍受着这种心理煎熬？疏离感对白领的工作行为会产生什么影响？我国白领和国外白领的疏离感体验有什么区别？当我把这些思考和导师、同行、HR 专家分享后，他们很感兴趣，但都无法给出答案。带着探究这些问题的热情，我开始了专注于中国文化情境下的知识员工工作疏离感研究。

研究过程自然不是一帆风顺的。感谢所有接受访谈、参与调查的朋友，为本书提供了真实而丰富的研究素材；感谢孙遇春教授、徐振亭博士、王文卓博士、何奕博士，在模型构建、数据处理方面给予我大力支持与帮助；感谢家人，他们的理解与包容是我迷茫徘徊时的强心剂。

希望本书能够帮助知识员工更好地了解自身工作体验、关注工作心理的健康，推动企业更有针对性地从人力资源管理角度进行人才管理，提升知识员工的幸福感、获得感与安全感。

孙秀明

2019 年 10 月